2025年公路水运工程试验检测专业技术人员职业资格考试辅导用书

道路工程章节历年真题及模拟卷

张海亮　李双环　刘晓云　朱恩厚　主　编

中国建设科技出版社有限责任公司
China Construction Science and Technology Press Co., Ltd.

北　京

图书在版编目（CIP）数据

道路工程章节历年真题及模拟卷/张海亮等主编.
北京：中国建设科技出版社有限责任公司，2025.5.
（2025年公路水运工程试验检测专业技术人员职业资格考试辅导用书）. -- ISBN 978-7-5160-4418-6

Ⅰ.U41-44；U61-44

中国国家版本馆 CIP 数据核字第 2025WK8091 号

道路工程章节历年真题及模拟卷
DAOLU GONGCHENG ZHANGJIE LINIAN ZHENTI JI MONIJUAN
张海亮 李双环 刘晓云 朱恩厚 主 编

出版发行：中国建设科技出版社有限责任公司
地　　址：北京市西城区白纸坊东街2号院6号楼
邮　　编：100054
经　　销：全国各地新华书店
印　　刷：北京联兴盛业印刷股份有限公司
开　　本：787mm×1092mm　1/16
印　　张：17.25
字　　数：410千字
版　　次：2025年5月第1版
印　　次：2025年5月第1次
定　　价：59.00元

本社网址：www.jskjcbs.com，微信公众号：zgjskjcbs
请选用正版图书，采购、销售盗版图书属违法行为
版权专有，盗版必究。本社法律顾问：北京天驰君泰律师事务所，张杰律师
举报信箱：zhangjie@tiantailaw.com　举报电话：(010) 63567684
本书如有印装质量问题，由我社事业发展中心负责调换，联系电话：(010) 63567692

前言

近几年公路水运检测考试侧重于考查学生对内容深度的理解。专业考试的考查范围越来越广，与现场实际结合越来越紧密，重点和非重点的区分越来越不明显。基于此，我们编写了本书，旨在系统梳理高频考点，直击命题规律。希望本书成为广大考生备考路上的一盏明灯。

本书具有以下特点：

1. 真题为纲，精准制导

我们将近 10 年考试真题按章节科学分类，剔除陈旧考点，聚焦高频核心内容，让考生告别盲目刷题，直击命题"靶心"。每道真题标注年份，帮考生快速把握重点、难点演变趋势，备考方向一目了然。

2. 二维解析，举一反三

独创"考点溯源→真题精解→陷阱预警"二维解析体系：

✓ 考点溯源：直连最新考试大纲与规范条文。

✓ 真题精解：步骤拆解搭配图形化表达，复杂问题简单化。

✓ 陷阱预警：总结高频易错点，提升考生考场应变能力。

3. 实战模拟，临门一脚

两套模拟卷严格遵循最新命题标准设计，帮助考生精准定位薄弱环节。

4. 正版增值，全程护航

刮开封面刮层并扫描二维码，即享真题解析课+考前密训课。

本书在编写过程中虽几经斟酌和校对，仍难免有不足之处，恳请广大读者和考生予以批评指正。

编　者

2025 年 1 月

中迅网校公众号　　　　　　中迅网校抖音号

目 录

第一章　总论	1
第二章　土工与土工合成材料	45
第三章　集料与岩石	82
第四章　路面基层与底基层材料	102
第五章　水泥、水泥混凝土及砂浆	128
第六章　沥清与沥清混合料	153
第七章　路基路面现场测试	181
模拟卷一	215
模拟卷二	242

第一章 总 论

一、单项选择题

【2020 真题】

1. 一条高速公路的沥青路面损坏状况指数 PCI 为 91.3，该工程沥青路面状况评价等级为（ ）。
   A. 优　　　　　B. 良　　　　　C. 中　　　　　D. 次

   解析：高速公路路面损坏状况指数 PCI 等级划分标准应为"优"大于或等于 92，"良"在 80~92 之间，其他保持不变。

【2020 真题】

2. 《公路技术状况评定标准》（JTG 5210—2018）要求路面横向力系数 SFC 每（ ）应计算一个统计值（ ）。
   A. 5m　　　　B. 10m　　　　C. 20m　　　　D. 100m

   解析：路面抗滑性能自动化检测应满足下列要求：1. 应采用横向力系数检测设备或其他具有有效相关关系的自动化检测设备，相关系数不应小于 0.95。2. 检测指标应为横向力系数 SFC，每 10m 应计算 1 个统计值。

【2020 真题】

3. 下面不属于沥青混凝土路面损坏的是（ ）。
   A. 沉陷　　　　B. 松散　　　　C. 车辙　　　　D. 错台

   解析：沥青路面损坏包括龟裂、块状裂缝、纵向裂缝、横向裂缝、沉陷、车辙、波浪拥抱、坑槽、松散、泛油、修补 11 类 21 项。

【2020 真题】

4. 水泥混凝土路面的坑洞病害是指板面上直径大于（ ），深度大于（ ）的槽。
   A. 25mm，10mm　　　　　　　　B. 25mm，25mm
   C. 30mm，10mm　　　　　　　　D. 30mm，25mm

   解析：坑洞应为板面出现直径大于 30mm、深度大于 10mm 的坑槽，损坏应按坑洞或坑洞群的包络面积计算。

【2019真题】

5. 以下不属于现行公路技术等级系列的是（　　）。
   A. 高速公路　　　　　　　　B. 汽车专用公路
   C. 二级公路　　　　　　　　D. 四级公路

   解析：公路按使用任务、功能和适应的交通量分为高速公路、一级公路、二级公路、三级公路及四级公路五个技术等级。汽车专用公路属于一种行政等级。

【2019真题】

6. 以下属于路面工程分项工程的是（　　）。
   A. 盲沟　　　　　　　　　　B. 路缘石
   C. 桥面防水层　　　　　　　D. 墙背填土

   解析：盲沟属于路基的排水工程，墙背填土属于路基的防护支挡工程，桥面防水层属于桥梁工程。

【2021真题】

7. 评定为不合格的分项工程，经返工、加固、补强后，满足（　　）要求后，可重新进行检验评定。
   A. 业主　　　　B. 监理　　　　C. 设计　　　　D. 监督

   解析：评定为不合格的分项工程、分部工程，经返工、加固、补强或调测，满足设计要求后，可重新进行检验评定。

【2018真题】

8. 竣工验收工程实体检测中，涵洞检查不少于总数的（　　）%，且每种类型检查不少于（　　）道。
   A. 10，1　　　B. 20，1　　　C. 10，2　　　D. 20，2

   解析：实体检测中，涵洞的结构尺寸和流水面高程抽查不少于总数的10%且每种类型抽查不少于1道。

【2019真题】

9. 路基横断面的几何尺寸不包括（　　）。
   A. 宽度　　　　　　　　　　B. 高度
   C. 纵坡坡度　　　　　　　　D. 边坡坡度

   解析：路基横断面的几何尺寸由宽度、高度和边坡坡度组成。

【2018真题】

10. 高速公路技术状况评定对路面抗滑性能的最低检测频率要求为（　　）。
    A. 1年2次　　　　　　　　　B. 1年1次
    C. 2年1次　　　　　　　　　D. 5年2次

解析：

公路技术状况检测与调查频率

检测与调查内容		沥青路面		水泥混凝土路面	
		高速、一级公路	二、三、四级公路	高速、一级公路	二、三、四级公路
路面PQI	路面损坏	1年1次	1年1次	1年1次	1年1次
	路面平整度	1年1次	1年1次	1年1次	1年1次
	路面车辙	1年1次			
	路面跳车			1年1次	
	路面磨耗	1年1次		1年1次	
	路面抗滑性能	2年1次		2年1次	
	路面结构强度	抽样检测	抽样检测		
路基SCI		1年1次			
桥隧构造物BCI		按现行标准规范的有关规定执行			
沿线设施TCI		1年1次			

注：1. 路面结构强度为抽样检测指标，抽样检测的路线或路段应按路面养护管理需要确定，最低抽样比例不得低于公路网列养里程的20%。

2. 路面磨耗和路面抗滑性能为二选一指标，在检测与调查中可二选一。

【2018/2019 真题】

11. 水泥混凝土路面的设计强度采用（　　）。

A. 7 天龄期抗压强度　　　　　　　　B. 28 天龄期抗压强度

C. 7 天龄期弯拉强度　　　　　　　　D. 28 天龄期弯拉强度

解析： 水泥混凝土的设计强度采用 28d 龄期的弯拉强度。

【2018 真题】

12. 无机结合料稳定类混合料组成设计采用（　　）天龄期无侧限抗压强度作为控制指标。

A. 7　　　　　B. 10　　　　　C. 14　　　　　D. 28

解析： 无机结合料稳定类材料混合料组成设计采用 7d 龄期无侧限抗压强度作为控制指标。

【2018 真题】

13. 路基工作区是指汽车荷载通过路面传递到路基的应力与路基土自重应力之比大于（　　）的应力分布深度范围。

A. 0.2　　　　　B. 0.1　　　　　C. 0.02　　　　　D. 0.01

解析： 在路基某一深度处，当车轮荷载引起的垂直应力与路基自重引起的垂直应力相比所占比例很小，仅为 1/10~1/5 时，该深度范围内的路基称为路基工作区。

【2020 真题】

14. 在交工验收的检查项目中，一般项目的合格率应不低于（　　），否则该检查项目为不合格。

A. 75%　　　　B. 80%　　　　C. 90%　　　　D. 85%

解析：关键项目的合格率应不低于95%（机电工程为100%），否则该检查项目为不合格。一般项目的合格率应不低于80%，否则该检查项目为不合格。

【2018 真题】

15. 公路技术状况评定分为（　　）个等级。

A. 3　　　　　B. 4　　　　　C. 5　　　　　D. 6

解析：公路技术状况分为优、良、中、次、差五个等级。

【2018 真题】

16. 公路工程质量检验中，关键项目的检查合格率不低于（　　）。

A. 90%　　　　B. 92%　　　　C. 95%　　　　D. 98%

解析：一般项目的合格率不低于80%，关键项目的合格率应不低于95%（机电工程为100%），否则该检测项目为不合格。

【2020 真题】

17. 工程质量检验时，对外观质量应进行（　　）检查。

A. 抽样　　　　B. 全面　　　　C. 关键部位　　　D. 指定部位

解析：外观质量是通过观察和必要的量测所反映的工程外在质量及功能状态。外观质量应进行全面检查，并满足规定要求，否则该检验项目为不合格。

【2020 真题】

18. 以下不属于公路中线平面线形的是（　　）。

A. 圆曲线　　　B. 缓和曲线　　　C. 竖曲线　　　D. 直线

解析：公路的空间几何组成包括位置、形状和尺寸。公路中线的平面线形由直线、圆曲线与缓和曲线等基本线形要素组成。纵面线形由直坡段和竖曲线等基本要素组成。公路的横断面具有一定的宽度，直线段的横断面有路拱横坡，圆曲线段的横断面可能有超高，二、三、四级公路圆曲线半径小的路段需要加宽。

【2021 真题】

19. 以下不属于《公路技术状况评定标准》（JTG 5210—2018）中路基损坏的项目是（　　）。

A. 边坡坍塌　　B. 水毁冲沟　　C. 涵洞淤塞阻水　　D. 路肩损坏

解析：路基损坏类型：路肩损坏、边坡坍塌、水毁冲沟、路基构造物损坏、路缘石缺损、路基沉降、排水不畅。

【2018 真题】

20. 一个标段的路基土石方工程在建项目中作为一个（　　）。
A. 单位工程　　　B. 分部工程　　　C. 分项工程　　　D. 辅助工程

解析：路基土石方工程属于分部工程。

【2020 真题】

21. 我国公路按照技术等级划分不包括（　　）。
A. 一级公路　　　B. 农村公路　　　C. 高速公路　　　D. 四级公路

解析：公路的技术等级公路按使用任务、功能和适应的交通量分为高速公路、一级公路、二级公路、三级公路及四级公路五个技术等级。

【2019 真题】

22. 高速公路路面损坏状况指数"优"等的划分标准为（　　）。
A. PCI≥88　　　B. PCI≥90　　　C. PCI≥92　　　D. PCI≥95

解析：高速公路路面损坏状况指数PCI等级划分标准应为"优"大于或等于92，"良"在80~92之间，其他保持不变。

【2018 真题】

23. 以下不属于沥青路面施工技术规范规定的确定沥青混合料拌和及碾压温度的试验是（　　）。
A. 标准黏度试验　　B. 赛博特黏度试验　　C. 布氏黏度试验　　D. 运动黏度试验

解析：普通沥青结合料的施工温度宜通过在135℃及175℃条件下测定的黏度（表观黏度、运动黏度、赛波特黏度）-温度曲线确定。布氏黏度计法采用布氏黏度计测定沥青45℃以上温度范围的表观黏度（以 Pa·s 计）。

【2019 真题】

24. 根据《公路技术状况评定标准》，深度大于（　　）mm，长度在5m~10m的沉降属于中度沉降。
A. 10　　　　B. 20　　　　C. 30　　　　D. 50

解析：路基沉降应为深度大于30mm的沉降，按处计算。损坏程度应按下列标准判断：①轻度应为路基沉降长度小于5m。②中度应为路基沉降长度在5~10m之间。③重度应为路基沉降长度大于10m。

【2018 真题】

25. 热拌沥青混合料路面摊铺后自然冷却到表面温度低于（　　）℃，方可开放交通。
A. 20　　　　B. 30　　　　C. 50　　　　D. 70

解析：热拌沥青混合料路面应待摊铺层完全自然冷却，混合料表面温度低于50℃后，方可开放交通。

【2019 真题】

26. 《公路技术状况评定标准》适用于（　　）检测评定工作。

A. 普通公路　　　B. 高速公路　　　C. 国省干线公路　　　D. 各等级公路

解析：《公路技术状况评定标准》含高速公路、一级公路、二级公路、三级公路、四级公路，即各等级公路。

【2023 真题】

27. 《公路工程质量检验评定标准》(JTG F80/1—2017) 中规定的检测方法为标准方法，采用其他高效检测方法应经（　　）。

A. 监理批准　　　B. 技术负责人确认　　　C. 方法报备　　　D. 比对确认

解析：规定的检查方法为标准方法，采用其他高效检测方法应经比对确认。

【2023 真题】

28. 《公路技术状况评定标准》(JTG 5210—2018) 规定：当路面车辙采用自动化方式检测时应（　　）计算一个统计值。

A. 5m　　　B. 10m　　　C. 20m　　　D. 100m

解析：路面车辙自动化检测应满足下列要求：

① 应采用断面类检测设备。

② 检测指标应为路面车辙深度 RD，每 10m 应计算 1 个统计值。

③ 当横断面数据出现异常或横断面数据不完整时，该检测断面应为无效数据。

【2023 真题】

29. 《关于进一步加强农村公路技术状况检测评定工作的通知》(交办公路〔2021〕83 号)（简称 83 号文）与《公路技术状况评定标准》(JTG 5210—2018) 关于路面纵向裂缝的规定有所不同。83 号文规定低等级农村公路技术状况评定时，裂缝宽度大于或等于（　　）的应进行统计并换算成损坏面积。

A. 1mm　　　B. 3mm　　　C. 5mm　　　D. 10mm

解析：纵向裂缝是指路面上与行车方向基本平行且主要裂缝宽度大于 3mm 的裂缝，应按长度计算，检测结果应用影响宽度（0.2m）换算成损坏面积。

横向裂缝是指路面上与行车方向基本垂直且主要裂缝宽度大于 3mm 的裂缝，应按长度计算，检测结果应用影响宽度（0.2m）换算成损坏面积。

【2024 真题】

30. 边坡锚固防护质量检验评定的锚杆、锚索实测项目中属于关键项目的是（　　）。

A. 锚杆、锚索抗拔力　　　　B. 张拉伸长率
C. 锚孔深度　　　　　　　　D. 锚孔位置

解析：锚杆、锚索实测项目中属于关键项目包括注浆强度；锚杆、锚索抗拔力；张拉力。

【2024 真题】

31. 不属于路基附属设施的是（　　）。

A. 弃土堆　　　　B. 碎落台　　　　C. 护坡道　　　　D. 急流槽

解析：路基附属设施主要有取土坑、弃土堆、护坡道、碎落台等，急流槽属于排水设施。

【2024 真题】

32. 高速公路技术状况评定时，（　　）的检测与调查频率为每 2 年 1 次。

A. 路基　　　　B. 路面抗滑性能　　　　C. 路面损坏　　　　D. 路面跳车

解析：

公路技术状况检测与调查频率

检测与调查内容		沥青路面		水泥混凝土路面	
		高速、一级公路	二、三、四级公路	高速、一级公路	二、三、四级公路
路面PQI	路面损坏	1年1次	1年1次	1年1次	1年1次
	路面平整度	1年1次	1年1次	1年1次	1年1次
	路面车辙	1年1次			
	路面跳车	1年1次		1年1次	
	路面磨耗	1年1次		1年1次	
	路面抗滑性能	2年1次		2年1次	
	路面结构强度	抽样检测	抽样检测		
路基SCI		1年1次			
桥隧构造物BCI		按现行标准规范的有关规定执行			
沿线设施TCI		1年1次			

【2024 真题】

33. 根据《公路工程质量检验评定标准》（JTG F80/1—2017），不属于路基分项工程的是（　　）。

A. 软土地基处置　　B. 边坡锚固防护　　C. 涵洞填土　　D. 底基层

解析：D 选项属于路面工程的分项工程。

【2024 真题】

34. 根据《公路水泥混凝土路面设计规范》（JTG D40—2011），路面水泥混凝土的强度以（　　）控制。

A. 7d 抗压强度　　B. 7d 弯拉强度　　C. 28d 抗压强度　　D. 28d 弯拉强度

解析：路面水泥混凝土的设计强度应采用 28d 龄期的弯拉强度。

【2023 真题】

35. 公路工程质量检验评定应按分项工程、分部工程、单位工程（　　）进行。

A. 同时　　　　B. 倒序　　　　C. 分类　　　　D. 逐级

解析：公路工程质量检验评定应按分项工程、分部工程、单位工程、合同段、建设项目逐级进行。

【2024 真题】

36. 公路工程质量鉴定时，某分部工程的质量等级评定为不合格，但不属于严重质量缺陷问题，整修后经重新鉴定达到了合格水平。若包含该分部工程的单位工程评定得分为91分，其质量等级评定为（　　）。

A. 优良　　　　B. 中等　　　　C. 合格　　　　D. 不合格

解析：题干已经说明整修后经重新鉴定达到了合格水平，所以是合格。

【2024 真题】

37. 检测人员对新建水泥混凝土路面的施工质量进行检查时不包括（　　）项目。

A. 弯拉强度　　B. 板厚度　　　C. 弯沉　　　　D. 相邻板高差

解析：水泥混凝土路面的施工质量实测项目不包含弯沉。

【2024 真题】

38. 沥青路面交工验收时要进行弯沉值的检测与评定，计算代表弯沉时需要用到目标可靠度指标 β。根据《公路工程质量检验评定标准》(JTG F80/1—2017)，一级公路目标可靠指标 β 值应取（　　）。

A. 0.84　　　　B. 1.04　　　　C. 1.28　　　　D. 1.65

解析：

目标可靠指标 β 值

公路等级	高速公路	一级公路	二级公路	三级公路	四级公路
目标可靠度/%	95	90	85	80	70
目标可靠指标 β	1.65	1.28	1.04	0.84	0.52

【2024 真题】

39. 路床是指路面结构层以下 0.8m 或 1.2m 范围内的路基部分，路床厚度是根据（　　）确定的。

A. 路面类型　　　　　　　　　B. 路基工作区深度
C. 路基断面形式　　　　　　　D. 公路自然区划

解析：路床是指路面结构层以下 0.8m 或 1.2m 范围内的路基部分，路床厚度是根据路基工作区深度确定的。

【2023 真题】

40. 路面水泥混凝土设计强度采用（ ）。
A. 7d 龄期的抗压强度 B. 7d 龄期的弯拉强度
C. 28d 龄期的抗压强度 D. 28d 龄期的弯拉强度

解析：水泥混凝土路面设计强度采用 28d 弯拉强度。

【2023 真题】

41. 土方路基交工验收时，下列实测项目中属于关键项目的是（ ）。
A. 平整度 B. 弯沉 C. 中线偏位 D. 边坡

解析：土方路基的关键项目是压实度、弯沉。

【2023 真题】

42. 下列检查项目中属于土方路基实测关键项目的是（ ）。
A. 平整度 B. 宽度 C. 压实度 D. 横坡

解析：

土方路基实测项目

项次	检查项目			规定值或允许偏差			检查方法和频率
				高速公路一级公路	其他公路		
					二级公路	三、四级公路	
1△	压实度/%	上路床		0~0.3m	≥96	≥95	≥94	按附录B检查。密度法：每200m每压实层测2处
		下路床	轻、中及重交通荷载等级	0.3m~0.8m	≥96	≥95	≥94	
			特重、极重交通荷载等级	0.3m~1.2m	≥96	≥95	—	
		上路堤	轻、中及重交通荷载等级	0.8m~1.5m	≥94	≥94	≥93	
			特重、极重交通荷载等级	1.2m~1.9m	≥94	≥94	—	
		下路堤	轻、中及重交通荷载等级	>1.5m	≥93	≥92	≥90	
			特重、极重交通荷载等级	>1.9m				
2△	弯沉/(0.01mm)			不大于设计验收弯沉值			按附录J检查
3	纵断高程/mm			+10，-15	+10，-20		水准仪：中线位置每200m测2点

续表

项次	检查项目	规定值或允许偏差			检查方法和频率
		高速公路 一级公路	其他公路		
			二级公路	三、四级公路	
4	中线偏位/mm	50	100		全站仪：每200mm测2点，弯道加HY、YH两点
5	宽度/mm	满足设计要求			尺量：每200m测4点
6	平整度/mm	≤15	≤20		3m 直尺：每200m测2处×5尺
7	横坡/%	±0.3	±0.5		水准仪：每200m测2个断面
8	边坡	满足设计要求			尺量：每200m测4点

注：1. 表列压实度系按现行《公路土工试验规程》(JTG E40) 重型击实试验所得最大干密度求得的压实度。评定路段内的压实度平均值下置信界限不得小于规定标准，单个测定值不得小于极值（表列规定值减5个百分点）。按测定值不小于表列规定值减2个百分点的测点占总检查点数的百分率计算合格率。
2. 特殊干旱、特殊潮湿地区或过湿土路基等，可按路基设计、施工规范所规定的压实度标准进行评定。
3. 三、四级公路铺筑沥青混凝土或水泥混凝土路面时路基压实度应采用二级公路标准。

【2024 真题】

43. 下列路基损坏类型为重度时，评定单元的 SCI 取 0 值的是（　　）。
A. 路肩损坏　　　B. 水毁冲沟　　　C. 路基沉降　　　D. 路基构造物损坏

解析：路基损坏类型中：路基构造物损坏为重度时，该评定单元的 SCI 取 0 值。边坡坍塌为重度且影响交通安全时，该评定单元的 MQI 值应取 0。

【2023 真题】

44. 在水泥混凝土面层的检查项目中，不能用于评价平整度的指标是（　　）。
A. σ　　　B. IRI　　　C. SFC　　　D. 最大间隙 h

解析：《JTG F80/1—2017 公路工程质量检验评定标准 第一册 土建工程》

水泥混凝土面层实测项目

项次	检查项目		规定值或允许偏差		检查方法和频率
			高速公路 一级公路	其他公路	
1△	弯拉强度/MPa		在合格标准内		按附录C检查
2△	板厚度/mm	代表值	−5		按附录H检查每200m测2点
		合格值	−10		
		极值	−15		

续表

项次	检查项目		规定值或允许偏差		检查方法和频率
			高速公路 一级公路	其他公路	
3	平整度	σ/mm	≤1.32	≤2.0	平整度仪：全线每车道连续检测，每100m计算σ，IRI
		IRI/(m/km)	≤2.2	≤3.3	
		最大间隙b/mm	3	5	3m 直尺，每半幅车道每200m测2处×5尺

【2023 真题】

45. 整条路线的公路技术状况评定时，应采用路线内所有评定单元 MQI 的（　　）作为该路线的 MQI。

A. 最小值　　　　B. 最大值　　　　C. 代表值　　　　D. 算术平均值

解析：路线公路技术状况评定时，应采用路线内所有评定单元 MQI 的算术平均值作为该路线的 MQI。

【2024 真题】

46. 整条路线的公路技术状况评定时，应采用路线内所有评定单元 MQI 的（　　）作为该路线的 MQI。

A. 最大值　　　B. 算术平均值　　　C. 长度加权平均值　　　D. 最小值

解析：路线公路技术状况评定时，应采用路线内所有评定单元 MQI 的算术平均值作为该路线的 MQI。

二、判断题

【2021 真题】

47. 公路技术状况评定中，路面结构强度为抽样检测指标，抽样比例不得低于公路网列养里程的 30%。

A. 正确　　　　　　　　　　　　B. 错误

解析：路面结构强度为抽样检测指标，抽样检测的路线或路段应按路面养护管理需要确定，最低抽样比例不得低于公路网列养里程的 20%。

【2020 真题】

48. 热拌沥青混合料路面摊铺后自然冷却到表面温度低于 30℃方可开放交通。

A. 正确　　　　　　　　　　　　B. 错误

解析：热拌沥青混合料路面应待摊铺层完全自然冷却，混合料表面温度低于 50℃后，方可开放交通。

【2021 真题】

49. 车辙不属于高速公路路面损坏类型。

A. 正确　　　　　　　　　　　　　　　B. 错误

解析：车辙属于沥青路面损坏类型，不管什么等级的沥青路面都会有车辙损坏。

【2019 真题】

50. 填隙碎石材料配合比设计时，应采用重型击实成型的试件确定最大干密度作为现场压实度的控制标准。

A. 正确　　　　　　　　　　　　　　　B. 错误

解析：填隙碎石是在碎石骨料层上铺撒石屑填隙料经压实形成的基层和底基层材料。填隙碎石与级配碎石不一样，没有级配要求，不存在配合比设计，也不需要通过重型击实成型的试件确定最大干密度。填隙碎石没有压实度的概念，即没有标准密度的概念，而是采用密度法计算固体体积率控制压实质量。

【2019 真题】

51. 水泥混凝土路面的设计标准采用28d 龄期的水泥混凝土抗弯拉强度。

A. 正确　　　　　　　　　　　　　　　B. 错误

解析：水泥混凝土路面的设计强度采用 28d 龄期的弯拉强度。

【2019 真题】

52. 水泥混凝土路面的技术状况评定不包括路面磨耗内容。

A. 正确　　　　　　　　　　　　　　　B. 错误

解析：公路技术状况检测与调查频率，水泥路面与沥青路面相比，不需要检测车辙和路面结构强度，其他指标都是一样的。车辙是沥青路面特有的病害。

【2019/2020 真题】

53. 路基工作区是指汽车荷载通过路面传递到路基的应力与路基土自重应力之比大于0.1 的应力分布深度范围。

A. 正确　　　　　　　　　　　　　　　B. 错误

解析：在路基某一深度处，当车轮荷载引起的垂直应力与路基自重引起的垂直应力相比所占比例很小，仅为 1/10~1/5 时，该深度范围内的路基称为路基工作区。

【2019 真题】

54. 在水泥混凝土路面错台损坏分类中，水泥混凝土路面板间错台高差小于 5mm 时定义为轻度损坏。

A. 正确　　　　　　　　　　　　　　　B. 错误

解析：错台应为接缝两边出现的高差，应按长度（m）计算。检测结果应用影响宽度（1.0m）换算成损坏面积。损坏程度应按下列标准判断：①轻度应为接缝两侧高差在 5~

10mm 之间。②重度应为接缝两侧高差大于 10mm。

【2021 真题】

55. 当水泥混凝土路面板只有一条裂缝时，损坏按照实际长度计算，检测结果需用影响宽度 0.2m 换算成损坏面积。

A. 正确　　　　　　　　　　　　　　　B. 错误

解析：裂缝应为板块上只有一条裂缝的情况，应按长度（m）计算，检测结果应用影响宽度（1.0m）换算成损坏面积。

【2018 真题】

56. 路面损坏状况采用自动化快速检测装备检测时，横向检测宽度不得小于车道宽度的 80%。

A. 正确　　　　　　　　　　　　　　　B. 错误

解析：路面破损状况采用快速检测设备检测路面破损时，应纵向连续检测，横向检测宽度不得小于车道宽度的 70%。

【2021 真题】

57. 在进行公路工程质量检验评定时，有规定极值的检查项目，任意单个检测值均应符合规定极值的要求，否则该检查项目为不合格。

A. 正确　　　　　　　　　　　　　　　B. 错误

解析：有规定极值的检查项目，任一单个检测值不应突破规定极值，否则该检查项目为不合格。

【2018 真题】

58. 路面纵向裂缝换算为损坏面积时，应该用裂缝长度乘以 0.2m。

A. 正确　　　　　　　　　　　　　　　B. 错误

解析：纵向裂缝属于沥青路面的损坏类型，纵向裂缝应是路面上与行车方向基本平行的裂缝，应按长度（m）计算。检测结果应用影响宽度（0.2m）换算成损坏面积。

【2019 真题】

59. 路面损坏采用人工调查时应包含所有行车道。

A. 正确　　　　　　　　　　　　　　　B. 错误

解析：路面损坏人工调查应包含所有行车道，紧急停车带应按路肩处理。

【2019 真题】

60. 无机结合料稳定类材料混合料组成设计采用 28d 龄期的无侧限抗压强度。

A. 正确　　　　　　　　　　　　　　　B. 错误

解析：无机结合料稳定材料混合料组成设计采用 7d 龄期无侧限抗压强度作为控制指标。

【2019 真题】

61. 分项工程质量检验中，以路段长度规定的检查频率为双车道的最低检查频率，多车道应按车道数与双车道之比相应增加检查数量。

A. 正确　　　　　　　　　　　　　　B. 错误

解析：以路段长度规定的检查频率为双车道路段的最低检查频率，对多车道应按车道数与双车道之比相应增加检查数量。

【2018 真题】

62. 分项工程的质量检验内容包括基本要求、实测项目和质量保证资料三部分。

A. 正确　　　　　　　　　　　　　　B. 错误

解析：分项工程按基本要求、实测项目、外观质量和质量保证资料等检验项目分部检查，本题缺少外观质量。

【2020 真题】

63. 路面结构强度系数 SSR 为路面实测代表弯沉值与路面弯沉标准值之比。

A. 正确　　　　　　　　　　　　　　B. 错误

解析：路面结构强度系数 SSR 为路面弯沉标准值与路面实测代表弯沉之比。

【2019 真题】

64. 分项工程质量评定中，某个实测项目不合格，则该分项工程评定为不合格。

A. 正确　　　　　　　　　　　　　　B. 错误

解析：检验记录完整、实测项目合格、外观质量满足要求的分项工程质量评定为合格。有一项不合格，则该分项工程评定为不合格。

【2020 真题】

65. 分项工程检查应对所列基本要求逐项检查，不符合规定时，不得进行质量检验评定。

A. 正确　　　　　　　　　　　　　　B. 错误

解析：基本要求检查：

（1）分项工程应对所列基本要求逐项检查，经检查不符合规定时，不得进行工程质量的检验评定。

（2）分项工程所用的各种原材料的品种、规格，质量及混合料配合比和半成品、成品应符合有关技术标准规定并满足设计要求。

【2021 真题】

66. 在公路技术状况评定时，路面磨耗和路面抗滑性能两个指标需要同时检测。

A. 正确　　　　　　　　　　　　　　B. 错误

解析：路面磨耗和路面抗滑性能为二选一指标，在检测与调查中可二选一。

【2020 真题】

67. 公路面层水泥混凝土的配合比设计应首先满足经济性。

A. 正确　　　　　　　　　　　　B. 错误

解析： 公路面层水泥混凝土的配合比设计应满足其弯拉强度、工作性、耐久性要求，兼顾经济性。

【2020 真题】

68. 根据《公路技术状况评定标准》(JTG 5210—2018)，可以选择路面跳车指数和路面行驶质量指数其中之一评价路面平整性。

A. 正确　　　　　　　　　　　　B. 错误

解析： 路面跳车指数和路面行驶质量指数是路面技术状况指数的其中两项，路面行驶质量的检测指标是国际平整度指数，用于评价路面平整性。

【2020 真题】

69. 路面损坏应纵向连续检测，选择设备时应注意横向检测宽度应不小于所测车道宽度的 70%。

A. 正确　　　　　　　　　　　　B. 错误

解析： 路面损坏自动化检测应满足下列要求：
① 检测指标应为路面破损率 DR，每 10m 应计算 1 个统计值。
② 路面损坏应纵向连续检测，横向检测宽度应不小于车道宽度的 70%。检测设备应能分辨约 1mm 的路面裂缝，检测数据宜采用机器自动识别，识别准确率应达到 90% 以上。

【2019 真题】

70. 不合格的分项工程经返工、加固满足设计要求后可以重新进行检验评定。

A. 正确　　　　　　　　　　　　B. 错误

解析： 评定为不合格的分项工程、分部工程，经返工、加固、补强或调测，满足设计要求后，可以重新进行检验评定。

【2018 真题】

71. 工程质量检验中一般项目的合格率不低于 75%，可以评定为合格。

A. 正确　　　　　　　　　　　　B. 错误

解析： 一般项目的合格率应不低于 80%，关键项目合格率不低于 95%，机电工程合格率不低于 100%。

【2019 真题】

72. 关键项目（非机电工程）的合格率应不低于 90%，否则检测项目不合格。

A. 正确　　　　　　　　　　　　B. 错误

解析： 关键项目的合格率不低于 95%（机电工程为 100%），否则该检查项目为不合格。

【2018 真题】

73. 水泥混凝土路面破碎板是指板块被裂缝分成四块以上。

A. 正确　　　　　　　　　　　　　　B. 错误

解析： 正确说法是板块被裂缝分为 3 块以上。

【2021 真题】

74. 高速公路路面损坏状况指数 PCI 为 91 时，路面损坏不应评为优。

A. 正确　　　　　　　　　　　　　　B. 错误

解析： 高速公路路面损坏状况指数 PCI 等级划分标准应为"优"大于或等于 92，"良"在 80~92 之间，其他保持不变。

【2023 真题】

75. "县道"是按照公路行政等级划分的公路称谓。

A. 正确　　　　　　　　　　　　　　B. 错误

解析： 公路按行政等级可分为国道、省道、县道、乡道和村道。

【2024 真题】

76. 《公路技术状况评定标准》(JTG 5210—2018) 仅适用于国省干线公路的检测评定工作。

A. 正确　　　　　　　　　　　　　　B. 错误

解析：《公路技术状况评定标准》适用于各等级公路。

【2024 真题】

77. 按照一般建设项目的工程划分标准，每处大型挡土墙都是路基工程的分部工程。

A. 正确　　　　　　　　　　　　　　B. 错误

解析： 砌体、片石混凝土挡土墙，当平均墙高大于或等于 6m 且墙身面积大于或等于 1200m² 时为大型挡土墙，每处应作为分部工程进行检验。

【2023 真题】

78. 对土方路基进行质量评定时，若压实度合格率为 94%，则判定该分项工程质量不合格。

A. 正确　　　　　　　　　　　　　　B. 错误

解析： 关键项目的合格率应不低于 95%（机电工程为 100%），否则该检查项目为不合格。

【2024 真题】

79. 根据《公路工程质量检验评定标准》(JTG F80/1—2017)，可以用 3m 直尺检测沥青路面平整度，频率为每 200 米测 2 处，每处测 10 尺。

A. 正确　　　　　　　　　　　　　　B. 错误

解析： 3m 直尺检测沥青路面平整度，频率为每 200m 测 2 处，每处测 5 尺。

【2024 真题】

80. 根据《公路工程质量检验评定标准》(JTG F80/1—2017) 对于沥青混凝土面层，构造深度与摩擦系数都是表征路面抗滑能力的指标，交工验收时任选其中一个指标进行检测和评价。

A. 正确　　　　　　　　　　　　B. 错误

解析：交工验收时构造深度与摩擦系数都需要检测。

【2024 真题】

81. 根据《公路技术状况评定标准》(JTG 5210—2018)，车辙不属于路面损坏类型。

A. 正确　　　　　　　　　　　　B. 错误

解析：车辙属于沥青路面损坏类型。

【2024 真题】

82. 根据《公路技术状况评定标准》(JTG 5210—2018)，如果评定单元中出现危险涵洞或影响交通安全的重度边坡坍塌情况，该评定单元MQI直接评为0分。

A. 正确　　　　　　　　　　　　B. 错误

解析：存在5类桥梁、5类隧道、危险涵洞及影响交通安全的重度边坡坍塌的评定单元，MQI值应取0。

【2023 真题】

83. 公路工程验收分为交工验收和竣工验收两个阶段。

A. 正确　　　　　　　　　　　　B. 错误

解析：根据《公路工程竣（交）工验收办法》和《公路工程竣（交）工验收办法实施细则》，公路工程验收分为交工验收和竣工验收两个阶段。

【2023 真题】

84. 公路工程质量检验与评价中，按照数理统计原理计算检测或评定路段内测定值的代表值时，当测点数 N 大于30时，按 t 分布计算代表值，测点数 N 较少时，按正态分布计算试验检测数据的代表值。

A. 正确　　　　　　　　　　　　B. 错误

解析：一般来说，对于测点数 N 大于30时，按正态分布计算试验检测数据的代表值，测点数 N 较少时，则按 t 分布计算代表值。

【2023 真题】

85. 公路技术状况评定时，所有路面损坏均应按面积计算，累计面积不足 $1m^2$ 的按 $1m^2$ 计算。

A. 正确　　　　　　　　　　　　B. 错误

解析：有按长度计算的。

【2023 真题】

86. 关键项目（非机电工程）的合格率应不低于90%，否则检测项目不合格。

A. 正确　　　　　　　　　　　　　　B. 错误

解析： 关键项目的合格率应不低于95%（机电工程为100%），否则该检查项目为不合格。

【2023 真题】

87. 加筋挡土墙内填土的压实度要求与路基相同。

A. 正确　　　　　　　　　　　　　　B. 错误

解析：

锚杆、锚定板和加筋土挡土墙墙背填土实测项目

项次	检查项目	规定值或允许偏差	检查方法和频率
1△	距面板1m范围以内压实度/%	≥90	按压实度评定规定检查，每50m每压实层测1处，且不得少于1处
2	反滤层厚度/mm	≥设计厚度	尺量：长度不大于50m时测5处，每增加10m增加1处

【2023 真题】

88. 竣工验收时工程质量评分大于90分为优良，小于等于90分且大于75分为合格，小于等于75分为不合格。

A. 正确　　　　　　　　　　　　　　B. 错误

解析： 分部工程得分大于或等于75分，则分部工程质量为合格，否则为不合格。

单位工程所含各分部工程均合格，且单位工程得分大于或等于90分，质量等级为优良；所含各分部工程均合格，且得分大于或等于75分、小于90分，质量等级为合格；否则为不合格。

合同段（建设项目）所含单位工程（合同段）均合格，且工程质量鉴定得分大于或等于90分，工程质量鉴定等级为优良；所含单位工程均合格，且得分大于或等于75分、小于90分，工程质量鉴定等级为合格；否则为不合格。

【2024 真题】

89. 农村公路是按照公路技术等级划分的一种公路称谓。

A. 正确　　　　　　　　　　　　　　B. 错误

解析： 公路的五个技术等级分为高速公路、一级公路、二级公路、三级公路及四级公路。

《农村公路建设管理办法》中农村公路是指纳入农村公路规划，并按照公路工程技术标准修建的县道、乡道、村道及其所属设施，包括经省级交通运输主管部门认定并纳入统计年报里程的农村公路。公路包括公路桥梁、隧道和渡口。

【2024 真题】

90. 热拌沥青混合料路面应在摊铺层完全自然冷却后，混合料表面温度低于50℃方可开放交通。

A. 正确　　　　　　　　　　　　　　B. 错误

解析：热拌沥青混合料路面应待摊铺层完全自然冷却，混合料表面温度低于50℃后，方可开放交通。

【2023 真题】

91. 水泥稳定类材料碾压终了的时间不应超过水泥的初凝时间。

A. 正确　　　　　　　　　　　　　　B. 错误

解析：石灰类材料应处于最佳含水率状态下碾压，水泥类材料碾压终了时间不应超过水泥终凝时间。

【2024 真题】

92. 土质路肩工程可以作为路面工程的一个分项工程进行检查评定。

A. 正确　　　　　　　　　　　　　　B. 错误

解析：路肩工程是路面工程的一个分项工程。

【2023 真题】

93. 在公路工程质量鉴定中，工程实体检测要求路基边坡每公里抽查不少于2处，每处两侧各测不少于2个坡面。

A. 正确　　　　　　　　　　　　　　B. 错误

解析：路基工程压实度、边坡每千米抽查不少于一处，边坡每处两侧各测不少于2个坡面，每个合同段路基压实度检查点数不少于10个。

【2023 真题】

94. 在公路技术状况评定工作中，若采用人工调查路面损坏，应包含所有行车道，紧急停车带按路肩处理。

A. 正确　　　　　　　　　　　　　　B. 错误

解析：路面损坏人工调查应满足下列要求：

① 人工调查的路面损坏类型应满足《公路技术状况评定标准》的规定，同一位置存在多类路面损坏时，应计权重最大的损坏。

② 各类路面损坏应以100m为单位，按损坏程度，每100m计1个损坏，每一个调查单元计算1个累计损坏面积。

③ 路面损坏人工调查应包含所有行车道，紧急停车带应按路肩处理。

三、多项选择题

🔹 **【2020 真题】**

95.《公路技术状况评定标准》(JTG 5210—2018) 规定评定单元中出现下面哪些情况，MQI 直接评为 0 分（　　）。

A. 4 类隧道　　　B. 5 类桥梁　　　C. 危险涵洞　　　D. 重度边坡坍塌

解析：存在 5 类桥梁、5 类隧道、危险涵洞及影响交通安全的重度边坡坍塌的评定单元，MQI 值应取 0。

🔹 **【2019 真题】**

96. 一级公路技术状况评定时，（　　）的检测与调查频率为每年 1 次。

A. 路基　　　B. 路面抗滑性能　　　C. 路面损坏　　　D. 路面跳车

解析：

公路技术状况检测与调查频率

检测与调查内容		沥青路面		水泥混凝土路面	
		高速、一级公路	二、三、四级公路	高速、一级公路	二、三、四级公路
路面 PQI	路面损坏	1 年 1 次	1 年 1 次	1 年 1 次	1 年 1 次
	路面平整度	1 年 1 次	1 年 1 次	1 年 1 次	1 年 1 次
	路面车辙	1 年 1 次			
	路面跳车			1 年 1 次	
	路面磨耗	1 年 1 次		1 年 1 次	
	路面抗滑性能	2 年 1 次		2 年 1 次	
	路面结构强度	抽样检测	抽样检测		
路基 SCI		1 年 1 次			
桥隧构造物 BCI		按现行标准规范的有关规定执行			
沿线设施 TCI		1 年 1 次			

注：1. 路面结构强度为抽样检测指标，抽样检测的路线或路段应按路面养护管理需要确定，最低抽样比例不得低于公路网列养里程的 20%。

2. 路面磨耗和路面抗滑性能为二选一指标，在检测与调查中可二选一。

🔹 **【2020 真题】**

97. 根据《公路路基路面现场测试规程》(JTG 3450—2019) 的规定，人工调查路面损坏时，以下病害可以用矩形量测面积的有（　　）。

A. 块状裂缝　　　B. 松散　　　C. 泛油　　　D. 修补

解析：根据《公路路基路面现场测试规程》(JTG 3450—2019) 的规定，人工调查沥青路面其他类损坏：包括龟裂、块状裂缝、坑槽、沉陷、波浪拥包、松散、泛油、修补等，主要量测其面积。按照矩形量测其横断面切向和垂直方向最外边的长度和宽度，矩形应覆盖该处损坏面积，调查结果准确至 $0.0001m^2$。

【2021 真题】

98. 依据《公路工程质量检验评定标准》（JTG F80/1—2017）规定，属于质量保证资料内容的有（　　）。

A. 钢筋进场复试报告　　　　　　B. 地基处理记录
C. 施工日志　　　　　　　　　　D. 沥青混合料配合比

解析：质量保证资料检查工程应有真实、准确、齐全、完整的施工原始记录、试验检测数据、质量检验结果等质量保证资料。质量保证资料包括六个方面的内容：①所用原材料、半成品和成品质量检验结果；②材料配合比、拌和加工控制检验和试验数据；③地基处理、隐蔽工程施工记录和桥梁、隧道施工监控资料；④质量控制指标的试验记录和质量检验汇总图表；⑤施工过程中遇到的非正常情况记录及其对工程质量影响分析评价资料；⑥施工过程中如发生质量事故，经处理补救后达到设计要求的认可证明文件等。

【2021 真题】

99. 以下可以用于测定路基路面结构强度的仪器有（　　）

A. 自动弯沉仪　　B. 落锤弯沉仪　　C. 贝克曼梁　　D. 核子密度仪

解析：路面结构强度（包括路表弯沉、接缝传荷能力、板底脱空状况、面层厚度和混凝土强度等）。核子密度仪检测的是压实度，A、B、C三种仪器检测的是弯沉，弯沉是路面结构强度评定的依据，还是旧路补强设计中的重要参数。所以正确答案为A、B、C。

【2019 真题】

100. 交工验收时工程质量等级分为（　　）。

A. 优秀　　　　B. 良好　　　　C. 合格　　　　D. 不合格

解析：分部工程质量等级分为合格、不合格两个等级；单位工程、合同段、建设项目工程质量等级分为优良、合格、不合格三个等级。优良，不是优秀和良好，所以A和B错误。

【2021 真题】

101. 分项工程应按照（　　）等检验项目分别进行检查。

A. 基本要求　　B. 实测项目　　C. 外观质量　　D. 质量保证资料

解析：分项工程应按基本要求、实测项目、外观质量和质量保证资料等检验项目分别检查。

【2018 真题】

102. 在《公路技术状况评定标准》中，下面属于路基损坏的项目有（　　）。

A. 边坡坍塌　　B. 路缘石损坏　　C. 排水系统淤塞　　D. 路肩损坏

解析：路基损坏分7类：路肩损坏，边坡坍塌，水毁冲沟，路基构造物损坏，路缘石缺损，路基沉降，排水不畅。2018版《公路技术状况评定标准》中将2007版的排水系统淤塞变更为排水不畅。

【2018 真题】

103. 以下属于公路技术状况使用性能评定的检测项目有（　　）。
 A. 路面车辙　　　　B. 路面平整度　　　　C. 土基回弹模量　　　　D. 路面抗滑性能

解析：路面技术状况自动化检测指标应包括路面破损率、国际平整度指数、路面车辙深度、路面跳车、路面构造深度、横向力系数和路面弯沉。其中，路面构造深度和横向力系数应为二选一指标。

【2020 真题】

104. 工程质量评定中采用数理统计方法评定的项目有（　　）。
 A. 压实度　　　　B. 厚度　　　　C. 路面横向力系数　　　　D. 弯沉值

解析：《公路工程质量检验评定标准 第一册 土建工程》（JTG F80/1—2017）规定了压实度、水泥混凝土弯拉强度、水泥混凝土抗压强度、喷射混凝土抗压强度、水泥砂浆强度、无机结合料稳定材料强度、路面结构层厚度、弯沉值、路面横向力系数、水泥基浆体抗压强度等检查项目的评定方法，列于附录中。

【2018 真题】

105. 公路中线的平面线形由（　　）等组成。
 A. 直线　　　　B. 圆曲线　　　　C. 缓和曲线　　　　D. 竖曲线

解析：公路中线的平面线形由直线、圆曲线与缓和曲线等基本线形要素组成。

【2020 真题】

106. 以下属于工程项目质量保证资料的有（　　）。
 A. 原材料试验报告　　B. 材料配合比报告　　C. 施工日志　　　　D. 隧道监控资料

解析：质量保证资料检查工程应有真实、准确、齐全、完整的施工原始记录、试验检测数据、质量检验结果等质量保证资料。质量保证资料包括六个方面的内容：①所用原材料、半成品和成品质量检验结果；②材料配合比、拌和加工控制检验和试验数据；③地基处理、隐蔽工程施工记录和桥梁、隧道施工监控资料；④质量控制指标的试验记录和质量检验汇总图表；⑤施工过程中遇到的非正常情况记录及其对工程质量影响分析评价资料；⑥施工过程中如发生质量事故，经处理补救后达到设计要求的认可证明文件等。

【2018 真题】

107. 公路按行政等级可以分为（　　）。
 A. 国道　　　　B. 市道　　　　C. 县道　　　　D. 村道

解析：公路按行政等级可分为国道、省道、县道、乡道和村道。

【2018 真题】

108. 交工验收时工程质量评定等级包括（　　）。
 A. 优　　　　B. 良　　　　C. 合格　　　　D. 不合格

解析：《公路工程竣（交）工验收办法》第十三条规定，各合同段工程质量评分采用所含各单位工程质量评分的加权平均值。即：工程各合同段交工验收结束后，由项目法人对整个工程项目进行工程质量评定，工程质量评分采用各合同段工程质量评分的加权平均值。工程质量等级评定分为合格和不合格，工程质量评分值大于或等于75分的为合格，小于75分的为不合格。

【2020 真题】

109. 公路技术状况的评定应计算（　　）。
A. 优等路率　　B. 优良路率　　C. 中次路率　　D. 次差路率

解析： 公路技术状况评定应以1000m路段长度为基本评定单元。在路面类型、交通量、路面宽度和养管单位等变化处，检测（或调查）单元的长度可不受此规定限制。公路技术状况评定应计算优等路率、优良路率和次差路率3项统计指标。

【2018 真题】

110. 某新建二级公路为确定基层无机结合料稳定材料的最大干密度，可采用（　　）方法。
A. 振动压实　　　　　　　　　B. 重型击实
C. 轻型击实　　　　　　　　　D. 试验路压力机压实

解析： 采用重型击实方法或振动压实方法试验确定混合料的最佳含水率与最大干密度。

【2018 真题】

111. 无机结合料稳定类材料的施工工序主要包括（　　）。
A. 拌和　　　　B. 摊铺　　　　C. 碾压　　　　D. 养生

解析： 无机结合料稳定类材料的施工工序主要包括拌和、摊铺、碾压和养生。

【2019 真题】

112. 《公路工程质量检验评定标准》适用于（　　）施工质量的检验评定。
A. 新建工程　　B. 改建工程　　C. 扩建工程　　D. 日常养护工程

解析：《公路工程质量检验评定标准》是各等级公路新建、改扩建工程施工质量的检验评定和验收的依据。

【2019 真题】

113. 以下属于路基工程的分部工程的有（　　）。
A. 排水工程　　B. 路肩工程　　C. 涵洞　　　　D. 防护支挡工程

解析： 路基工程的分部工程有6个：路基土石方工程、排水工程、小桥天桥渡槽、涵洞通道、防护支挡工程、大型挡土墙。路肩工程属于路面工程中的一个分项工程。

【2020 真题】

114. 分项工程应按（　　）等检验项目分别检查。
A. 基本要求　　B. 实测项目　　C. 外观质量　　D. 质量保证资料

解析：分项工程按基本要求、实测项目、外观质量和质量保证资料等检验项目分别检查。

【2019 真题】

115. 分项工程应按照（　　）检验项目分别检查。
A. 基本要求　　　B. 关键项目　　　C. 外观质量　　　D. 原材料质量
解析：分项工程按基本要求、实测项目、外观质量和质量保证资料等检验项目分别检查。

【2019 真题】

116. 路面技术状况评定的分项指标包括（　　）。
A. PQI　　　　　B. RDI　　　　　C. PBI　　　　　D. SCI
解析：

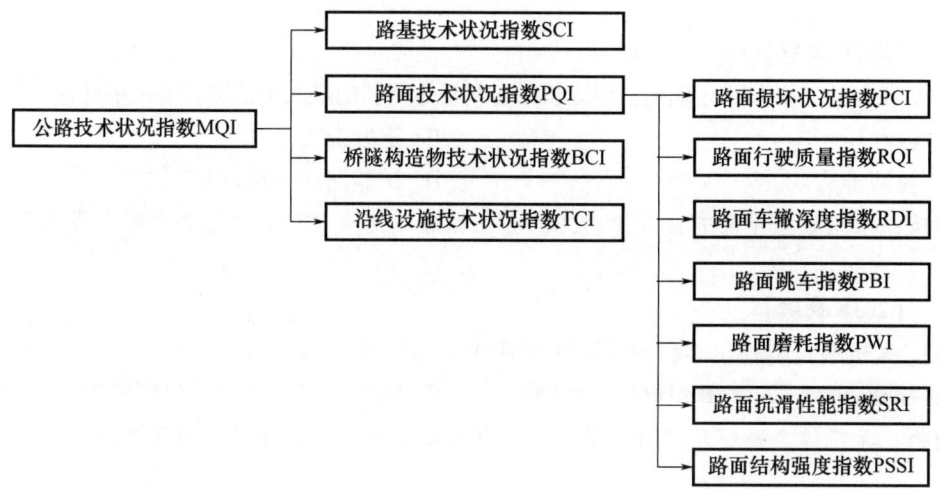

【2019 真题】

117. 关键项目是分项工程中对（　　）起决定性作用的检查项目。
A. 结构安全　　　B. 稳定性　　　C. 使用功能　　　D. 耐久性
解析：关键项目是分项工程中对结构安全、耐久性和主要使用功能起决定性作用的检查项目。

【2021 真题】

118. 以下按照公路技术等级划分的有（　　）。
A. 农村公路　　　B. 普通公路　　　C. 四级公路　　　D. 高速公路
解析：公路按使用任务、功能和适应的交通量分为高速公路、一级公路、二级公路、三级公路及四级公路共5个技术等级。

【2018 真题】

119. 水泥混凝土路面加铺设计前，需要调查的内容包括（　　）。
A. 路表弯沉　　　B. 接缝传荷能力　　　C. 板底脱空状况　　　D. 路面厚度

解析：为了确定合理的加铺层设计方案，应对旧水泥混凝土路面状况进行全面调查，需要试验检测的内容有：路面损坏状况（包括损坏类型、轻重程度、范围及修补措施等）和路面结构强度（包括路表弯沉、接缝传荷能力、板底脱空状况、面层厚度和混凝土强度等）。

【2019 真题】

120. 公路按技术等级可以分为（　　）。
A. 高速公路　　　B. 汽车专用公路　　　C. 二级公路　　　D. 四级公路

解析：公路按使用任务、功能和适用的交通量分为高速公路、一级公路、二级公路、三级公路和四级公路共5个技术等级。

【2018 真题】

121. 公路技术状况评价包括（　　）的损坏程度和技术性能。
A. 路面　　　B. 路基　　　C. 桥隧构造物　　　D. 沿线设施

解析：公路技术状况评价包括路面、路基、桥隧构造物和沿线设施4部分内容。

【2018 真题】

122. 关键项目是分项工程中对（　　）起决定性作用的检查项目。
A. 结构安全　　　B. 施工进度　　　C. 主要使用性能　　　D. 耐久性

解析：关键项目是分项工程中对结构安全、耐久性和主要使用功能起决定性作用的检查项目。

【2023 真题】

123. 对路面工程进行工程划分时，下列满足分部工程单位长度一般要求的有（　　）。
A. 1km　　　B. 2km　　　C. 5km　　　D. 10km

解析：1～3km。

【2023 真题】

124. 二级公路技术状况评定时，（　　）的检测与调查频率为每年1次。
A. 路基　　　B. 路面跳车　　　C. 路面损坏　　　D. 路面磨耗

解析：

公路技术状况检测与调查频率

检测与调查内容		沥青路面		水泥混凝土路面	
		高速、一级公路	二、三、四级公路	高速、一级公路	二、三、四级公路
路面PQI	路面损坏	1年1次	1年1次	1年1次	1年1次
	路面平整度	1年1次	1年1次	1年1次	1年1次
	路面车辙	1年1次			

续表

检测与调查内容		沥青路面		水泥混凝土路面	
		高速、一级公路	二、三、四级公路	高速、一级公路	二、三、四级公路
路面PQI	路面跳车	1年1次		1年1次	
	路面磨耗	1年1次		1年1次	
	路面抗滑性能	2年1次		2年1次	
	路面结构强度	抽样检测	抽样检测		
路基SCI		1年1次			
桥隧构造物BCI		按现行标准规范的有关规定执行			
沿线设施TCI		1年1次			

注：1. 路面结构强度为抽样检测指标，抽样检测的路线或路段应按路面养护管理需要确定，最低抽样比例不得低于公路网列养里程的20%。

2. 路面磨耗和路面抗滑性能为二选一指标，在检测与调查中可二选一。

【2023真题】

125. 分项工程应按照（　　）等检验项目分别进行检查。

A. 基本要求　　　B. 实测项目　　　C. 外观质量　　　D. 质量保证资料

解析：分项工程按基本要求、实测项目、外观质量和质量保证资料等检验项目分别检查。

【2023真题】

126. 分项工程质量检验时应按照（　　）等分别检查。

A. 基本要求　　　B. 实测项目　　　C. 外观质量　　　D. 工程进度

解析：分项工程按基本要求、实测项目、外观质量和质量保证资料等检验项目分别检查。

【2024真题】

127. 根据《公路工程质量检验评定标准》（JTG F80/1—2017），防护支挡工程的墙背填土严禁采用（　　）等不良填料。

A. 盐渍土　　　B. 腐殖土　　　C. 风化土　　　D. 膨胀土

解析：墙背填土应采用设计要求的填料，不应含有机物、冰块、草皮、树根等杂物或生活垃圾，其化学及电化学性能应符合锚杆、拉杆、筋带的防腐和耐久性要求，严禁采用膨胀土、高液限黏土、腐殖土、盐渍土、淤泥和冻土块等不良填料。

【2024真题】

128. 根据《公路工程质量检验评定标准》（JTG F80/1—2017），工程质量等级分为（　　）。

A. 优良　　　B. 合格　　　C. 基本合格　　　D. 不合格

解析：工程质量等级应分为合格与不合格。

【2024 真题】

129. 根据《公路技术状况评定标准》(JTG 5210—2018)，若评定路段存在（　　）情况时，MQI 评定为（　　）。

A. 5 类桥梁　　　B. 5 类隧道　　　C. 路基沉降　　　D. 危险涵洞

解析：MQI 评定为 0：评定路段存在 5 类桥梁、5 类隧道、危险涵洞及影响交通安全的重度边坡坍塌。

【2024 真题】

130. 根据《公路技术状况评定标准》(JTG 5210—2018) 的规定，沉降深度为（　　）可以认定为路基沉降损坏。

A. 5mm　　　B. 20mm　　　C. 35mm　　　D. 50mm

解析：路基沉降是指深度大于 30mm 的沉降。

【2023 真题】

131. 根据《关于进一步加强农村公路技术状况检测评定工作的通知》(交办公路〔2021〕83 号)，水泥混凝土路面损坏包括（　　）等。

A. 破碎板　　　B. 裂缝　　　C. 错台　　　D. 板角断裂

解析：水泥混凝土路面损坏包括破碎板、裂缝、错台、拱起、坑洞等五种损坏类型。

【2023 真题】

132. 公路按技术等级划分有（　　）。

A. 高速公路　　　B. 汽车专用公路　　　C. 二级公路　　　D. 四级公路

解析：公路按使用任务、功能和适应的交通量分为高速公路、一级公路、二级公路、三级公路及四级公路共 5 个技术等级。

【2023 真题】

133. 公路工程竣工验收应具备的条件有（　　）。

A. 通车试运营 2 年以上
B. 参建单位完成工作总结报告
C. 档案验收合格
D. 土地使用手续已办理

解析：《公路工程竣（交）工验收办法》第八条 公路工程（合同段）进行交工验收应具备以下条件：

（一）合同约定的各项内容已完成；

（二）施工单位按交通部制定的《公路工程质量检验评定标准》及相关规定的要求对工程质量自检合格；

（三）监理工程师对工程质量的评定合格；

（四）质量监督机构按交通部规定的公路工程质量鉴定办法对工程质量进行检测（必要时可委托有相应资质的检测机构承担检测任务），并出具检测意见；

（五）竣工文件已按交通部规定的内容编制完成；

（六）施工单位、监理单位已完成本合同段的工作总结。

第十六条 公路工程进行竣工验收应具备以下条件：

（一）通车试运营2年后；

（二）交工验收提出的工程质量缺陷等遗留问题已处理完毕，并经项目法人验收合格；

（三）工程决算已按交通部规定的办法编制完成，竣工决算已经审计，并经交通主管部门或其授权单位认定；

（四）竣工文件已按交通部规定的内容完成；

（五）对需进行档案、环保等单项验收的项目，已经有关部门验收合格；

（六）各参建单位已按交通部规定的内容完成各自的工作报告；

（七）质量监督机构已按交通部规定的公路工程质量鉴定办法对工程质量检测鉴定合格，并形成工程质量鉴定报告。

【2023 真题】

134. 公路技术状况评定时，在路面磨耗指数PWI的计算中，可以作为路面构造深度基准值的有（　　）。

A. 车道中线路面构造深度　　　　　　B. 交工验收路面构造深度

C. 竣工验收路面构造深度　　　　　　D. 同一断面的同质路肩路面构造深度

解析：路面磨耗指数PWI是行车道三线位置（左轮迹带、右轮迹带及车道中线）路面构造深度最大差值的函数，用于描述路面表面磨损状况。路面构造深度的基准值为无磨损的车道中线路面构造深度检测数据。车道中线路面表面有明显磨损时，可以采用同一断面同质路肩的路面构造深度检测数据为基准值。交工验收时的路面构造深度检测数据也可以作为路面构造深度的基准值。

【2024 真题】

135. 公路面层水泥混凝土的配合比设计应满足（　　）要求。

A. 经济性　　　B. 工作性　　　C. 耐久性　　　D. 抗弯拉性能

解析：公路面层水泥混凝土的配合比设计应满足其弯拉强度、工作性、耐久性要求，兼顾经济性。

【2023 真题】

136. 关于通车道路路面调查和分析的表述正确的有（　　）。

A. 路面破损状况调查应包括路面病害类型、严重程度、范围和数量等

B. 因路基问题导致路面损坏的路段，应取样调查路基土质类型、含水率和CBR值等

C. 路面结构层的模量可以利用弯沉盆反演或芯样实测的方法确定

D. 路面无机结合料稳定层弯拉强度，可根据现场取芯实测的无侧限抗压强度换算

解析：当既有沥青路面结构承载能力降低到一定程度时，需要对既有路面进行改建。路面状况和损坏程度是制定改建方案的主要依据。因此，有必要对既有路面进行调查与分析，其中需要试验检测的内容有：调查路面破损状况，包括路面病害类型、严重程度、范围和数

量等；采用落锤式动态弯沉仪或其他弯沉仪检测评价既有路面结构承载能力；采用钻芯、探坑取样、路面雷达、切割等方式，调查分析既有路面厚度、层间结合及病害程度情况，并取样进行室内试验，测定试件模量、强度等，分析路面材料组成与退化情况；对因路基问题导致路面损坏的路段，取样调查路基土质类型、含水率和CBR值等，分析路基稳定性和承载力等。D选项弯拉强度与无侧限抗压强度不能换算。

【2024真题】

137. 路面技术状况评定时需要对路面损坏类型分类统计并折算成损坏面积，其中沥青路面损坏分为11类，属于沥青路面损坏类型的有（　　）。

A. 车辙　　　　　B. 沉陷　　　　　C. 松散　　　　　D. 拱起

解析：拱起是水泥混凝土路面的损坏类型。

【2024真题】

138. 属于交工验收阶段的主要工作内容有（　　）。

A. 检查施工合同的执行情况

B. 评价工程质量

C. 对项目法人建设管理工作进行综合评价

D. 对参建单位的工作做出整体性综合评价

解析：交工验收阶段主要工作有：检查施工合同的执行情况，评价工程质量，对各参建单位工作进行初步评价。

竣工验收阶段主要工作有：对工程质量、参建单位和建设项目进行综合评价，并对工程建设项目做出整体性综合评价。

四、综合题

【2018真题】

139. 某高速公路开展竣工验收工作，为了对工程质量进行鉴定，开展试验检测工作，请根据相关规定回答以下问题。

1）以下与竣工验收有关工程实体检测抽样频率的说法正确的有（　　）。

A. 路基工程边坡每公里抽查不少于1处

B. 排水工程断面尺寸每公里抽查2~3处

C. 涵洞抽查不少于总数的10%，且每种类型抽查不少于1道

D. 高速公路路面弯沉以每公里为评定单元进行评价

解析：D答案正确说法是高速公路路面弯沉以每半幅每千米为评定单元。

2）以下属于工程质量鉴定中路基工程抽查项目的有（　　）。

A. 小桥混凝土强度　　　　　B. 沥青路面车辙

C. 排水工程铺砌厚度　　　　D. 涵洞工程涵底铺砌厚度

解析：B 答案是路面工程的抽查项目。D 答案涵洞只抽查混凝土强度和结构尺寸两个项目。

3）沥青路面工程竣工验收需要复测的项目有（　　）。
  A. 路基边坡　　　B. 路面车辙　　　C. 路面弯沉　　　D. 路面厚度
解析：路面工程需要复测的项目有：弯沉、车辙、相邻板高差、平整度、抗滑。

4）竣工验收工作开展的时间（　　）。
  A. 与交工验收同年　　　　　　　　B. 交工验收后 12 个月
  C. 通车试运行两年以上　　　　　　D. 通车试运行三年以上
解析：《公路工程竣（交）工验收办法实施细则》第十三条 公路工程竣工验收应具备的条件之一：通车试运营 2 年以上。

5）以下哪些内容属于特别严重问题（　　）。
  A. 路基工程大面积高边坡失稳
  B. 路面平整度指标 IRI 超过 3.0m/km
  C. 路基重要支挡工程严重变形
  D. 路面车辙深度大于 10mm 路段累计长度超过合同段车道总长度的 5%
解析：《公路工程竣（交）工验收办法实施细则》第十九条 对建设项目出现以下特别严重问题的合同段，整改合格后，合同段工程质量不得评为优良，质量鉴定得分按照整改前的鉴定得分，超出 75 分的按 75 分，不足 75 分的按原得分；建设项目竣工验收工程质量等级和综合评定等级直接确定为合格。（一）路基工程的大段落路基沉陷、大面积高边坡失稳。（二）路面工程车辙深度大于 10mm 的路段累计长度超过该合同段车道总长度的 5%。（三）特大桥梁主要受力结构需要或进行过加固、补强。（四）隧道工程渗漏水经处治效果不明显，衬砌出现影响结构安全裂缝，衬砌厚度合格率小于 90% 或有小于设计厚度二分之一的部位，空洞累计长度超过隧道长度的 3% 或单个空洞面积大于 3m²。（五）重大质量事故或严重质量缺陷，造成历史性缺陷的工程。C 选项属于严重问题。

【2019 真题】

140. 某一级公路路面基层施工，根据《公路工程质量检验评定标准》的要求需要进行无机结合料稳定材料强度验收评定。某路段设计强度为 4.0MPa，测定 1 组试件的平均强度为 5.0MPa，变异系数 C_V 为 13%，本组试验有效。请结合试验内容完成下面题目（已知：保证率为 99%，97.5%，95% 和 90% 时，Z_α 分别为 2.33，1.96，1.645 和 1.282）。

1）无侧限抗压强度试验的试件尺寸有（　　）。
  A. $\phi 75mm \times 75mm$　　B. $\phi 100mm \times 100mm$　　C. $\phi 150mm \times 150mm$　　D. $\phi 200mm \times 200mm$
解析：稳定细粒材料（公称最大粒径小于 16mm 的材料），试模的直径×高 = $\phi 100mm \times 100mm$；稳定中粗粒材料（中粒材料是指公称最大粒径不小于 16mm，且小于 26.5mm 的材料；粗粒材料是指公称最大粒径不小于 26.5mm 的材料），试模的直径×高 = $\phi 150mm \times 150mm$。

2) 下面描述中符合试验要求的有（　　）。
A. 在规定条件下保湿养生 6d，浸水 1d　　B. 在规定条件下保湿养生 7d
C. 测量试件含水率　　D. 试验结果保留一位小数

解析：标准养生龄期 7d，最后 1d 浸于水中，所以 A 是正确的，B 说法不对。按《公路工程无机结合料试验规程》（JTG 3441—2024）强度保留 2 位小数。D 错误。

3) 本组试件数可能有（　　）个。
A. 3　　B. 6　　C. 9　　D. 13

解析：略。

4) 该工程的保证率系数 Z_α 为（　　）。
A. 2.33　　B. 1.96　　C. 1.645　　D. 1.282

解析：高速公路和一级公路应取保证率 95%，即 = 1.645；二级及二级以下公路应取保证率 90%，即 = 1.282。

5) 以下关于试验结果分析中正确的有（　　）。
A. 强度满足设计要求
B. 强度不满足设计要求
C. 缺少条件，无法判断强度是否满足设计要求
D. 该路段基层对应的分项工程评定为不合格

解析：依据公式，$R_d^0 = 5 \times (1 - 1.645 \times 0.13) = 3.93$ MPa。小于设计强度 4.0 MPa，强度不满足设计要求，该路段基层对应的分项工程评定为不合格。

【2019 真题】

141. 某试验检测机构受地方公路管理部门委托对 A 公路进行技术状况评定工作。A 公路基本情况：公路技术等级为一级，长度 10.211km，双方向 6 条车道，路面类型为沥青混凝土路面，K2+000~K3+000 间有一座中桥，评定为 5 类桥。检测机构选择多功能路况快速检测系统检测路面指标，不检测路面横向力系数和路面弯沉。请依据上述条件完成下面题目。

1) 路面技术状况的评定需要检测（　　）。
A. 路面破损　　B. 路面车辙深度　　C. 路面平整度　　D. 路面构造深度

解析：路面技术状况指数包括 7 个分项指标：路面损坏状况指数、路面行驶质量指数、路面车辙深度指数、路面跳车指数、路面磨耗指数、路面抗滑性能指数、路面结构强度指数。路面行驶质量指数就是检测平整度（检测指标为国际平整度指数 IRI）。路面磨耗检测指标为路面构造深度。

2) 路面损坏类型中，轻度车辙深度的标准是（　　）。
A. 小于 5mm　　B. 小于 10mm　　C. 10mm~15mm　　D. 10mm~20mm

解析：①轻度应为车辙深度在 10~15mm 之间。②重度应为车辙深度大于或等于 15mm。

3)《公路技术状况评定标准》将沥青混凝土路面损坏分为（　　）大类，并根据损坏程度分为（　　）项。

　　A. 11，20　　　　　B. 11，21　　　　　C. 10，20　　　　　D. 10，21

解析：沥青路面11大类，21项，水泥混凝土路面11大类，20项。

4) 根据检测结果，评定单元 K2+000～K3+000 的各参数计算结果为 SCI＝90.11、PQI＝91.05、BCI＝0、TCI＝86.21。已知 SCI、PQI、BCI 和 TCI 的计算权重分别为 0.08、0.70、0.12、0.10，该评定单元公路技术状况指数 MQI 的结果为（　　）。

　　A. 79.565　　　　　B. 79.56　　　　　C. 80　　　　　D. 0

解析：存在5类桥梁、5类隧道、危险涵洞及影响交通安全的重度边坡坍塌的评定单元，MQI值应取0。

5) 从经济高效角度考虑，为满足《公路技术状况评定标准》检测频率的基本要求，路面检测时应选择（　　）检测。

　　A. 单方向靠近中央分隔带的行车道　　　　B. 双方向靠近外侧路肩的行车道
　　C. 双方向中间行车道　　　　　　　　　　D. 双方向所有车道

解析：（高速公路和一级公路）每个检测方向应至少检测一个主要行车道。《公路技术状况评定标准》6.3.3 主要行车道是指单车道全幅路面、双向双车道混合行驶的全幅路面、双向双车道分道行驶的上行或下行车道、双向四车道分道行驶的外侧车道、双向六车道分道行驶的中间车道、双向八车道以上分道行驶的中间两个或多个车道。

【2020 真题】

142. 一条通车运行多年的双向车道二级公路根据《公路技术状况评定标准》(JTG 5210—2018) 进行公路技术状况的检测与评定工作，该公路单车道宽度3.5m，水泥混凝土路面，请根据上述条件完成下面的题目。

1) 以下属于路面技术状况指数 PQI 分项指标的有（　　）。

　　A. RQI　　　　　B. PCI　　　　　C. SCI　　　　　D. TCI

解析：

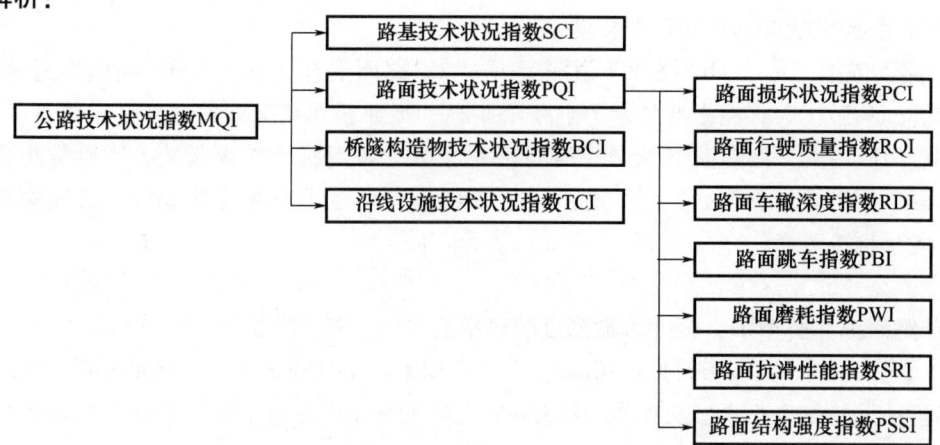

2）该公路的路面技术状况评定时，检测内容不包括（   ）。
  A. 路面车辙   B. 路面摩擦系数   C. 路面平整度   D. 路面结构强度
解析：

公路技术状况检测与调查频率

检测与调查内容		沥青路面		水泥混凝土路面	
		高速、一级公路	二、三、四级公路	高速、一级公路	二、三、四级公路
路面PQI	路面损坏	1年1次	1年1次	1年1次	1年1次
	路面平整度	1年1次	1年1次	1年1次	1年1次
	路面车辙	1年1次			
	路面跳车			1年1次	1年1次
	路面磨耗	1年1次		1年1次	
	路面抗滑性能	2年1次		2年1次	
	路面结构强度	抽样检测	抽样检测		
路基SCI		1年1次			
桥隧构造物BCI		按现行标准规范的有关规定执行			
沿线设施TCI		1年1次			

注：1. 路面结构强度为抽样检测指标，抽样检测的路线或路段应按路面养护管理需要确定，最低抽样比例不得低于公路网列养里程的20%。
2. 路面磨耗和路面抗滑性能为二选一指标，在检测与调查中可二选一。

3）人工调查路面损坏时，应以（   ）为单位，按照损坏程度每（   ）计算1个损坏。
  A. 10m，10m   B. 10m，100m   C. 100m，100m   D. 100m，1000m
解析： 各类路面损坏应以100m为单位，按损坏程度，每100m计1个损坏，每一个调查单元计算1个累计损坏面积。

4）以下用于测量路面平整度的设备有（   ）。
  A. 3m直尺   B. 八轮仪   C. 贝克曼梁   D. 颠簸累积仪
解析：《公路技术状况评定标准》：路面平整度自动化检测应满足下列要求：①应采用断面类检测设备。②检测指标应为国际平整度指数IRI，每10m应计算1个统计值。③超出设备有效检测速度或有效减速度范围的数据应为无效数据。C选项贝克曼梁是测试路面弯沉的，错误。D选项颠簸累积仪属于反应类测试平整度设备，错误。A选项3m直尺测得平整度指标最大间隙无法转换为国际平整度指数IRI，错误。IRI是一个断面类的数学统计指标，具有时间稳定性，易于重现，对路面1.2~30.5m范围内的波长有较好的频率响应特征，与大多数平整度测试结果有良好的相关性关系，包括与我国现行规范中使用的标准差 σ 也有良好的线性关系，以IRI为标准的平整度测试指标，使不同平整度测试系统的结果可以相互比较。八轮仪（连续式平整度仪）测得的指标标准差可以转换为国际平整度指数IRI，所以答案为B。

5) 人工调查路面损坏时，破碎板应为模板被裂缝分为（　　）块及以上的情况。
A. 2　　　　　B. 3　　　　　C. 4　　　　　D. 5

解析：（1）破碎板应按板块面积计算，损坏程度应按下列标准判断：①轻度应为板块被裂缝分为 3 块及以上，破碎板未发生松动和沉陷。②重度应为板块被裂缝分为 3 块及以上，破碎板有松动、沉陷和唧泥等现象。

【2020 真题】

143. 某高速公路工程交工验收，检测人员需要对路面进行现场检测。该工程的路面为沥青混凝土路面，为提高检测工作效率，项目负责人决定采用横向力系数测定车方法检测路面摩擦系数，实施过程中，检测人员实测现场路面温度为35℃，经查《公路路基路面现场测试规程》(JTG 3450—2019)，SFC 值温度修正表注明温度为35℃时，修正值为+4。请根据以上所述完成下面问题。

1) 以下内容属于检测前需要做好的准备工作有（　　）。
A. 用洒水车在路面上洒水
B. 按照设备使用手册对系统进行标定
C. 检查测试轮气压，保证在规定范围
D. 新安装的测试轮胎应进行不少于 5km 的试测

解析：横向力系数测试车本身带有洒水装置，一边洒水一边测试，不是采用另外的洒水车。所以 A 不对。新安装的测试轮胎应试测 2km，所以 D 不对。

2) 检测人员在正式检测时，可以采用的检测速度有（　　）。
A. 40km/h　　　B. 46km/h　　　C. 60km/h　　　D. 50km/h

解析：速度在 40~80km/h 都可以。横向力系数 SFC 值有专门的速度修正公式，并没有对检测速度进行限制。另外，当与其他类型的摩擦系数测试设备进行相关性试验时速度分别为 40km/h、50km/h、60km/h、70km/h、80km/h，说明选项中所有速度都可以。

3) 横向力系数原始测得值为 54，经过温度修正后的测得值为（　　）。
A. 50　　　　　B. 51　　　　　C. 54　　　　　D. 58

解析：温度越高，路面越光滑，测试结果偏小修正时需要加回来。54+4=58。

4) 以下说法不正确的有（　　）。
A. 构造深度与摩擦系数都是表征路面抗滑能力的指标，交工验收时可任选其中一个指标进行检测和评价
B. 根据《公路工程质量检验评定标准》(JTG F80/1—2017)，横向力系数只需要计算算术平均值和合格率进行统计评价
C. 横向力系数测定车方法在 4℃ 以上的地面温度条件下均可采用，但测值需要做温度修正后方可使用
D. 横向力系数是无量纲量

解析： 依据《公路沥青路面设计规范》中所列的抗滑技术要求：所以 A 错误。

3.0.7 高速公路、一级公路以及山岭重丘区二级和三级公路的路面在交工验收时，其抗滑技术指标应满足表 3.0.7 的技术要求。

表 3.0.7 抗滑技术要求

年平均降雨量/mm	交工检测指标值	
	横向力系数 SFC_{60}^a	构造深度 TD^b/mm
>1000	≥54	≥0.55
>500~1000	≥50	≥0.50
250~500	≥45	≥0.45

a 横向力系数 SFC_{60}——用横向力系数测试车，在 60km/h±1km/h 车速下测定。
b 构造深度 TD——用铺砂法测定。

横向力系数是数理统计方法，要计算代表值，所以 B 错误。当前规范只提供 10℃以上的温度修正系数，说明 4℃时路面温度条件下不可用，所以 C 错误。横向力系数没有单位，即无量纲量，所以 D 正确。

5）根据《公路工程质量检验评定标准》(JTG F80/1—2017)，该路面摩擦系数采用横向力系数测定车方法的检测频率为（   ）。

A. 50 米一处　　　　B. 100 米一处　　　　C. 200 米一处　　　　D. 连续检测

解析：

沥青混凝土面层和沥青碎（砾）石面层实测项目

项次	检查项目		规定值或允许偏差		检查方法和频率
			高速公路 一级公路	其他公路	
1△	压实度①/%		≥试验室标准密度的 96%（*98%） ≥最大理论密度的 92%（*94%） ≥试验段密度的 98%（*99%）		按附录 B 检查，每 200m 测 1 点。核子（无核）密度仪每 200m 测 1 处，每处 5 点
2	平整度	σ/mm	≤1.2	≤2.5	平整度仪：全线每车道连续检测，按每 100m 计算 IRI 或 σ
		IRI/(m/km)	≤2.0	≤4.2	
		最大间隙 h/mm	—	≤5	3m 直尺：每 200m 测 2 处×5 尺
3	弯沉值/0.01mm		不大于设计验收弯沉值		按附录 J 检查
4	渗水系数/(mL/min)	SMA 路面	≤120	—	渗水试验仪：每 200m 测 1 处
		其他沥青混凝土路面	≤200		
5	摩擦系数		满足设计要求		摆式仪：每 200m 测 1 处 横向力系数测定车：全线连续检测，按相关规定评定

【2021 真题】

144. 某公路管理部门对辖区 G106 国道开展 2020 年度公路技术状况评价工作，受委托的检测机构依据《公路技术状况评定标准》(JTG 5210—2018) 对其中 10km 路段进行检测与评价。该路段是双向六车道的一级公路。沥青混凝土路面，其中一个评定单元（1000m）的路面损坏状况指数 PCI 为 91，路面行驶质量指数 RQI 为 95。路面车辙深度指数 RDI 为 93，路面跳车指数 PBI 为 75，路面抗滑性能指数 SRI 为 87，路面结构强度指数 PSSI 为 85。各指数权重 w_{PCI}、w_{RQI}、w_{RDI}、w_{PBI}、w_{SRI}、w_{PSSI} 分别为 0.35、0.30、0.15、0.10、0.10、0.0。请完成下面题目：

1) 公路的技术状况应采用公路技术状况指数 MQI 评定，MQI 的计算应包括（　　）。
A. SCI　　　　　B. PQI　　　　　C. TCI　　　　　D. BCI

解析：公路技术状况应采用公路技术状况指数 MOI 评定。MQI 应按式 $MQI = w_{SCI}SCI + w_{PQI}PQI + w_{BCI}BCI + w_{TCI}TCI$ 计算。

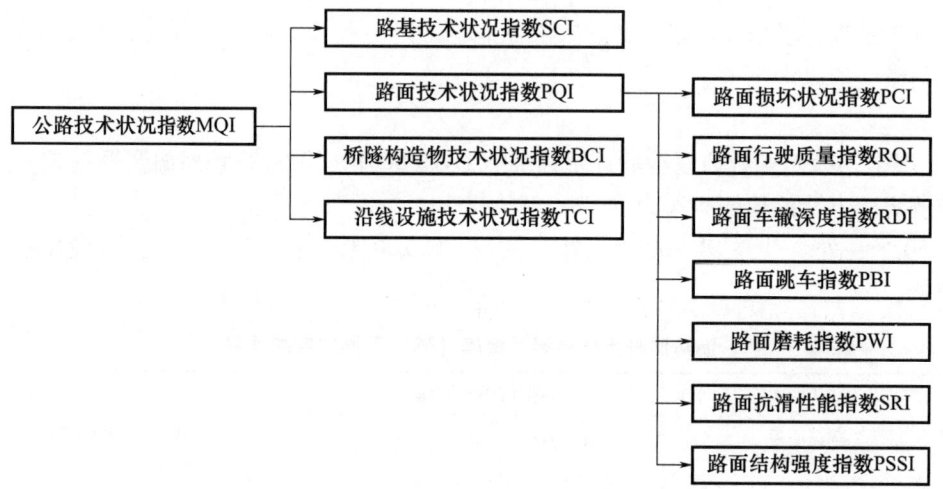

2) 《公路技术状况评定标准》(JTG 5210—2018) 中规定路面跳车指数的最低检测频率为（　　）。
A. 1 年 2 次　　　B. 1 年 1 次　　　C. 2 年 1 次　　　D. 5 年 2 次

解析：高速和一级公路的水泥混凝土路面、沥青路面 1 年 1 次。

3) 以下属于评价路面平整度的指标有（　　）。
A. 最大间隙　　B. 标准差　　　C. IRI　　　　D. SFC

解析：公路技术状况评定标准中路面平整度自动化检测指标为国际平整度指数 IRI。

4) 因为经费限制原因，本次评定工作每个方向只能检测一条车道，当采用自动化检测时应选择（　　）检测。
A. 最左侧车道　　　　　　　　B. 中间车道
C. 最右侧车道　　　　　　　　D. 随机抽取一条车道

解析：路面技术状况检测应采用自动化检测设备。每个检测方向应至少检测一个主要行车道。二、三、四级公路的路面技术状况检测宜选择技术状况相对较差的方向。《公路技术状况评定标准》(JTG 5210—2018) 主要行车道是指单车道全幅路面、双向双车道混合行驶的全幅路面、双向双车道分道行驶的上行或下行车道、双向四车道分道行驶的外侧车道、双向六车道分道行驶的中间车道、双向八车道以上分道行驶的中间两个或多个车道。根据题干该路段为双方向 6 条车道，所以 B 选项正确。

5）根据检测数据，该评定单元的路面状况指数 PQI 为（ ）。
A. 87.67　　　　B. 90.0　　　　C. 90.50　　　　D. 90.5

解析：依据 PQI 计算式子：$0.35\times91+0.30\times95+0.15\times93+0.10\times75+0.10\times87+0.0\times85=90.50$（注意，MQI 及各级分项指标评价结果应保留两位小数。）

【2021 真题】

145. 对某在建高速公路路床的压实度进行质量验收评定，其中一个路段的检测结果见下表。已知，$t_{0.90}/10=0.437$，$t_{0.95}/10=0580$，压实度规定值为 96%，本路段压实度的平均值为 95.2%，标准差为 2.35，请完成下列题目。

序号	1	2	3	4	5	6	7	8	9	10
压实度/%	98.0	95.0	93.0	99.0	96.0	92.0	95.0	96.0	96.0	92.0

1）压实度与最大干密度有关，以下描述正确的有（ ）。
A. 最大干密度可由重型击实试验获得
B. 击实试验曲线具有与饱和曲线相交叉的特点
C. 现场检测压实度值有可能超出 100%
D. 现场检测压实度值绝不可能超出 100%

解析：A 正确：最大干密度可由重型击实或表面振动压实仪法试验获得，B 错误：击实试验曲线具有与饱和曲线不相交。C 正确，D 错误，现场检测压实度值有可能超出 100%。

2）以下关于分项工程压实度评定表述正确的有（ ）。
A. 当压实度平均值小于规定值时，相应分项工程评为不合格
B. 当压实度平均值大于规定值时，相应分项工程不一定合格
C. 当压实度代表值小于规定值时，相应分项工程评为不合格
D. 当压实度代表值大于规定值时，相应分项工程评为合格

解析：A 正确：当压实度平均值小于规定值时，代表值肯定小于规定值，所以相应分项工程评为不合格。B 正确：当压实度平均值大于规定值时，相应分项工程不一定合格（例如，出现一个或多个值小于极值的情况）。C 正确：当压实度代表值小于规定值时，相应分项工程评为不合格。D 错误：当压实度代表值大于规定值时，相应分项工程不一定评为合格（例如，出现一个或多个值小于极值的情况）。

3）该路段压实度极值为（　　）。
A. 90%　　　　B. 91%　　　　C. 92%　　　　D. 93%

解析：依据《公路工程质量检验评定标准》极值为规定值减 5 个百分点。

4）该路段压实度代表值为（　　）。
A. 93.8%　　　B. 94.2%　　　C. 96.2%　　　D. 96.6%

解析：依据压实度代表值计算公式：$K=\bar{K}-\dfrac{t_a}{\sqrt{n}}S=95.2-0.580\times2.35=93.8\%$

采用的保证率，高速公路、一级公路：基层、底基层为 99%，路基、路面面层为 95%。
其他公路：基层、底基层为 95%，路基、路面面层为 90%。

5）该路段压实度被评为（　　）。
A. 优良　　　　B. 合格　　　　C. 不合格　　　D. 无法确定

解析：$K<K_0$ 或某一单点压实度 K_i 小于规定极值时，该评定路段压实度为不合格，相应分项工程评为不合格。该路段压实度代表值 93.8%＜压实度规定值 96%，评为不合格。

【2024 真题】

146. 路况检查与评定是公路养护工作的重要内容之一，通过持续跟踪和掌握公路基础设施使用情况和技术状况，通过实施养护工程措施，实现公路养护技术工作总要求。为达到上述目的，某公路管理单位委托公路工程质量检测机构开展定期检查工作。请根据实际情况完成下列题目。

1）公路技术状况指数是用于综合评价（　　）技术状况的指标。
A. 桥隧构造物　　B. 服务区设施　　C. 路面　　　　D. 路基

解析：公路技术状况指数：用于综合评价公路路基、路面、桥隧构造物和沿线设施技术状况的指标。

2）在公路技术状况指标体系中，PSSI 是（　　）的分项指标。
A. SCI　　　　　B. PQI　　　　　C. BCI　　　　　D. PCI

解析：路面技术状况指数 PQI 包括路面损坏状况指数 PCI、路面行驶质量指数 RQI、路面车辙深度指数 RDI、路面跳车指数 PBI、路面磨耗指数 PWI、路面抗滑性能指数 SRI、路面结构强度指数 PSSI。

3）对路网中的一级公路，关于路面抗滑性能定期检查的描述正确的有（　　）。
A. 检测与调查频率为 2 年 1 次
B. 检测时可以抽查，但抽查比例不得低于公路网列养里程的 20%
C. 路面抗滑性能与路面磨耗为二选一指标，在检测与调查中可二选一
D. 路面抗滑性能采用自动化检测设备开展检测工作时，检测指标为摆式摩擦系数 BPN

解析：

公路技术状况检测与调查频率

检测与调查内容		沥青路面		水泥混凝土路面	
		高速、一级公路	二、三、四级公路	高速、一级公路	二、三、四级公路
路面 PQI	路面损坏	1年1次	1年1次	1年1次	1年1次
	路面平整度	1年1次	1年1次	1年1次	1年1次
	路面车辙	1年1次			
	路面跳车	1年1次		1年1次	
	路面磨耗	1年1次		1年1次	
	路面抗滑性能	2年1次		2年1次	
	路面结构强度	抽样检测	抽样检测		
路基 SCI		1年1次			
桥隧构造物 BCI		按现行标准规范的有关规定执行			
沿线设施 TCI		1年1次			

注：1. 路面结构强度为抽样检测指标，抽样检测的路线或路段应按路面养护管理需要确定，最低抽样比例不得低于公路网列养里程的20%。

2. 路面磨耗和路面抗滑性能为二选一指标，在检测与调查中可二选一。

路面抗滑性能自动化检测应满足下列要求：

① 应采用横向力系数检测设备或其他具有有效相关关系的自动化检测设备，相关系数应不小于0.95。

② 检测指标应为横向力系数 SFC，每 10m 应计算 1 个统计值。

4）路网中高速公路的上、下行方向各路幅应分别进行检测和调查，对于路面而言，每个方向应（　　）。

A. 随机抽检一条行车道　　　　　B. 检测全部车道

C. 至少检测一条主行车道　　　　D. 至少检测一条技术状况较好的车道

解析：路面技术状况检测时，每个检测方向应至少检测一个主要行车道。二、三、四级公路的路面技术状况检测宜选择技术状况相对较差的方向。

5）当检测机构采用横向力系数测定车检测路面抗滑性能时，检测人员实测现场路面温度为33℃，根据《公路路基路面现场测试规程》(JTG 3450—2019)；说法正确的有（　　）。

A. 检测过程需要持续在测试轮前稳定洒水并保持足够的水膜厚度

B. 当检测速度变化时，检测人员必须实时调整出水量

C. 可以直接使用检测结果进行技术状况评价

D. 需要对检测结果修正后再用于技术状况评价

解析：当出水控制为固定式开关时，需将开关设置在对应的测试速度位置，放下测试轮并检查洒水口出水情况和洒水位置；洒水位置应在测试轮接触地面中点沿行驶方向前方（400±50）mm 处，洒水宽度应为中心线两侧各不小于约75mm。A、B 正确。

测试系统的标准现场测试地面温度范围为（20±5）℃，其他地面温度条件下测试的 SFC

值必须通过修正转换至标准温度下的等效 SFC 值。C 错误、D 正确。

【2024 真题】

147. 某公路管理机构计划开展年度公路技术状况评定活动，委托质量检测机构开展相关评定指标的检测和统计工作、请结合工作开展的实际情况完成下面题目。

1) 属于路面技术状况指数 PQI 的分项指标有（   ）。
   A. PSSI   B. SCI   C. SRI   D. TCI

解析：路面技术状况指数 PQI 包括路面损坏状况指数 PCI、路面行驶质量指数 RQI、路面车辙深度指数 RDI、路面跳车指数 PBI、路面磨耗指数 PWI、路面抗滑性能指数 SRI、路面结构强度指数 PSSI。B 选项是路基技术状况指数；D 选项是沿线设施技术状况指数。

2) 属于路基损坏类型的有（   ）。
   A. 路肩损坏   B. 沉陷   C. 边坡坍塌   D. 排水不畅

解析：沉陷是沥青路面损坏类型。

3) 可以检测路面平整度的仪器设备有（   ）。
   A. 探地雷达   B. 车载式激光纵断面仪
   C. 贝克曼梁   D. 手推断面仪

解析：A 选项探地雷达用于结构层厚度检测。C 选项用于路基路面回弹弯沉检测。公路技术状况评定路面平整度自动化检测要求采用断面类检测设备，检测指标为国际平整度指数 IRI；手推式断面仪是用于连续采集和测量路面信息（包括距离、断面坡度和国际平整度指数 IRI）的一种高精度仪器，属于世界银行标准一级断面设备。D 符合要求。

纵断面平整度测试系统是通过测量路面纵向断面高程值，直接计算出国际平整度指数 IRI 表征路面的平整度，如激光断面测试仪、超声波断面测试仪、APL 纵断面分析仪、多轮式平整度测试仪等，B 符合要求。

4) 关于路面损坏检测或调查的表述正确的是（   ）。
   A. 自动化检测时，应纵向连续检测，横向检测宽度应不小于车道宽度的 70%
   B. 自动化检测时，路面破损率一般每 20 米计算一个统计值
   C. 人工调查时，应包含所有行车道
   D. 人工调查时，若同一位置存在多类路面损坏应计权重最大的损坏

解析：路面损坏自动化检测应满足下列要求：
① 检测指标应为路面破损率 DR，每 10m 应计算 1 个统计值。B 错误。
② 路面损坏应纵向连续检测，横向检测宽度应不小于车道宽度的 70%。检测设备应能分辨约 1mm 的路面裂缝，检测数据宜采用机器自动识别，识别准确率应达到 90% 以上。A 正确。

路面损坏人工调查应满足下列要求：
① 人工调查的路面损坏类型应满足《公路技术状况评定标准》(JTG 5210—2018) 的规定，

同一位置存在多类路面损坏时，应计权重最大的损坏。C 正确。

② 各类路面损坏应以 100m 为单位，按损坏程度，每 100m 计 1 个损坏，每一个调查单元计算 1 个累计损坏面积。

③ 路面损坏人工调查应包含所有行车道，紧急停车带应按路肩处理，D 正确。

5）公路技术状况指数 MQI 评定为优的分数标准为（　　）。
A. ≥80　　　　B. ≥85　　　　C. ≥90　　　　D. ≥92

解析：

公路技术状况等级划分标准

评定指标	优	良	中	次	差
MQI	≥90	≥80，<90	≥70，<80	≥60，<70	<60

【2023 真题】

147. 某一级公路开展技术状况检测评定工作，评定路段内路面均为沥青混凝土路面，内含两座桥梁。根据检测数据计算和评价，PCI 结果为 85、RQI 结果为 92、RDI 结果为 90、SRI 结果为 88、PBI 结果为 91、PSSI 结果为 96、SCI 结果为 80。请根据题意完成下列题目。

1）计算该公路的路面损坏状况指数时，（　　）损坏类型需要参与计算。
A. 龟裂　　　　B. 车辙　　　　C. 泛油　　　　D. 修补

解析：

沥青路面损坏类型、权重及换算系数

类型 i	损坏名称	损坏程度	计量单位 /m^2	权重 w_i（人工调查）	换算系数 w_i（自动化检测）
1	龟裂	轻	面积	0.6	1.0
2		中		0.8	
3		重		1.0	
4	块状裂缝	轻	面积	0.6	1.0
5		重		0.8	
6	纵向裂缝	轻	长度×0.2m	0.6	2.0
7		重		1.0	
8	横向裂缝	轻	长度×0.2m	0.6	2.0
9		重		1.0	
10	沉陷	轻	面积	0.6	1.0
11		重		1.0	
12	车辙	轻	长度×0.4m	0.6	—
13		重		1.0	
14	波浪拥包	轻	面积	0.6	1.0
15		重		1.0	

续表

类型 i	损坏名称	损坏程度	计量单位 /m²	权重 w_i（人工调查）	换算系数 w_i（自动化检测）
16	坑槽	轻	面积	0.8	1.0
17		重		1.0	
18	松散	轻	面积	0.6	1.0
19		重		1.0	
20	泛油		面积	0.2	0.2
21	修补		面积或长度×0.2m	0.1	0.1（0.2）

注：1. 人工调查时，应将条状修补的调查长度（m）乘以影响宽度（0.2m）换算成面积。
　　2. 自动化检测时，块状修补的换算系数 w_i 为0.1，条状修补的换算系数 w_i 为0.2。

2）技术状况评定过程中有关权重的描述正确的有（　　）。
A. MQI 计算中，PQI 权重取值为 0.7
B. MQI 计算中，BCI 权重取值比 TCI 权重取值大
C. PQI 计算中，PSSI 权重取值为 0
D. PCI 计算中，若某损坏类型的损坏程度为重，则权重为 1.0

解析：路面损坏状况指数 PCI 计算中，块状裂缝损坏类型的损坏程度为重时，权重为 0.8。

3）依据检测数据的计算，PQI 的结果为（　　）。
A. 88.5　　　　B. 88.55　　　　C. 88.75　　　　D. 91.2

解析：PQI＝0.35×85＋0.30×92＋0.15×90＋0.10×91＋0.10×88＝88.75

4）不属于《公路技术状况评定标准》（JTG 5210—2018）中路基损坏的项目是（　　）。
A. 边坡坍塌　　　B. 水毁冲沟　　　C. 涵洞淤塞阻水　　　D. 路肩损坏

解析：

路基损坏扣分标准

类型 i	损坏名称	损坏程度	计量单位	单位扣分	权重 w_i	备注
1	路肩损坏	轻	m²	1	0.10	
		重		2		
2	边坡坍塌	轻	处	20	0.25	边坡坍塌为重度且影响交通安全时，该评定单元的 MQI 值应取 0
		中		50		
		重		100		
3	水毁冲沟	轻	处	20	0.15	
		中		30		
		重		50		

续表

类型 i	损坏名称	损坏程度	计量单位	单位扣分	权重 w_i	备注
4	路基构造物损坏	轻	处	20	0.10	路基构造物损坏为重度时，该评定单元的 SCI 值应取 0
		中		50		
		重		100		
5	路缘石缺损		m	4	0.05	
6	路基沉降	轻	处	20	0.25	
		中		30		
		重		50		
7	排水不畅	轻	处	20	0.10	
		中		50		
		重		100		

5）PQI 的评定结果是（　　）。

　　A. 优　　　　B. 良　　　　C. 中　　　　D. 差

解析：

公路技术状况分项指标等级划分标准

评定指标	优	良	中	次	差
SCI、PQI、BCI、TCI	≥90	≥80，<90	≥70，<80	≥60，<70	<60
PCI、RQI、RDI、PBI、PWI、SRI、PSSI	≥90	≥80，<90	≥70，<80	≥60，<70	<60

注：1. 高速公路路面损坏状况指数 PCI 等级划分标准应为"优"大于或等于 92，"良"在 80~92 之间，其他保持不变。

　　2. 水泥混凝土路面行驶质量指数 RQI 等级划分标准应为"优"大于或等于 88，"良"在 80~88 之间，其他保持不变。

答案： 1. B　2. B　3. D　4. C　5. B　6. B　7. C　8. A　9. C　10. C　11. D　12. A　13. B　14. B　15. C　16. C　17. B　18. C　19. C　20. B　21. B　22. C　23. A　24. C　25. C　26. D　27. D　28. B　29. B　30. A　31. D　32. B　33. D　34. D　35. D　36. C　37. C　38. C　39. B　40. D　41. B　42. C　43. D　44. C　45. D　46. B　47. B　48. B　49. B　50. B　51. A　52. B　53. B　54. B　55. B　56. B　57. A　58. A　59. A　60. B　61. A　62. B　63. B　64. B　65. A　66. B　67. B　68. B　69. A　70. A　71. B　72. B　73. B　74. A　75. B　76. B　77. B　78. A　79. B　80. B　81. B　82. A　83. A　84. B　85. B　86. B　87. B　88. B　89. B　90. A　91. B　92. A　93. B　94. B　95. B、C　96. A、C、D　97. A、B、D　98. A、B、D　99. A、B、C　100. C、D　101. A、B、D　102. A、B、D　103. A、B、D　104. A、C、D　105. A、B、D　106. A、B、D　107. A、B、D　108. C、D　109. A、B、D　110. A、B　111. A、B、C、D　112. A、B、C　113. A、C、D　114. A、B、C、D　115. A、C　116. B、C　117. A、C、D　118. C、D　119. A、B、C、D

120. A、C、D 121. A、B、C、D 122. A、C、D 123. A、B 124. A、C 125. A、B、C、D 126. A、B、C 127. A、B、D 128. B、D 129. A、B、D 130. C、D 131. A、B、C 132. A、C、D 133. A、B、C 134. A、B、D 135. A、B、C 136. A、B、C 137. A、B、C 138. A、B 139. 1) A、B、C, 2) A、C, 3) B、C, 4) C, 5) A、D 140. 1) B、C, 2) A、C, 3) C、D, 4) C, 5) B、D 141. 1) A、B、C、D, 2) C, 3) B, 4) D, 5) C 142. 1) A、B, 2) A、B、D, 3) C, 4) B, 5) B 143. 1) B、C, 2) A、B、C、D, 3) D, 4) A、B、C, 5) D 144. 1) A、B、C、D, 2) B, 3) C, 4) B, 5) C 145. 1) A、C, 2) A、B、C, 3) B, 4) A, 5) C 146. 1) A、C、D, 2) B, 3) A、C, 4) C, 5) A、B、D 147. 1) A、C, 2) A、C、D, 3) B、D, 4) A、C、D, 5) C 148. 1) A、B、C、D, 2) A、B、C, 3) C, 4) C, 5) B

第二章 土工与土工合成材料

一、单项选择题

【2018 真题】

1. 试验室内土的承载比（CBR）试验所用荷载板直径为（　　）mm。
A. 100　　　　　　B. 150　　　　　　C. 300　　　　　　D. 800

解析：荷载板直径 150mm。

【2020 真题】

2. 土工织物刺破强力试验时试验机的加载速率要求为（　　）。
A. 100mm/min±10mm/min　　　　　　B. 200mm/min±10mm/min
C. 300mm/min±10mm/min　　　　　　D. 400mm/min±10mm/min

解析：①试验机：应具有等速加荷功能，加荷速率可以设定，能测读加荷过程中的应力、应变量，记录应力-应变曲线，要求行程大于 100mm，加载速率能达到 300mm/min±10mm/min。

梯形撕破强力拉伸速率 100mm/min±5mm/min，CBR 顶破强力试验顶压杆下降速度为 60mm/min±5mm/min，刺破强力试验加载速率为 300mm/min±10mm/min，简单归纳记忆："1 撕 6 顶 3 刺"。

【2020 真题】

3. 以下关于土工织物梯形撕破强力试验描述不正确的是（　　）。
A. 调整拉伸试验机具，设定满量程范围，使试样最大撕破负荷在满量程负荷的 30%～90% 范围内
B. 将试样放入卡具内，使夹持线与夹钳钳口线相平齐，然后旋紧上、下夹钳螺栓，注意试样在上、下夹钳中间的对称位置
C. 开动拉伸试验机，直至试样完全撕破断开，记录最大撕破强力值作为试验结果
D. 如试样从夹钳中滑出或不在切口延长线处撕破断裂，则应剔除此次试验数值，取其余样品试验结果的算数平均值作为土工织物的撕破强力

解析：如试样从夹钳中滑出或不在切口延长线处撕破断裂，则应剔除此次试验数值，并在原样品上再裁取试样，补足试验次数。

【2019 真题】

4. 干土法击实试验，当土粒最大粒径为 40mm 时，每个试样需试料（　　）kg。
A. 2.5　　　　　B. 3　　　　　C. 4　　　　　D. 6

解析：

试料用量

使用方法	试筒内径/cm	最大粒径/mm	试料用量
干土法	10	20	至少5个试样，每个3kg
	15.2	40	至少5个试样，每个6kg
湿土法	10	20	至少5个试样，每个3kg
	15.2	40	至少5个试样，每个6kg

【2020 真题】

5. 以下关于土的含水率描述正确的是（　　）。
A. 土中水的质量与含水土的质量之比
B. 土中水的体积与土中固体颗粒的体积之比
C. 土中水的质量与土中固体颗粒的质量之比
D. 土中水气的质量与土的质量之比

解析：土的含水率即土中水的质量与固体颗粒质量之比，通常以百分数表示。

【2020 真题】

6. 关于土的承载比（CBR）试验，以下说法正确的是（　　）。
A. 一般以贯入量 5.0mm 时的 CBR 为准
B. 如果贯入量为 5.0mm 时的 CBR 大于 2.5mm 时的 CBR，以 5.0mm 时的 CBR
C. 当贯入量为 5.0mm 时的 CBR 大于 2.5mm 时的 CBR 时，应重新试验
D. 当贯入量为 5.0mm 时的 CBR 小于 2.5mm 时的 CBR 时，应重新试验

解析：分别计算贯入量为 2.5mm 和 5mm 时的承载比（CBR），取两者的较大值作为该材料的承载比（CBR）。

【2021 真题】

7. 依据《公路工程土工合成材料试验规程》（JTG E50—2006），下列关于土工合成材料垂直渗透试验的说法不正确的是（　　）。
A. 主要用于反滤设计
B. 复合排水材料不适宜用恒水头法测定其垂直渗透性能
C. 用于确定土工织物的渗透性能
D. 只适用于土工织物及复合土工织物的渗透性能检测

解析：B 选项说法错误，垂直渗透性能试验（恒水头法）适用于土工织物和复合土工织物。因题目要求选择不正确的选项，所以正确答案为 B。

【2019 真题】

8. 与土工织物垂直渗透性能试验操作无关的内容是（　　）。
A. 试件必须浸泡处理
B. 防止试验过程中水的侧漏和内层渗漏
C. 如试样未渗水，以每 0.1MPa 的级差逐级加压，直至有水渗出
D. 保证 50mm 的水头差，采用单层或多层试样进行试验

解析：C 选项，如试样未渗水，以每 0.1MPa 的级差逐级加压，直至有水渗出，属于耐静水压试验。其他步骤都是正确的。垂直渗透性能试验检测渗水的土工合成材料性能，耐静水压试验检测防水土工合成材料性能。

【2021 真题】

9. 测定土工织物厚度时，压块等级分为（　　）。
A. 三级　　　　B. 四级　　　　C. 五级　　　　D. 六级

解析：测定土工织物厚度压块要求：圆形，表面光滑，面积为 $25cm^2$，重为 5N、50N、500N 不等；其中常规厚度的压块为 5N，对试样施加 $2kPa±0.01kPa$ 的压力。

【2018 真题】

10. 环刀法测细粒土密度试验，平行试验差值要求不大于（　　）g/cm^3。
A. 0.01　　　　B. 0.03　　　　C. 0.1　　　　D. 0.2

解析：环刀法试验须进行二次平行测定，取其算术平均值，其平行差值不得大于 $0.03g/cm^3$。

【2019 真题】

11. 灌水法适用于现场测定（　　）密度。
A. 细粒土　　　B. 砂类土　　　C. 巨粒土　　　D. 黏质土

解析：灌水法适用于现场测定粗粒土和巨粒土的密度，即无法采用灌砂法的地方。

【2021 真题】

12. 土的含水率试验应进行二次平行测量，当含水率在 5% 以下时，允许平行差值不大于（　　）。
A. 0.3%　　　　B. 0.5%　　　　C. 1.0%　　　　D. 2.0%

解析：

含水率测定的允许平行差值

含水率 w/%	允许平行差值/%
$w \leq 5.0$	≤ 0.3
$5.0 < w \leq 40.0$	≤ 1.0
$w > 40.0$	≤ 2.0

【2021 真题】

13. 土的回弹模量由（　　）个平行试验的平均值确定，每个平行试验结果与回弹模量均值相差应不超过（　　）。

A. 二；5%　　　　B. 二；10%　　　　C. 三；5%　　　　D. 三；10%

解析：土的回弹模量杠杆压力仪法、强度仪法试验都是由三个平行试验的平均值确定，每个平行试验结果与平均值回弹模量相差应不超过5%，否则应重做试验。

【2021 真题】

14. 《公路工程土工合成材料试验规程》（JTG E50—2006）规定在CBR顶破强力试验时，顶压杆的下降速度为（　　）mm/min。

A. 20±1　　　　B. 20±2　　　　C. 60±1　　　　D. 60±5

解析：设定顶压杆的下降速度为60mm/min±5mm/min。

【2021 真题】

15. 击实法确定土的最大干密度试验时，至少要制备（　　）个不同含水率的试样。

A. 3　　　　B. 4　　　　C. 5　　　　D. 6

解析：干土法（土不重复使用）：按四分法至少准备5个试样，分别加入不同水分（按1%~3%含水率递增），拌匀后闷料一夜备用。湿土法（土不重复使用）：对于高含水率土，可省略过筛步骤，用手拣除大于40mm的粗石子即可。至少准备5个试样。保持天然含水率的第一个土样，可立即用于击实试验；其余几个试样，将土分成小土块，分别风干，使含水率按2%~4%递减。

【2021 真题】

16. 室内测定巨粒土最大干密度的试验方法为（　　）。

A. 轻型击实法　　B. 重型击实法　　C. 表面振动压实仪法　　D. 灌砂法

解析：表面振动压实仪法用于测定无黏聚性自由排水粗粒土和巨粒土（粒径小于0.075mm的干土质量百分数不大于15%）的最大干密度。对于最大颗粒尺寸大于60mm的巨粒土，因受试筒允许最大粒径的限制，应按相似级配法制备缩小粒径的系列模型试料。

【2019 真题】

17. 用比重瓶法测土的比重，下述设备不属于该试验用具的是（　　）。

A. 容量100mL或50mL的比重瓶　　　　B. 称量200g，感量0.01g的天平
C. 真空抽气设备　　　　　　　　　　D. 分度值0.5℃的温度计

解析：B选项应为：称量200g，感量0.001g的天平。

【2019 真题】

18. 某工地试验室采用液塑限联合测定法测定土的液限和塑限时，试验员操作步骤分解如下，正确顺序为（　　）。①对代表性土样压碎并过筛；②加入不同数量的蒸馏水，使土

样的含水率分别控制在液限、略大于塑限和二者中间状态；③取 200g 土样，分开放入三个盛土皿中；④将土样充分搅拌均匀，分层装入盛土杯中，并刮成与杯边齐平；⑤锥头上涂少许凡士林，转动升降旋钮，待锥尖刚好与土样表面接触，扭动锥下降旋钮，测定 5s 的锥入深度；⑥测定土杯中土的含水率；⑦对其他两个含水率土样进行测试

A.①③②⑤⑥④⑦ B.①②③④⑤⑥⑦
C.①③②④⑤⑥⑦ D.①③②④⑥⑤⑦

解析：液塑限联合测定法的步骤。第③步在第②步的前面。④在⑤的前面。

【2021 真题】

19. 土的液塑限试验测得液限 w_L 为 39.8%，塑限 w_P 为 16.7%，天然含水率 w 为 35.8%，计算该土的塑性指数为（　　）。

A. 4.0%　　　B. 19.1%　　　C. 23.1%　　　D. 25.3%

解析：塑性指数 = 液限 − 塑限 = 39.8−16.7 = 23.1。

【2019 真题】

20. 下面不是标定灌砂筒下部圆锥体内砂质量步骤的是（　　）。

A. 按规定方法向灌砂筒内装砂并称取砂的质量，以后每次标定均维持该装砂质量
B. 将装有一定质量砂的储砂筒放在标定罐上，打开开关让砂流出至不再下流时，关闭开关，取下灌砂筒，称取筒内剩余砂的质量
C. 将灌砂筒轻移至玻璃板上，打开开关让砂流出，直至砂不再流出关闭开关，取走灌砂筒
D. 收集并称量玻璃板上砂的质量

解析：B 是标定量砂密度的步骤，不是标定灌砂筒下部圆锥体内砂质量的步骤。

【2021 真题】

21. 盛放细集料容器质量 75.23g、未烘干的试样与容器总质量 869.56g、烘干后的试样与容器总质量 840.11g，则细集料的含水率是（　　）。

A. 3.4%　　　B. 3.7%　　　C. 3.8%　　　D. 3.9%

解析：细集料的含水率和土的含水率计算是一样的，即含水率 =（水的质量/干集料的质量）×100 = [(869.56−840.11)/(840.11−75.23)]×100 = 3.9%。

【2021 真题】

22.《公路工程土工合成材料试验规程》(JTG E50—2006) 规定在土工织物单位面积质量测定试验中，试样面积为（　　）mm^2。

A. 400　　　B. 900　　　C. 10000　　　D. 22500

解析：对于土工织物，用切刀或剪刀裁取面积为 10000mm^2 的试样 10 块，剪裁和测量精度为 1mm。

【2019 真题】

23. 烘干法测定无机结合料稳定土含水率的试验内容：①将盛有试样的铝盒打开盒盖，置于烘箱中充分烘干；②称取铝盒和烘干试样质量；③称取铝盒质量；④将盛有试样的铝盒，盖紧盒盖并放置冷却；⑤试样粉碎后放入铝盒，盖上盒盖后称取质量。正确试验步骤为（　　）。

　　A. ⑤①②④③
　　B. ⑤①④②③
　　C. ③⑤①②④
　　D. ③⑤①④②

解析：通常，铝盒质量在放土之前事先称好，所以③在最前面。这样做的目的，在盒和干土的质量一起称完后，可以立即完成含水率计算。

【2020 真题】

24. 土工合成材料单位面积质量试验中需要试样（　　）块。

　　A. 3　　　　B. 5　　　　C. 8　　　　D. 10

解析：对于土工织物，用切刀或剪刀裁取面积为 $10000mm^2$ 的试样 10 块，剪裁和测量精度为 1mm；对于土工格栅、土工网这类孔径较大的材料，试样尺寸应能代表该种材料的全部结构。可放大试样尺寸，剪裁时应从肋间对称剪取，剪裁后应测量试样的实际面积。

【2021 真题】

25. 土的液塑限试验适用于有机质含量不大于（　　）的土。

　　A. 3%　　　　B. 4%　　　　C. 5%　　　　D. 6%

解析：土的液塑限试验适用于有机质含量不大于试样总质量5%的土。

【2019 真题】

26. 当土的液塑限试验采用锥质量为76g时，液限 w_L 对应的锥入深度 h 为（　　）。

　　A. 5mm　　　　B. 17mm　　　　C. 20mm　　　　D. 25mm

解析：76g锥：纵坐标 17mm 锥入深度对应的含水率即为液限；100g锥：纵坐标 20mm 锥入深度对应的含水率即为液限。

【2020 真题】

27. 环刀法检测土的密度试验需进行二次平行测定，结果取其算术平均值，平行差值不得大于（　　）。

　　A. $0.01g/cm^3$　　B. $0.02g/cm^3$　　C. $0.03g/cm^3$　　D. 无要求

解析：环刀法试验须进行二次平行测定，取其算术平均值，其平行差值不得大于 $0.03g/cm^3$。

【2019 真题】

28. 以下不可用于路基防护的土工合成材料是（　　）。

　　A. 土工格栅
　　B. 土工模袋
　　C. 平面土工网
　　D. 泡沫聚苯乙烯板块

解析：路基防护的材料有：土工格室、平面土工网、土工格栅、土工模袋。泡沫聚苯乙烯板块——又名泡沫板、EPS 板，整体性和耐久性好，强度高，变形小，主要用于防治路基不均匀沉降。

【2019 真题】

29. 土样烘干时，烘箱的温度一般为（　　）。
A. 100℃~105℃　　　B. 105℃~110℃　　　C. 110℃~115℃　　　D. 115℃~120℃
解析：烘箱：可采用电热烘箱或温度能保持 105~110℃ 的其他能源烘箱。

【2023 真题】

30. （　　）试验属于土工合成材料力学特性试验。
A. 单位面积质量　　B. CBR 顶破强力　　C. 几何尺寸　　D. 有效孔径
解析：单位面积质量、几何尺寸属于物理性能；有效孔径属于水力性能试验。

【2024 真题】

31. 不属于土工合成材料技术指标的是（　　）。
A. 含水率　　　B. 有效孔径　　　C. 网格尺寸　　　D. 单位面积质量
解析：有效孔径是力学性能试验，网格尺寸和单位面积质量属于物理性能试验。

【2023 真题】

32. 当采用浮称法开展土的比重试验时，土粒径应不小于 5mm。其中，粒径大于或等于 20mm 的土质量应小于总土质量的（　　）。
A. 0.1　　　　B. 0.15　　　　C. 0.2　　　　D. 0.25
解析：浮称法适用于土的粒径大于或等于 5mm 的土其中粒径大于或等于 20mm 的土质量应小于总土质量的 10%。

【2024 真题】

33. 对于坚硬易碎的坚硬土，欲求其天然密度宜采用（　　）。
A. 环刀法　　　B. 灌砂法　　　C. 蜡封法　　　D. 灌水法
解析：环刀法适用于细粒土。
灌砂法适用于现场测定路基土的密度。试样最大粒径不得超过 60mm，测定密度层的厚度为 150~200mm。蜡封法适用于坚硬易碎裂、难以切削和形态不规则的坚硬土。灌水法适用于现场测定粗粒土和巨粒土的密度。

【2024 真题】

34. 根据《公路土工试验规程》(JTG 3430—2020)，液限和塑限联合测定法中采用 h_p-w_L 关系曲线来确定塑限入土深度 h_p 值，其中，砂性土应采用（　　）。
A. 双曲线　　　B. 抛物线　　　C. 多项式曲线　　　D. 椭圆形曲线

解析：对于细粒土，用双曲线确定值；对于砂性土，则用多项式曲线确定。

【2024 真题】

35. 某试验检测人员对复合土工膜开展耐静水压试验，3 个试样的试验结果分别为 1.36MPa、1.53MPa、1.64MPa，该复合土工膜的耐静水压值为（　　）。

　　A. 1.36MPa　　　　B. 1.51MPa　　　　C. 1.53MPa　　　　D. 1.64MPa

解析：以 3 个试样测得耐静水压值中的最低值作为该样品的耐静水压值。

【2023 真题】

36. 试验人员依据《公路工程土工合成材料试验规程》(JTG E50—2006) 开展土工格栅网孔尺寸测定，准备了四块试样，每块试样应至少包括（　　）个完整的有代表性的网孔。

　　A. 3　　　　　　B. 5　　　　　　C. 9　　　　　　D. 10

解析：每块试样应至少包括 10 个完整的有代表性的网孔。

【2023 真题】

37. 试验人员在室内开展土的承载比（CBR）试验过程中发现，贯入量为 5.0mm 时的承载比小于贯入量 2.5mm 时的承载比，试验人员对数据处理正确的是（　　）。

　　A. 试验作废

　　B. 取贯入量 2.5mm 时的承载比作为该土样承载比

　　C. 取贯入量 5mm 时的承载比作为该土样承载比

　　D. 取贯入量 2.5mm 和 5mm 时的承载比的平均值作为该土样承载比

解析：取两者的较大值作为该材料的承载比（CBR）。

【2024 真题】

38. 土的击实试验中，制备不同含水率试样的数量应不少于（　　）。

　　A. 2 个　　　　　B. 3 个　　　　　C. 4 个　　　　　D. 5 个

解析：干土法和湿土法都要求至少 5 个试样。

试料用量

使用方法	试筒内径/cm	最大粒径/mm	试料用量
干土法	10	20	至少 5 个试样，每个 3kg
	15.2	40	至少 5 个试样，每个 6kg
湿土法	10	20	至少 5 个试样，每个 3kg
	15.2	40	至少 5 个试样，每个 6kg

【2024 真题】

39. 土的力学性质试验中，需要浸泡试样的是（　　）。

　　A. 击实试验　　　B. 压缩试验　　　C. 承载比试验　　　D. 回弹模量试验

解析：承载比试验通常试件要泡水四昼夜测膨胀量。

【2024 真题】

40. 土的压缩试验中，对试样体积的变化影响最大的是（　　）。
A. 空气体积
B. 水体积
C. 孔隙体积
D. 土颗粒体积

解析：土体的压缩变形主要是由于孔隙的减小所引起的。

【2024 真题】

41. 土工合成材料主要发挥加筋和防护等作用，但土工格栅不可用于（　　）。
A. 路基加筋
B. 盐渍土隔离
C. 路基不均匀沉降防治
D. 特殊土路基处置、地基处理

解析：土工格栅用于路基加筋、路基不均匀沉降防治、特殊土路基处治、地基处理等场合。玻璃纤维格栅可用于路面裂缝防治。

【2023 真题】

42. 土工织物及复合土工织物的常规厚度是在（　　）kPa 压力下测得的试样厚度。
A. 1　　B. 2　　C. 3　　D. 5

解析：常规厚度：在 2kPa 压力下测得的试样厚度。

【2024 真题】

43. 无压花和波纹的土工薄膜，其厚度测定试验结果以（　　）。
A. 试样厚度的中值表示
B. 试样厚度的平均值表示
C. 试样厚度的最小值表示
D. 试样的平均厚度和厚度的最大值、最小值综合表示

解析：试验结果以试样的平均厚度和厚度的最大值、最小值表示，准确至 0.001mm。

【2023 真题】

44. 现场测试土密度试验，当土中含有粗颗粒时不宜采用（　　）。
A. 灌砂法　　B. 环刀法　　C. 蜡封法　　D. 灌水法

解析：环刀法适用于细粒土。

【2023 真题】

45. 用酒精燃烧法测定土的含水率时，应燃烧（　　）次。
A. 1　　B. 2　　C. 3　　D. 4

解析：燃烧完一遍后再重新燃烧两次，一共三次。

【2024 真题】

46. 在测定土的含水率工作中，当用各种测试方法测得结果有差异时，应以（　　）测得结果为准。

A. 烘干法　　　　B. 浮力法　　　　C. 酒精燃烧法　　　　D. 碳化钙气压法

解析：土的含水率试验有烘干法和酒精燃烧法，当烘干法与酒精燃烧结果有差异时，以烘干法为准。

【2023 真题】

47. 在干土法击实试验中，当土粒的最大粒径达到 40mm 时，每个试样需试料（　　）。

A. 2.5kg　　　　B. 3kg　　　　C. 5kg　　　　D. 6kg

解析：

试料用量

使用方法	试筒内径/cm	最大粒径/mm	试料用量
干土法	10 15.2	20 40	至少 5 个试样，每个 3kg 至少 5 个试样，每个 6kg
湿土法	10 15.2	20 40	至少 5 个试样，每个 3kg 至少 5 个试样，每个 6kg

【2024 真题】

48. 在土的界限含水率试验中，检测人员不需要考虑（　　）。

A. 土的粒径　　　　　　　　　　B. 土的结构
C. 所用天平的感量　　　　　　　D. 土的有机质含量

解析：试验适用于粒径不大于 0.5mm、有机质含量不大于试样总质量 5% 的土。A、D 需要考虑。要求天平感量 0.01g。C 需要考虑。

【2023 真题】

49. 在土的物理性质中，描述水充满孔隙程度的物理指标是（　　）。

A. 含水量　　　　B. 浮密度　　　　C. 饱和度　　　　D. 孔隙比

解析：饱和度用来描述土中水充满孔隙的程度：$S_r = 0$ 时，土是完全干燥的；$S_r = 1$ 时，则土为完全饱和的。

二、判断题

【2021 真题】

50. 对于粒径大于 60mm 的土不适合用筛分法测定土的颗粒组成。

A. 正确　　　　　　　　　　B. 错误

解析：筛分法适用于分析土粒粒径范围 0.075~60mm 的土粒粒组含量和级配组成。

【2020 真题】

51. 含有机质的土不能采用酒精燃烧法测定含水率。

A. 正确　　　　　　　　　　　　　　B. 错误

解析：酒精燃烧法适用于无凝聚性土和一般黏质土，不适用于含有机质土、含盐量较多的土和重黏土等土质试样。

【2020 真题】

52. 土工膜厚度试验需要使用最小分度值 0.02mm 的游标卡尺。

A. 正确　　　　　　　　　　　　　　B. 错误

解析：需要最小分度值 0.001mm 的千分尺。

【2020 真题】

53. 土的含水率试验需进行平行试验，当含水率在 40% 以下时允许平行差不大于 1%。

A. 正确　　　　　　　　　　　　　　B. 错误

解析：含水率在 40% 以下包括含水率小于或等于 5.0% 的情况，允许平行差值是不一致的。

含水率测定的允许平行差值

含水率 $w/\%$	允许平行差值/%
$w \leqslant 5.0$	$\leqslant 0.3$
$5.0 < w \leqslant 40.0$	$\leqslant 1.0$
$w > 40.0$	$\leqslant 2.0$

【2021 真题】

54. 在相对密度试验中，最小干密度与最大干密度均须进行两次平行测定，取其算数平均值，其平行差值不得超过 0.03g/cm^3，否则应重新试验。

A. 正确　　　　　　　　　　　　　　B. 错误

解析：在相对密度试验中，砂的最小与最大干密度，均需进行两次平行测定，其平行差值不得超过 0.03g/cm^3，否则应重做试验，取其算术平均值。

【2018 真题】

55. 土工织物梯形撕裂强度试验中，拉伸速率为 50mm/min。

A. 正确　　　　　　　　　　　　　　B. 错误

解析：拉伸速率为 (100±5) mm/min。

【2019 真题】

56. 土的击实试验原理与压缩试验原理相同，都是土体受到压密。

A. 正确　　　　　　　　　　　　　　B. 错误

解析：击实试验使土颗粒重新排列紧密，击实试验过程没有水的渗出。压缩试验要使孔隙减小，就必须使土中水部分挤出，亦即土的压缩与孔隙中水的挤出是同时发生的。饱和土体的压缩需要一定时间才能完成。击实试验当时立即成型。

【2020/2019 真题】

57. 土工织物试样应在标准大气压条件下调湿4h后才能进行物理性能试验。

A. 正确 B. 错误

解析：土工织物试样应在标准大气压条件下调湿24h才能进行试验。

【2018 真题】

58. 土工合成材料试验的试样应在同一样品中裁取。

A. 正确 B. 错误

解析：土工合成材料全部试验的试样应在同一样品中裁取。

【2019 真题】

59. 含水率小于最佳含水率时，土的干密度随含水率增加而减小；含水率大于最佳含水率时，土的干密度随含水率增加而增大。

A. 正确 B. 错误

解析：下图含水率与干密度的关系曲线，含水率小于最佳含水率时，土的干密度随含水率增加而变大；含水率大于最佳含水率时，土的干密度随含水率增加而变小。

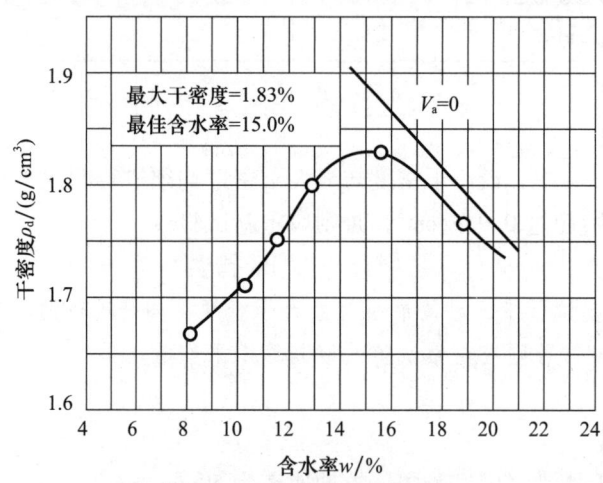

含水率与干密度关系曲线

【2019 真题】

60. 卷装土工合成材料的第一层不应取样做样品，其他层均可取样。

A. 正确 B. 错误

解析：正确说法是头两层不应取作样品。

【2021 真题】

61. 环刀法测土的密度试验中，两次平行试验结果的差值不大于 $0.05g/cm^3$ 时取算数平均值作为测试结果，若差值大于 $0.05g/cm^3$，则需要重新测试。

A. 正确 B. 错误

解析：环刀法测土的密度试验应进行二次平行测定，其平行差值不得大于 $0.03g/cm^3$，否则应重做试验。密度取其算术平均值，精确至 $0.01g/cm^3$。

【2021 真题】

62. 土工合成材料 CBR 顶破强力和刺破强力试验的原理方法类似，顶压速率相同，但顶杆直径、试样面积不同。

A. 正确 B. 错误

解析：依据《公路工程土工合成材料试验规程》，刺破强力试验方法中的条文说明：刺破强力的原理方法与 CBR 顶破强力类似，但在顶杆直径、试样面积和顶压速率上有所不同。刺破强力反映的是土工合成材料抵抗小面积集中负荷的能力，适用于各种机织土工织物、针织土工织物、非织造土工织物、土工膜和复合土工织物等产品。但对一些较稀松或孔径较大的机织物不适用。土工网和土工格栅一般不进行刺破强力试验。

【2019 真题】

63. 土工织物梯形撕破强力试验的拉伸速度为 60mm/min±5mm/min。

A. 正确 B. 错误

解析：正确说法是 100mm/min±5mm/min。

【2021 真题】

64. 现场测试土密度试验时，当土中含有粗颗粒时不宜采用环刀法。

A. 正确 B. 错误

解析：环刀法适用于细粒土。

【2019 真题】

65. 试验中，当含水率在 40% 以上时，允许平行试验差值为 1%。

A. 正确 B. 错误

解析：

含水率测定的允许平行差值

含水率 w/%	允许平行差值/%
$w \leq 5.0$	≤ 0.3
$5.0 < w \leq 40.0$	≤ 1.0
$w > 40.0$	≤ 2.0

【2020 真题】

66. 当土的重型击实试验采用大筒时，应分三层填装试料且每层击数为 98 次。

A. 正确　　　　　　　　　　　　B. 错误

解析：重型击实大筒 3 层 98 次，小筒 5 层 27 次；轻型大筒 3 层 59 次，小筒 3 层 27 次。

【2021 真题】

67. 土工合成材料物理性能试验包括厚度试验、单位面积质量测定、幅宽测定、宽条拉伸试验等。

A. 正确　　　　　　　　　　　　B. 错误

解析：土工合成材料的性能指标：（1）物理性能：材料密度、厚度（及其与法向压力的关系）、单位面积质量、等效孔径等。（2）力学性能：拉伸、握持拉伸、撕裂、顶破、CBR 顶破、刺破、胀破等强度和直剪摩擦、拉拔摩擦等。（3）水力学性能：垂直渗透系数（透水率）、平面渗透系数（导水率）、梯度比等。（4）耐久性能：抗紫外线能力、化学稳定性和生物稳定性、蠕变性等。

【2019/2018 真题】

68. 酒精燃烧法适用于快速简易测定细粒土的含水率。

A. 正确　　　　　　　　　　　　B. 错误

解析：酒精燃烧法适用于无黏性土或一般黏性土，不适用于含有机质土、含盐量较多的土和重黏土等土质试样。细粒土包括有机质土、黏质土等。

【2019 真题】

69. 土的承载比（CBR）试验结果采用贯入量为 2.5mm 时单位压力与标准压力之比。

A. 正确　　　　　　　　　　　　B. 错误

解析：分别计算贯入量为 2.5mm 和 5mm 时的承载比（CBR），取两者的较大值作为该材料的承载比（CBR）。

【2020 真题】

70. 砂的相对密度是表征砂紧密程度的指标。

A. 正确　　　　　　　　　　　　B. 错误

解析：相对密度是砂紧密程度的指标。

【2021 真题】

71. 土的含水率是土中水的质量与颗粒质量的比值。

A. 正确　　　　　　　　　　　　B. 错误

解析：土的含水率 w：是指土中水的质量与固体颗粒质量之比，通常以百分数表示。

【2019 真题】

72. 土样含水率偏干时，含水率的变化对干密度的影响要更明显一些，因此含水率与干密度关系曲线的左侧较右侧陡一些。

A. 正确　　　　　　　　　　　　　　B. 错误

解析： 当土的含水率偏干时，含水率的变动对干密度的影响要比含水率偏湿时的影响更为明显，由图上可看出曲线的左段较右段偏陡。

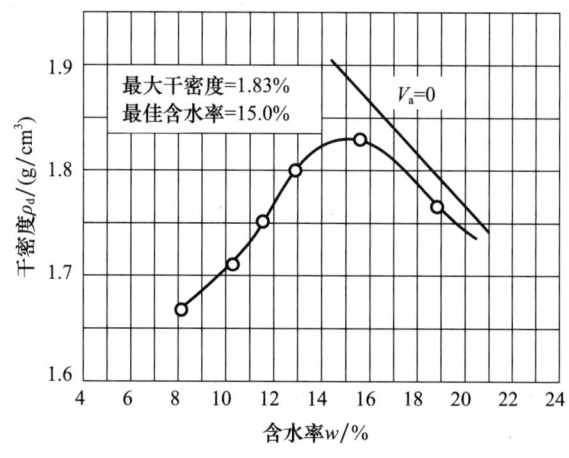

含水率与干密度关系曲线

【2021 真题】

73.《公路工程土工合成材料试验规程》(JTG E50—2006) 中土工格栅的网孔尺寸测定适合用当量孔径来表示，复合土工织物适合用有效孔径来表示。

A. 正确　　　　　　　　　　　　　　B. 错误

解析： 土工格栅、土工网网孔尺寸测定方法适用于各类孔径较大的土工格栅、土工网，其他相同类型的土工合成材料可参照执行。有效孔径试验（干筛法）用于土工织物和复合土工织物。

【2021 真题】

74. 塑料土工合成材料进行状态调节的环境温度是23℃±2℃，时长不小于4h。

A. 正确　　　　　　　　　　　　　　B. 错误

解析： 土工织物试样应在标准大气条件下调湿24h，标准大气条件：温度20℃±2℃、相对湿度65%±5%。塑料土工合成材料应在温度23℃±2℃的环境下，进行状态调节，时间不少于4h。

【2021 真题】

75. 无黏聚性自由排水的粗粒土可用重型击实试验法测定最大干密度。

A. 正确　　　　　　　　　　　　　　B. 错误

解析： 击实试验分轻型击实和重型击实。应根据工程要求和试样最大粒径选用击实试验方法。当粒径大于40mm的颗粒含量大于5%且不大于30%时，应对试验结果进行校正。粒径大于40mm的颗粒含量大于30%时，按表面振动压实仪法试验进行。表面振动压实仪法用于测定无黏聚性自由排水粗粒土和巨粒土（粒径小于0.075mm的干土质量百分数不大于15%）的最大干密度。

【2023 真题】

76.《公路工程土工合成材料试验规程》（JTG E50—2006）中刺破强力试验规定，塑料土工合成材料应在温度23℃±2℃的环境条件下进行状态调节，时间不少于4h。

　　A. 正确　　　　　　　　　　　　B. 错误

【2023 真题】

77. CBR顶破强力和刺破强力试验的顶压速率相同，顶杆直径、试样面积不同，原理方法类似。

　　A. 正确　　　　　　　　　　　　B. 错误

解析：CBR顶破强力试验如下。

① 顶压杆：直径为50mm、高度为100mm的圆柱体。

② 裁取φ300mm的圆形试样5块。

③ 顶压杆的下降速度为（60±5）mm/min。

刺破强力试验：

① 平头顶杆：钢质实心杆，直径（8±0.01）mm。

② 裁取圆形试样10块，直径不小于100mm。

③ 加载速率为（300±10）mm/min。

【2023 真题】

78. 承载比（CBR）试验有室内和现场两种形式，室内CBR试验应结合击实试验进行，现场CBR试验与击实试验无关。

　　A. 正确　　　　　　　　　　　　B. 错误

解析：土基的现场CBR值是指在公路土基现场条件下按规定方法进行贯入试验，得到荷载压强-贯入量曲线，读取规定贯入量的荷载压强与标准压强的比值，以百分数表示。现场CBR试验不做击实试验，说法正确。

【2023 真题】

79. 当含水率小于最佳含水率时，土的干密度随含水率增加而减小；当含水率大于最佳含水率时，土的干密度随含水率增加而增大。

　　A. 正确　　　　　　　　　　　　B. 错误

解析：由含水率与干密度关系曲线得知：当含水率小于最佳含水率时，土的干密度随含水率增加而增大；当含水率大于最佳含水率时，土的干密度随含水率增加而减小。

【2024 真题】

80. 对细粒土质量占比超过 5%～15% 的砂类土进行分类时应考虑塑性指数和粒度成分。

A. 正确　　　　　　　　　　　　　　B. 错误

解析：砂类土中细粒组质量大于总质量的 15%，并小于或等于总质量的 50% 的土称细粒土质砂，按细粒在塑性图中的位置定名：

① 当细粒土位于塑性图 A 线以下时，称粉土质砂，记为 SM。

② 当细粒土位于塑性图 A 线或 A 线以上时，称黏土质砂，记为 SC。仅考虑塑性指数。

【2024 真题】

81. 对于土的击实试验，当用重型击实法时，击实到最后一层，不能超过筒顶 5mm～6mm 是为了控制击实功。

A. 正确　　　　　　　　　　　　　　B. 错误

解析：略。

【2024 真题】

82. 根据《公路土工试验规程》(JTG 3430—2020)，在土的承载比（CBR）试验中，当贯入量 5mm 时的承载比大于 2.5mm 时的承载比时，应取贯入量 5mm 时的结果作为该材料的承载比。

A. 正确　　　　　　　　　　　　　　B. 错误

解析：分别计算贯入量为 2.5mm 和 5mm 时的承载比（CBR），取两者的较大值作为该材料的承载比（CBR）。

【2024 真题】

83. 宽条拉伸试验和接头/接缝宽条拉伸试验适用于土工格栅、土工织物和复合土工织物。

A. 正确　　　　　　　　　　　　　　B. 错误

解析：宽条拉伸试验适用于大多数土工合成材料，包括土工织物及复合土工织物，也适用于土工格栅。接头/接缝宽条拉伸试验适用于大多数土工合成材料，包括土工织物、土工复合材料，也适用于土工格栅，但试样尺寸要做适当改变。

【2023 真题】

84. 使用比重瓶法测定土的比重时，需要进行两次平行测定，其平行差值不得大于 0.01，否则应重做试验取其算术平均值，以两位小数表示。

A. 正确　　　　　　　　　　　　　　B. 错误

解析：比重瓶法应进行二次平行测定，其平行差值不得大于 0.02，否则应重新试验取其算术平均值，以两位小数表示。

【2024 真题】

85. 土的击实试验的试样制备分干法和湿法两种，所得击实结果是相同的。

A. 正确　　　　　　　　　　　　　　B. 错误

解析： 湿土法的试验过程较干土法更接近施工实际过程。一般而言，湿土法的最大干密度小于干土法，最佳含水率高于干土法，这点对于南方地区的红黏土与高液限土等尤为明显。

【2024 真题】

86. 土的密度试验必须进行土的质量以及相应体积的测量。

A. 正确　　　　　　　　　　　　　　B. 错误

解析： 常见的土的密度试验方法包括环刀法、蜡封法、灌砂法、灌水法等。环刀法使用的是已知体积的环刀，所以体积不需要测，而其他方法如灌砂法需要测体积。所以如果题目中的"必须"是指无论哪种方法都需要同时测质量和体积，那这个说法就是错误的，因为环刀法不需要测体积，只需测质量，而体积是已知的，因此，判断题的答案应该是错误，因为并非所有土的密度试验都需要同时测量质量和体积，有些方法体积是已知的，只需要测质量。

【2023 真题】

87. 土的液相是指土孔隙中存在的水，这种水通常以固态、液态、气态三种状态存在。

A. 正确　　　　　　　　　　　　　　B. 错误

解析： 略。

【2024 真题】

88. 土工合成材料的拉拔摩擦特性试验规定了土工合成材料与周围土体拉拔摩擦阻力的试验方法，该方法适用于所有的土工合成材料。

A. 正确　　　　　　　　　　　　　　B. 错误

解析： 拉拔摩擦特性试验规定了测定土内土工合成材料与周围土体拉拔摩擦阻力的试验方法。本方法适用于所有的土工合成材料。

【2024 真题】

89. 土工合成材料试验时，取样、制样的方法不同会直接影响试验的最终结果。

A. 正确　　　　　　　　　　　　　　B. 错误

解析： 取样与试样准备的不同，直接影响检测的最终结果，统一取样和试样准备的方法，是各项试验应共同遵守的基本原则，也是减少争议的必要手段。

【2023 真题】

90. 土工合成材料试验中，对于需要调湿的样品，在试样准备阶段应将样品调湿后，再制成规定尺寸的试样。

A. 正确　　　　　　　　　　　　　　B. 错误

解析： 土工合成材料试样制备：

（1）用于每次试验的试样，应从样品长度和宽度方向上均匀地裁取，但距样品幅边至少10cm。

（2）试样不应包含影响试验结果的任何缺陷。

(3) 对同一项试验，应避免两个以上的试样处在相同的纵向或横向位置上。

(4) 试样应沿着卷装长度和宽度方向切割，需要时标出卷装的长度方向。除试验有其他要求，样品上的标志必须标到试样上

(5) 样品经调湿后，再制成规定尺寸的试样。

(6) 在切割结构型上工合成材料时可制定相应的切割方案。

(7) 如果制样造成材料破碎，发生损伤，可能影响试验结果，则将所有脱落的碎片和试样放到一起，用于备查。

【2024 真题】

91. 土工织物厚度测定试验中，对于需要调湿的样品，试样的准备阶段需将样品调湿后，裁取有代表性的试样 5 块，试样尺寸应不小于基准板的面积。

A. 正确　　　　　　　　　　　　B. 错误

解析：裁取有代表性的试样 10 块，试样尺寸应不小于基准板的面积。

【2023 真题】

92. 土工织物厚度仅对力学性能指标产生影响，不影响其他性能。

A. 正确　　　　　　　　　　　　B. 错误

解析：土工织物厚度是指土工织物在承受一定压力时，正反两面之间的距离。产品的厚度对其力学性能和水力性能都有很大影响。

【2024 真题】

93. 土工织物孔径可用于评价土工织物阻止土颗粒通过的能力，且反映土工织物的透水性，但不能反映土工织物的过滤性能。

A. 正确　　　　　　　　　　　　B. 错误

解析：孔径是土工织物水力学特性中的一项重要指标，它反映土工织物的过滤性能，既可评价土工织物阻止土颗粒通过的能力，又反映土工织物的透水性。目前，测量有效孔径的方法主要有干筛法和湿筛法，其中干筛法较为常用。

【2023 真题】

94. 液塑限联合测定法中使用的天平感量为 0.01g。

A. 正确　　　　　　　　　　　　B. 错误

解析：液塑限联合测定法仪器设备：

(1) 圆锥仪：锥体质量为 100g 或 76g，锥角为 30°，读数显示形式宜采用光电式、数码式、游标式、百分表式。

(2) 盛土杯：直径 50mm，深度 40~50mm。

(3) 天平：感量 0.01g。

(4) 其他：筛（孔径 0.5mm）、调土刀、调土皿、称量盒、研钵（附带橡皮头的研杵或橡皮板、木棒）、干燥器、吸管、凡士林等。

【2024 真题】

95. 影响土的工程性质的主要因素是土的三相组成、物理状态和结构。

A. 正确　　　　　　　　　　　　　　B. 错误

解析： 土是由土颗粒（固相）、水（液相）及气体（气相）三种物质组成的集合体，土的固相物质分为无机矿物颗粒和有机质，是土体的骨架物质。其中无机矿物颗粒又分为原生矿物和次生矿物两大类。次生矿物的成分和性质比较复杂，对土的工程性质影响较大。

土的气相主要指土孔隙中充填的气体。土的含气量与含水率有密切关系，其中土是气体占优势还是水占优势，对土的性质会有很大的影响。

含水率对黏性土的工程性质（如强度、压缩性等）有极大的影响。当土从很湿的状态逐渐变干时，会表现出几个不同的物理状态，土也就有不同的工程性质。

土是自然地质历史的产物，它的成分、结构和性质是千变万化的，其工程性质也是千差万别的。

【2024 真题】

96. 用烘干法测定土的含水率时，应将土样放置在温度为 100℃～105℃的烘箱中恒温烘干。

A. 正确　　　　　　　　　　　　　　B. 错误

解析： 试样和盒放入烘箱内，在温度 105～110℃恒温下烘干。烘干时间对细粒土不得少于 8h，对砂类土和砾类土不得少于 6h，对含有机质超过 5%的土或含石膏的土，应将温度控制在 60～70℃的范围内，烘干时间不宜少于 24h。

【2023 真题】

97. 在土的承载比试验中，根据试验需要制备干密度试件，试样分 3 次倒入试筒内，每层击实数分别为 30 次、50 次和 90 次。

A. 正确　　　　　　　　　　　　　　B. 错误

解析： 在土的承载比试验中，如需要时，可制备三种干密度试件。如每种干密度试件制 3 个，则共制 9 个试件。每层击数分别为 30 次、50 次和 98 次，使试件的干密度从低于 95%到等于 100%的最大干密度。

【2024 真题】

98. 在土的液限、塑限试验中，土样制备时应过 0.5mm 筛，而易溶盐试验待测液的制备时，所需土样应过 2mm 筛。

A. 正确　　　　　　　　　　　　　　B. 错误

解析： 易溶盐试验待测液的制备过 1mm 筛。

【2024 真题】

99. 在土工织物宽条拉伸试验中，若试样在距钳 8mm 处断裂，则结果应予以剔除。

A. 正确　　　　　　　　　　　　　　B. 错误

解析： 如试样在距钳口 5mm 范围内断裂，结果应予剔除；纵横向每个方向至少试验 5

块有效试样。如试样在夹具中滑移，或者多于1/4的试样在钳口附近5mm范围内断裂，可采取下列措施：夹具内加衬垫；夹在钳口内的试样加以涂层；改进夹具钳口表面。无论采用了何种措施，都应在试验报告中注明。

三、多项选择题

【2020 真题】

100. 土工试验中，土样制备时需要闷料的试验有（　　）。
A. 界限含水率试验　　B. 击实试验　　C. 颗粒分析试验　　D. 密度试验

解析：界限含水率、击实试验。口诀：借鸡闷料（界击）。

【2021 真题】

101. 《公路工程土工合成材料试验规程》(JTG E50—2006) 恒水头法垂直渗透系数试验中，对试样要求描述正确的有（　　）。
A. 试样清洁，表面无污染
B. 试样无可见损坏或折痕，不得折叠
C. 试样平面放置，上面不得施加任何荷载
D. 试样数量不少于3块

解析：D错误，试样数量和尺寸：试样数量不小于5块，其尺寸应与试验仪器相适应。试样要求：试样应清洁，表面无污物，无可见损坏或折痕，不得折叠，并应放置于平处，上面不得施加任何荷载。

【2021 真题】

102. 土的承载比（CBR）试验泡水测膨胀率，以下说法正确的有（　　）。
A. 在泡水期间，槽内水面应保持在试筒顶面以上约25mm
B. 试件泡水时间2昼夜
C. 试件泡水时间4昼夜
D. 泡水后试件高度的变化量即为膨胀率

解析：B选项错误，试件泡水时间4昼夜。D选项错误，膨胀率（%）=（泡水后试件高度的变化量/原试件高度）×100。

【2019 真题】

103. 按照颗粒大小范围划分，下面属于细粒土的有（　　）。
A. 黏质土　　B. 粉质土　　C. 有机质土　　D. 砂类土

解析：细粒土分为粉质土、黏质土、有机质土。

【2021 真题】

104. 土的最大干密度、最佳含水率受击实功的影响，以下描述正确的有（　　）。
A. 增大击实功，最大干密度增大
B. 增大击实功，最大干密度减小
C. 增大击实功，最佳含水率增大
D. 增大击实功，最佳含水率减小

解析：击实功对最佳含水率和最大干密度的影响。对同一种土用不同的击实功进行击实试验的结果表明：击实功越大，土的最大干密度也越大，而土的最佳含水率则越小。但是这种增大是有一定限度的，超过这一限度，即使增加击实功，土的干密度的增加也很不明显。

【2020 真题】

105. 用于路面防裂的土工织物类土工合成材料必须做（　　）试验。
A. 单位面积质量　　B. 有效孔径　　C. 几何尺寸　　D. 拉伸强度

解析：用于路面防裂的土工织物类土工合成材料必须做单位面积质量、几何尺寸、拉伸强度、CBR顶破、刺破试验。口诀：顶破垃圾面。

【2020 真题】

106. 以下属于反映土的物理性能指标的有（　　）。
A. 含水率　　B. 干密度　　C. 孔隙率　　D. 饱和度

解析：反映土的物理性质的指标有密度、比重（相对密度）、含水率、干密度、饱和密度、浮密度、孔隙比、孔隙率、饱和度等。密度、比重（相对密度）、含水率为基本物理性质指标。

【2021 真题】

107. 有关砂的相对密度试验，下列说法正确的有（　　）。
A. 适用于最大颗粒直径小于5mm，且粒径2mm～5mm范围内的试样质量不大于试样总质量15%的砂土
B. 砂土的最小与最大干密度，均须进行两次平行测定，取其算术平均值，其平行差值不得超过0.03g/cm³，否则应重做试验
C. 报告内容应有砂类土的描述和砂的相对密度D_r值
D. 振动锤击法是测定砂的最大干密度的标准方法

解析：《公路土工试验规程》（JTG 3430—2020）条文说明：本试验仍以振动锤击法作为测定最大干密度的标准方法。

【2021 真题】

108. 比重瓶法测土的比重需要用到的仪具有（　　）。
A. 天平　　B. 恒温水槽　　C. 砂浴　　D. 真空抽气设备

解析：（1）比重瓶，容量100（或50）mL。（2）天平，称量200g，感量0.001g。（3）恒温水槽，灵敏度±1℃。（4）砂浴。（5）真空抽气设备。（6）温度计，刻度为0~50℃，分度值为0.5℃。（7）其他，如烘箱、纯水、中性液体（如煤油）、孔径2mm及5mm筛、漏斗、滴管等。

【2020 真题】

109. 测量土含水率的方法有（　　）。
A. 酒精燃烧法　　B. 烘干法　　C. 目测法　　D. 比重法

解析：测定土的含水率试验方法有烘干法、酒精燃烧法。

第二章 土工与土工合成材料

🔲 【2020 真题】

110. 采用液限和塑限联合测定法进行土的界限含水率试验,下列关于液限确定方法的描述正确的有（　　）。

　　A. 采用 76g 锥对应锥入深度为 17mm　　B. 采用 76g 锥对应锥入深度为 20mm

　　C. 采用 100g 锥对应锥入深度为 17mm　　D. 采用 100g 锥对应能入深度为 20mm

解析：塑液限试验的关键参数！反复考查的高频考点！76g 锥：纵坐标 17mm 锥入深度对应的 w 即为 w_L；100g 锥：纵坐标 20mm 锥入深度对应的 w 即为 w_L。

🔲 【2021 真题】

111. 以下关于《公路工程土工合成材料试验规程》(JTG E50—2006) 中,CBR 顶破强力试验的说法正确的有（　　）。

　　A. 顶破强力是指顶压杆顶压试样直至破裂过程中测得的最大顶压力

　　B. 顶破位移是指从顶压杆顶端开始与试样表面接触时起,直至达到顶破强力,顶压杆顶进的距离

　　C. 变形率是指环形夹具内侧至顶压杆边缘之间试样的长度变化百分率

　　D. CBR 顶破强力试验不适用土工膜复合产品

解析：D 选项错误,CBR 顶破强力试验适用于土工织物、土工膜及其复合产品。

🔲 【2021 真题】

112. 关于土的最大干密度试验方法,以下说法正确的有（　　）。

　　A. 当粒径大于 40mm 的颗粒含量大于 5%且不大于 30%时,应对试验结果进行校正

　　B. 当粒径小于 40mm 时,以干密度为纵坐标,含水率为横坐标,绘制干密度与含水率的关系曲线,曲线上峰值点的纵、横坐标分别为最大干密度和最佳含水率,如曲线不能绘出明显的峰值点,应进行补点或重做

　　C. 当粒径大于 40mm 的颗粒含量大于 30%时,采用表面振动压实仪法确定土的最大干密度

　　D. 表面振动压实仪法测定无黏聚性自由排水的粗粒土和巨粒土最大干密度,但是当粒径小于 0.075mm 的干土质量百分数大于 15%时,该方法不适用

解析：击实试验分轻型击实和重型击实。应根据工程要求和试样最大粒径按试验规程选用击实试验方法。当粒径大于 40mm 的颗粒含量大于 5%且不大于 30%时,应对试验结果进行校正。粒径大于 40mm 的颗粒含量大于 30%时,按表面振动压实仪法试验进行。表面振动压实仪法用于测定无黏聚性自由排水粗粒土和巨粒土（粒径小于 0.075mm 的干土质量百分数不大于 15%）的最大干密度。

🔲 【2020 真题】

113. 以下土质不宜采用酒精燃烧法测定含水率有（　　）。

　　A. 含有机质土　　B. 细粒土　　C. 粗粒土　　D. 含石膏土

解析：酒精燃烧法试验适用于快速简易测定土（含有机质的土和盐渍土除外）的含水率。对含有机质超过 5%的土或含石膏的土,采用烘干法测含水率,应将温度控制在 60~

70℃的范围内，烘干时间不宜小于24h。

【2020 真题】

114. 土的颗粒分析方法有（　　）。
　　A. 筛分法　　　　B. 联合测定法　　　C. 移液管法　　　D. 密度计法

解析：常用的分析土粒大小的方法有两种：对于大于0.075mm的土粒常采用筛分法，而对于小于0.075mm的土粒则用沉降分析法，沉降分析法的有密度计法及移液管法。当土中粗细粒兼有，可联合使用筛分法和沉降分析法。

【2021 真题】

115. 不能同时测定土的液限和塑限的试验方法有（　　）。
　　A. 液限和塑限联合测定法　　　　B. 液限碟式仪法
　　C. 塑限滚搓法　　　　　　　　　D. 缩限试验

解析：液塑限联合测定法能同时测定土的液限和塑限，液塑限联合测定法是联合测定土的液限和塑限，用于划分土类、计算天然稠度和塑性指数，供公路工程设计和施工使用。液限碟式仪法测定的是土的液限，塑限滚搓法测定的是土的塑限，缩限试验测定的是土的缩限。

【2018 真题】

116. 烘干法测土含水率适用下列哪些土质试样？（　　）
　　A. 砂类土　　　　B. 高有机质含量土　　　C. 冻土　　　　D. 砂砾土

解析：烘干法是测定含水率的标准方法，适用于黏质土、粉质土、砂类土、砾类土、有机质和冻土等土试样。

【2020 真题】

117. 采用表面振动压实仪法测定材料的最大干密度，其适用条件包括（　　）。
　　A. 通过0.075mm标准筛的土颗粒质量百分数不大于15%
　　B. 堆石料
　　C. 无黏性自由排水粗粒土
　　D. 无黏性自由排水巨粒土

解析：粗粒土和巨粒土的最大干密度试验（表面振动压实仪法）方法适用于采用表面振动压实仪法测定通过0.075mm标准筛的土颗粒质量百分数不大于15%的无黏性自由排水粗粒土和巨粒土（包括堆石料）的最大干密度。

【2019 真题】

118. 依据《公路土工试验规程》，含水率试验应进行两次平行测定，对于平行差值的规定中正确的有（　　）。
　　A. 含水率5%以下，小于等于0.3%　　　　B. 含水率7%以下，小于等于0.5%
　　C. 含水率40%以下，小于等于1%　　　　D. 含水率40%以上，小于等于2%

解析： C 选项说法错误，含水率在 40% 以下包括含水率小于或等于 5.0% 的情况，允许平行差值是不一致的。

含水率测定的允许平行差值

含水率 w/%	允许平行差值/%
$w \leq 5.0$	≤ 0.3
$5.0 < w \leq 40.0$	≤ 1.0
$w > 40.0$	≤ 2.0

【2021 真题】

119. 以下能够提高土的最大干密度的措施有（　　）。
    A. 降低含水率 B. 减少土中粗颗粒含量
    C. 增大击实功 D. 增加土中粗颗粒含量

解析： 依据土的击实特点，不同土类的击实特性不同，含粗粒越多的土，其最大干密度值越大，而最佳含水率越小；击实功越大（在一定的限度），土的最大干密度越大，最佳含水率越小。而增大或减小含水率，根据击实曲线的变化规律，其最大干密度不会随之变化。

【2024 真题】

120. （　　）属于土工合成材料水力性能指标。
    A. 蠕变　　B. 导水率　　C. 梯度比　　D. 透水率

解析： 水力学性能：垂直渗透系数（透水率）、平面渗透系数（导水率）、梯度比等。

【2024 真题】

121. 测定工程用土界限含水率的方法有（　　）。
    A. 收缩试验 B. 塑限滚搓法
    C. 液限碟式仪法 D. 液限和塑限联合测定法

解析： 界限含水率的方法有液塑限联合测定法、液限碟式仪法、塑限滚搓法、缩限试验。

【2024 真题】

122. 刺破强力是指土工合成材料受顶刺荷载直至破裂时的最大顶刺压力，反映了土工合成材料抵抗小面积集中荷载破坏的能力。本方法适用（　　）等材料。
    A. 聚乙烯（PE）土工膜 B. 聚氯乙烯（PVC）土工膜
    C. 氯化聚乙烯（CPE）土工膜 D. 复合土工膜

解析： 刺破强力是指土工合成材料受顶刺荷载直至破裂时的最大顶刺压力，反映了土工合成材料抵抗小面积集中荷载破坏的能力。本方法规定了测定土工织物刺破强力的试验方法。本方法适用于土工织物、土工膜，及其复合产品。

【2024 真题】

123. 根据《公路土工试验规程》(JTG 3430—2020)，采用烘干法进行含水率试验时，烘干时间与（   ）有关。

A. 烘箱的尺寸　　　　　　　　B. 烘箱内试样的总质量
C. 烘箱通风系统的效率　　　　D. 试样种类、潮湿程度

解析：一般土样烘干 16~24h 就足够。但是，有些土或试样数量过多或试样很潮湿，可能需要烘更长的时间。烘干的时间也与烘箱内试样的总质量、烘箱的尺寸及其通风系统的效率有关。

【2024 真题】

124. 根据《公路土工试验规程》(JTG 3430—2020)，采用密度计法进行颗粒分析试验时，下列描述正确的是（   ）。

A. 土样采用风干土
B. 盐渍土需洗盐，不用分散剂分散处理
C. 适用于分析粒径小于 0.075mm 的细粒土
D. 报告至少包括土样状况描述、颗粒分析试验记录表、土的颗粒级配曲线

解析：密度计分析土样应采用风干土。A 正确。
对于使用各种分散剂均不能分散的土样（如盐渍土等），须进行洗盐。B 正确。
密度计方法适用于分析粒径小于 0.075mm 的细粒土。C 正确。
报告土样状况描述、颗粒分析试验记录表、土的颗粒级配曲线。D 正确。

【2024 真题】

125. 根据《公路土工试验规程》(JTG 3430—2020)，试验前样品需进行预处理，在土样制备过程中需要进行闷料的试验有（   ）。

A. 击实试验　　　　　　　　　B. 密度试验
C. 颗粒分析试验　　　　　　　D. 界限含水率试验

解析：击实试验的干土法试样拌匀后需要闷料一夜备用，液塑限联合测定法需要进行放置闷料 18h 以上。密度和颗粒分析试验不需要闷料。

【2023 真题】

126. 关于土的性质描述正确的有（   ）。

A. 从液体状态向塑性状态过渡的界限含水率称为液限
B. 由塑性体状态向脆性固体状态过渡的界限含水率称为塑限
C. 塑性指数越大，土的可塑性越高
D. 达到缩限状态的土即为饱和土

解析：缩限是指土在体积不变的情况下所能持有的最小含水率，而饱和土是指土中的孔隙完全被水充满的状态。

【2024 真题】

127. 路基加筋和防治沉降土工织物必做的试验项目有（　　）。

　　A. 厚度　　　　B. 刺破强力　　　C. 直接剪切摩擦　　D. 单位面积质量

解析：路基加筋和防治沉降土工织物必做的试验项目有单位面积质量、几何尺寸、拉伸强度、CBR 顶破、刺破、直接剪切摩擦、拉拔摩擦。

【2024 真题】

128. 某试验检测人员对同一土样多组 CBR 试验的膨胀量结果进行分析时发现膨胀量的大小与（　　）有关。

　　A. 土的级配　　　B. 土的结构　　　C. 浸泡时间　　　D. 土的干密度

解析：泡水测膨胀量通常试件要泡水 4 昼夜；当制备三种不同干密度试件时，工程所需压实度对应的 CBR 值、膨胀量采用相邻两点的试验结果通过线性插值确定。所以浸泡时间和土的干密度对膨胀量的大小有影响。

【2023 真题】

129. 黏性土的塑性指数越大，说明（　　）

　　A. 土粒比表面积越小　　　　　　B. 土粒吸附能力越强
　　C. 土的可塑范围越大　　　　　　D. 黏粒、胶粒、黏土矿物含量越低

解析：A 不正确。实际上，黏性土的塑性指数越大，往往意味着土粒更细，因此土粒的比表面积会更大，而不是更小。B 正确。塑性指数大的黏性土，由于土粒更细、比表面积更大，因此具有更强的吸附能力，特别是吸附水分和离子的能力。C 正确。塑性指数是指液限与塑限的差值，这个差值越大，说明土在液限和塑限之间的变化范围越大，也就是土的可塑范围越大。D 不正确。塑性指数大通常意味着土中含有更多的黏粒、胶粒和黏土矿物，因为这些成分能够增加土的黏性和塑性。

【2023 真题】

130. 土工合成材料中的（　　），防渗性能是其重要特征，对工程寿命有重要影响。

　　A. 土工膜　　　B. 土工格栅　　　C. 土工格室　　　D. 复合土工膜

解析：土工合成材料中的土工膜和复合土工膜，防渗性能是其重要的特征指标之一，在工程实际应用中对工程寿命有重要的影响。

【2023 真题】

131. 土工室内 CBR 试验需要的器具有（　　）。

　　A. 试筒（内径 152mm）　　　　　B. 夯锤（4.5kg）
　　C. 温度计　　　　　　　　　　　D. 贯入杆

解析：土工室内 CBR 试验需要的器具有圆孔筛、试筒、夯锤和导管、贯入杆、路面材料强度仪或其他荷载装置、百分表、多孔板、水槽、天平、拌和盘、直尺、滤纸、脱模器。

【2023 真题】

132. 用密度计法分析粒径小于 0.075mm 的细粒土时，如有必要，可进行（　　）等密度计校正。

A. 密度计刻度及弯月面校正　　　　B. 温度校正

C. 土粒比重校正　　　　　　　　　D. 分散剂校正

解析：密度计法中密度计校正内容。

【2024 真题】

133. 在土的分类中，属于特殊类土的有（　　）。

A. 黄土　　　B. 砂土　　　C. 红黏土　　　D. 膨胀土

解析：特殊土包含黄土、膨胀土、红黏土、盐渍土、冻土、软土。

四、综合题

【2018 真题】

134. 某路基工程中对土样进行液塑限试验，请回答以下问题。

1）以下对塑性指数 IP 描述正确的是（　　）。

A. 塑性指数 IP 为天然含水率与塑限之差　　B. 塑性指数 IP 越大，土的可塑性越差

C. 塑性指数 IP 越大，土的可塑性越好　　　D. 塑性指数 IP 为液限与塑限之差

解析：黏性土的塑性大小，可用土处于塑性状态的含水率变化范围来衡量。这个范围即液限与塑限之差值，称为塑性指数 IP。塑性指数一般在习惯上用不带百分数符号的数值表示。塑性指数越大，表示土的可塑性越大。

2）采用液塑限联合测定法试验时用到的主要仪器有（　　）。

A. 联合测定仪，锥体质量 100g 或 76g，锥角 30°

B. 天平，感量 0.01g

C. 筛，孔径 0.5mm

D. 游标卡尺，准确度 0.02mm

解析：液塑限联合测定法试验时不需要游标卡尺。

3）当试验采用质量为 100g 的锥时，液限 w_L 对应锥入深度 h 为（　　）。

A. 5mm　　　B. 17mm　　　C. 20mm　　　D. 25mm

解析：当试验采用质量为 100g 的锥时，液限 w_L 对应锥入深度为 20mm；当试验采用质量为 76g 的锥时，液限 w_L 对应锥入深度为 17mm。

4）以下关于试验过程的说法正确的有（　　）。

A. 试验前给锥尖涂少许凡士林　　　　B. 按动锥下降按钮后 10s 读取锥入深度

C. 锥尖两次锥入位置距离不少于 1cm　　D. 两次锥入深度允许平行误差为 1mm

解析：B 选项应为 5s 读取锥入深度；锥尖两次锥入位置距离不少于 1cm，两次锥入深度允许平行误差为 0.5mm。C 选项正确，D 选项错误。

5）液塑限试验须进行两次平行试验，取其算术平均值，对于高液限土，允许差值要求不大于（　　）。

  A. 0.50%　　　　　B. 1.00%　　　　　C. 1.5%　　　　　D. 2.00%

解析：液塑限试验应进行两次平行测定，其允许差值为：高液限土≤2%，低液限土≤1%，若不满足要求，应重新试验。取其算术平均值，保留至小数点后一位。

【2019 真题】

135. 某试验室开展一条公路路基土的 CBR 试验，试料最大粒径为 40mm，请结合试验内容完成下面题目。

1）CBR 试验需要器具有（　　）。

  A. 内径为 152mm 的试筒

  B. 端面直径为 100mm 的贯入杆

  C. 百分表

  D. 荷载板 4 块，每块质量为 1.25kg

解析：端面直径为 50mm 的贯入杆，所以 B 不对。其他说法都是对的。

2）在预定击实试验的前一天，取有代表性的试料测定风干含水率，所取试料质量约为（　　）。

  A. 20g　　　　　B. 50g　　　　　C. 250g　　　　　D. 500g

解析：测定含水率用试样的数量见下表。

测定含水用试样的数量

最大粒径/mm	试样质量/g	个数/个
<5	15~20	2
约5	约50	1
约20	约250	1
约40	约500	1

3）重型击实法成型 CBR 试件时，以下关于试筒尺寸和装料层数说法正确的有（　　）。

  A. 试筒内径 10cm，高 12.7cm

  B. 试筒内径 15.2cm，高 17cm

  C. 层数为 5 层

  D. 层数为 3 层

解析：将试料按重型击实试验Ⅱ规定的层数和每层的击数进行击实，采用大筒，分 3 层，每层击数 98 次。

击实试验方法种类

试验方法	类别	锤底直径 /cm	锤质量 /kg	落高 /cm	试筒尺寸		试样尺寸		层数	每层击数	最大粒径 /mm
					内径 /cm	高 /cm	高度 /cm	体积 /cm³			
轻型	Ⅰ-1	5	2.5	30	10	12.7	12.7	997	3	27	20
	Ⅰ-2	5	2.5	30	15.2	17	12	2177	3	59	40
重型	Ⅱ-1	5	4.5	45	10	12.7	12.7	997	5	27	20
	Ⅱ-2	5	4.5	45	15.2	17	12	2177	3	98	40

4）以下贯入试验步骤中描述正确的有（   ）。

A. 从水槽中取出试件，静置 25min 后称量试件泡水后的质量

B. 将试件放置在路面材料强度仪的升降台上，调整偏球座，对准整平并使贯入杆与试件顶面接触，在贯入杆周围放置 4 块荷载板

C. 在贯入杆施加 45N 荷载，将测力和测变形的百分表指针调整至整数，记录起始读数

D. 加荷载使贯入杆以 1~1.25mm/min 的速度压入试件，同时记录三个百分表的读数

解析：A 是静置 15min，其他说法都是正确的。

5）当计算得到贯入量为 5mm 时承载比大于 2.5mm 时承载比，以下描述正确的是（   ）。

A. 以贯入量 2.5mm 时的承载比作为试验结果

B. 以贯入量 5mm 时的承载比作为试验结果

C. 重做试验，若结果仍然如此，则采用 5mm 时的承载比

D. 试验失败

解析：取两者的较大值作为该材料的承载比（CBR）。

【2020 真题】

136. 针对土的击实和 CBR 试验，根据《公路工程土工试验规程》完成下列问题。

1）以下关于土工击实试验曲线的绘制描述正确的有（   ）。

A. 有峰值

B. 与饱和曲线有交叉点

C. 与饱和曲线无交叉点

D. 曲线不能绘出明确的峰值点，则应进行补点或重做

解析：土的含水率接近和大于最佳值时，土内孔隙中的空气越来越多地处于与大气隔离的封闭状态，击实作用已不能将这些气体排出，亦即击实土不可能达到完全饱和的状态。因此，击实曲线必然位于饱和曲线左下侧。没有交叉点。

2) 下表是一组 3 个试件测得的 CBR 值，则该组试件的 CBR 结果为（   ）。

试件编号	干密度/(g/cm³)	CBR$_{2.5}$/%	CBR$_{3.0}$/%
1	1.66	15.5	14.5
2	1.68	16.5	16.0
3	1.71	17.5	15.5

A. 15.3%　　　　B. 16.0%　　　　C. 16.3%　　　　D. 16.5%

解析：分别计算 2.5mm 和 5.0mm 时的平均值和标准差、变异系数（标准差/平均值），2.5mm 时，标准差为 1.00，变异系数为 6.1%（<12%），取平均值为 16.5%；5.0mm 时，标准差为 0.76，变异系数为 5.0%（<12%），取平均值为 15.3%。取两者中较大值，所以选 D。

3) 如果 CBR 试验的贯入曲线（p-l 曲线）开始段是凹曲线，且与纵坐标交点为正值，应进行原点修正，修正后（   ）。

A. 贯入量 2.5mm 的 p 值比测读的 p 值大

B. 贯入量 2.5mm 的 p 值比测读的 p 值小

C. 贯入量 2.5mm 的 p 值不变

D. 贯入量 2.5mm 的 p 值与测读的 p 值相比，可能大，也可能小

解析：原点修正后，2.5mm 贯入量的起始位置在纵坐标轴上往下移动，则对应的单位压力在横坐标轴上往右移动，即取值比原来的测读数值变大。

4) CBR 试验泡水测膨胀量，以下说法正确的有（   ）。

A. 泡水期间，槽内水面应保持在试件顶面以上约 25mm

B. 试件泡水时间 1 昼夜

C. 试件泡水时间 4 昼夜

D. 若延长试件泡水时间，对膨胀量测值影响不大

解析：试件泡水要 4 昼夜，C 正确，B 错误。试件泡水时间长短对膨胀量有影响，所以规定泡水时间。

5) 关于土击实试验的说法正确的有（   ）。

A. 含水率需要进行两次平行试验

B. 轻型击实试验的锤重为 2.5kg

C. 颗粒粒径为 40mm 的土应采用内径为 152mm 的试筒

D. 密度计算结果保留小数点后两位

解析：依据《公路土工试验规程》(JTG 3430—2020)：

测定含水率用试样的数量

最大粒径/mm	试样质量/g	个数/个
<5	约100	2
约5	约200	1
约20	约400	1
约40	约800	1

依据上表，含水率试样的数量依据最大粒径分为2个和1个。A选项错误。

击实试验方法种类

试验方法	类别	锤底直径/cm	锤质量/kg	落高/cm	试筒尺寸 内径/cm	试筒尺寸 高/cm	试样尺寸 高度/cm	试样尺寸 体积/cm³	层数	每层击数	最大粒径/mm
轻型	Ⅰ-1	5	2.5	30	10	12.7	12.7	997	3	27	20
轻型	Ⅰ-2	5	2.5	30	15.2	17	12	2177	3	59	40
重型	Ⅱ-1	5	4.5	45	10	12.7	12.7	997	5	27	20
重型	Ⅱ-2	5	4.5	45	15.2	17	12	2177	3	98	40

依据上表，B、C选项正确。最大干密度精确至 0.01g/cm^3；最佳含水率精确至 0.1%。D选项正确。

【2024 真题】

137. 已知，试验土样为细粒土，贯入量为2.5mm时的CBR试验结果见下表。测力环的校正系数 $C=91.6\text{N}/0.01\text{mm}$，贯入杆直径 $D=50\text{mm}$。请根据试验情况完成下列题目。

贯入量为2.5mm时的CBR试验结果

击实次数/次	测力百分表读数/(0.01mm)		
	第一次试验	第二次试验	第三次试验
98	30.3	28.6	29.5
50	16.0	21.0	22.5
30	14.1	16.0	16.3

1）该土样试件成型击实数为50次，贯入量为2.5mm时所测得CBR值为（　　）%。
A. 10.6　　　B. 13.2　　　C. 14　　　D. 14.5

解析：
贯入杆面积 $A = \pi R^2 = 3.14 \times 25^2 = 1962.5\text{mm}^2$。$R$ 为读数，

单位压力 $P_1 = \dfrac{C \times R_1}{A} = \dfrac{91.6 \times 16.0}{1962.5} \times 1000 = 747\text{kPa}$，$P_2 = \dfrac{C \times R_2}{A} = \dfrac{91.6 \times 21.0}{1962.5} \times 1000 = 980\text{kPa}$，

$P_3 = \dfrac{C \times R_3}{A} = \dfrac{91.6 \times 22.5}{1962.5} \times 1000 = 1050\text{kPa}$。

$$CBR_1 = \frac{P_1}{7000} \times 100 = \frac{747}{7000} \times 100 = 10.7\%, \quad CBR_2 = \frac{P_2}{7000} \times 100 = \frac{980}{7000} \times 100 = 14.0\%,$$

$$CBR_3 = \frac{P_3}{7000} \times 100 = \frac{1050}{7000} \times 100 = 15.0\%, \quad 平均值$$

$$P = (P_1 + P_2 + P_3)/3 = (10.7 + 14.0 + 15.0)/3 = 13.2\%,$$

标准差 $\sigma = \sqrt{\dfrac{\sum_{i=1}^{n}(X_i - \overline{X})}{n-1}} = \sqrt{\dfrac{(10.7-13.2)^2 + (14.0-13.2)^2 + (15.0-13.2)^2}{3-1}} = 2.25$

变异系数：$C_V = \dfrac{\sigma}{\overline{X}} \times 100\% = \dfrac{2.25}{13.2} \times 100\% = 17.0\% > 12\%$，去掉一个偏离大的值 10.7%，取其余两个的平均值（14.0+15.0）/2 = 14.5%

2）关于 CBR 试验的说法正确的是（　　）。

A. 贯入量 2.5mm 时的标准荷载强度为 7.0MPa；贯入量 5.0mm 时的标准荷载强度为 10.5MPa

B. 贯入量 2.5mm、贯入量 5.0mm 时的标准荷载强度均为 10.5MPa

C. 贯入量 2.5mm、贯入量 5.0mm 时的标准荷载强度均为 7.0MPa

D. 贯入量的多少与标准荷载强度无关

解析：CBR 值是指试料贯入量达 2.5mm 时，单位压力对标准碎石压入相同贯入量时标准荷载强度的比值。

贯入量 2.5mm 时，$CBR = \dfrac{P}{7000} \times 100$，贯入量 5mm 时，$CBR = \dfrac{P}{10500} \times 100$，7000kPa 和 10500kPa 转换为 MPa 分别为 7.0MPa 和 10.5MPa。

3）针对上述试验结果，说法正确的是（　　）。

A. 试件成型击实数为 98 次，贯入量为 2.5mm 时所测得 CBR 值为 19.1%

B. 试件成型击实数为 98 次，贯入量为 2.5mm 时所测得 CBR 值为 19.6%

C. 试件成型击实数为 98 次，贯入量为 2.5mm 时所测得 CBR 值为 20.2%

D. 本次试验无效

解析：

单位压力 $P_1 = \dfrac{C \times R_1}{A} = \dfrac{91.6 \times 30.3}{1962.5} \times 1000 = 1414\text{kPa}$,

$P_2 = \dfrac{C \times R_2}{A} = \dfrac{91.6 \times 28.6}{1962.5} \times 1000 = 1335\text{kPa}$, $P_3 = \dfrac{C \times R_3}{A} = \dfrac{91.6 \times 29.5}{1962.5} \times 1000 = 1377\text{kPa}$。

$CBR_1 = \dfrac{P_1}{7000} \times 100 = \dfrac{1414}{7000} \times 100 = 20.2\%, \quad CBR_2 = \dfrac{P_2}{7000} \times 100 = \dfrac{1335}{7000} \times 100 = 19.1\%,$

$$CBR_3 = \frac{P_3}{7000} \times 100 = \frac{1377}{7000} \times 100 = 19.7\%，平均值$$

$$P = (P_1 + P_2 + P_3)/3 = (20.2 + 19.1 + 19.7)/3 = 19.7\%，$$

标准差 $\sigma = \sqrt{\dfrac{\sum_{i=1}^{n}(X_i - \overline{X})^2}{n-1}} = \sqrt{\dfrac{(20.2-19.7)^2 + (19.1-19.7)^2 + (19.7-19.7)^2}{3-1}} = 0.55$

变异系数：$C_V = \dfrac{\sigma}{\overline{X}} \times 100\% = \dfrac{0.55}{19.7} \times 100\% = 2.8\% < 12\%$，取平均值为结果。选最接近的 B 选项。

4）关于 CBR 试验的描述正确的是（　　）。
A．CBR 试验与击实试验所用滤纸不同
B．浸泡试件用水槽内水面应高出试件顶面 25mm
C．试筒的型式和主要尺寸与击实试验大击实筒相同
D．试样的最大粒径宜控制在 20mm 以内，最大粒径不得超过 40mm，且粒径在 20mm～40mm 的颗粒含量不宜超过 5%

解析：CBR 试验拌和盘、直尺、滤纸、推土器等与击实试验相同。A 错误。

向水槽内注水，使水漫过试筒顶部。在泡水期间，槽内水面应保持在试筒顶面以上约 25mm。通常试件要泡水 4 昼夜。B 正确。

CBR 试筒：内径 152mm、高 170mm 的金属圆筒；套环，高 50mm；筒内垫块，直径 151mm、高 50mm；夯击底板，同击实仪。试筒也可用本规程击实试验的大击实筒。C 正确。

试样的最大粒径宜控制在 20mm 以内，最大粒径不得超过 40mm，且粒径在 20～40mm 的颗粒含量不宜超过 5%。D 正确。

5）若土样试件成型击实数为 30 次，贯入量为 2.5mm 时，计算结果正确的是（　　）。
A．CBR 值为 9.4%；变异系数 C_v 为 1.5%　　B．CBR 值为 10.9%；变异系数 C_v 为 1.5%
C．CBR 值为 9.4%；变异系数 C_v 为 2.4%　　D．CBR 值为 10.9%；变异系数 C_v 为 2.4%

解析：

单位压力 $P_1 = \dfrac{C \times R_1}{A} = \dfrac{91.6 \times 14.1}{1962.5} \times 1000 = 658 \text{kPa}$

$P_2 = \dfrac{C \times R_2}{A} = \dfrac{91.6 \times 16.6}{1962.5} \times 1000 = 747 \text{kPa}，\quad P_3 = \dfrac{C \times R_3}{A} = \dfrac{91.6 \times 16.3}{1962.5} \times 1000 = 761 \text{kPa}$

$CBR_1 = \dfrac{P_1}{7000} \times 100 = \dfrac{658}{7000} \times 100 = 9.4\%，\quad CBR_2 = \dfrac{P_2}{7000} \times 100 = \dfrac{747}{7000} \times 100 = 10.7\%$

$CBR_3 = \dfrac{P_3}{7000} \times 100 = \dfrac{761}{7000} \times 100 = 10.9\%$

平均值

$P = (P_1+P_2+P_3)/3 = (9.4+10.7+10.9)/3 = 10.3\%$

标准差 $\sigma = \sqrt{\dfrac{\sum_{i=1}^{n}(X_i - \overline{X})}{n-1}} = \sqrt{\dfrac{(9.4-10.3)^2 + (10.7-10.3)^2 + (10.9-10.3)^2}{3-1}} = 0.82$

变异系数：$C_v = \dfrac{\sigma}{\overline{X}} \times 100\% = \dfrac{0.82}{10.3} \times 100\% = 8.0\% < 12\%$，取平均值10.3%为结果。

【2023 真题】

138. 某试验检测机构对委托来样土工合成材料（高密织物）进行了拉伸强度和伸长率试验，拉伸试验时样品的名义夹持长度：100mm，试样宽度：200mm。试验的原始记录如下：

试样编号	纵向拉伸					横向拉伸				
	预负荷伸长量/mm	伸长量/mm	拉力/N	伸长率/%	拉伸强度/(kN/m)	预负荷伸长量/mm	伸长量/mm	拉力/N	伸长率/%	拉伸强度/(kN/m)
1	1.7	77.9	2366.3			3.9	95.2	2213.1		
2	1.9	80.3	2177.9			4.4	96.9	2216.9		
3	1.8	78.3	2210.5			3.8	97.5	2205.0		
4	1.6	77.3	2205.8			3.6	95.7	2268.9		
5	1.4	75.9	2339.6			3.7	96.5	2236.7		

请根据土工合成材料的用途、物理特性及以上试验数据完成下列题目。

1）关于土工合成材料在公路工程中应用的描述正确的有（　　）。

A. 土工格室可用于路基加筋

B. 土工合成材料可用于路面裂缝防治

C. 土工合成材料对路堤不均匀沉降有一定的减少或调节作用

D. 土工合成材料应用于路堤加筋，其主要作用在于提高路堤的稳定性

解析：了解土工合成材料在公路工程中的用途。

2）下列表征土工合成材料力学特性指标的有（　　）。

A. 摩擦角　　　　B. 伸长率　　　　C. 耐水压值　　　　D. 拉伸强度

解析：了解土工合成材料力学性能各项试验指标。

3）该土工合成材料横向拉伸的拉伸强度是（　　）kN/m。

A. 11　　　　B. 11.1　　　　C. 11.2　　　　D. 11.3

解析：按下面公式计算5个试样的拉伸强度，计算平均值。

① 拉伸强度

使用下式计算每个试样的拉伸强度。

$$\alpha_f = F_f C$$

式中 α_f——拉伸强度（kN/m）；

F_f——最大负荷（kN）；

C——计算系数，对于非织造品、高密织物或其他类似材料：

$$C = 1/B$$

B——试样的名义宽度（m）。

4）该土工合成材料纵向拉伸的伸长率是（　　）%。
A. 73.5　　　　　B. 74.5　　　　　C. 75　　　　　D. 76

解析：按下面公式计算5个试样的伸长率，计算平均值。
② 最大负荷下的伸长率

使用下式计算每个试样的伸长率。

$$\varepsilon = \frac{\Delta L}{L_0 + L'_0} \times 100$$

式中 ε——伸长率（%）；

L_0——名义夹持长度（使用夹具时为100mm，使用伸长计时为60mm）；

L'_0——预负荷伸长量（mm）；

ΔL——最大负荷下的伸长量（mm）。

1. [77.9/（100+1.7）] ×100% = 76.6%，2. [80.3/（100+1.9）] ×100% = 78.8%；
3. [78.3/（100+1.8）] ×100% = 76.9%；4. [77.3/（100+1.6）] ×100% = 76.1%；5. [75.9/（100+1.4）] ×100 = 74.9%；计算平均值（76.6+78.8+76.9+76.1+74.9）/5 = 76.7；选最接近的选项D。

5）通常土工合成材料纵向拉伸和横向拉伸的伸长率之间关系为（　　）。
A. 纵向拉伸率大于横向拉伸率　　　　　B. 纵向拉伸率小于横向拉伸率
C. 纵向拉伸率等于横向拉伸率　　　　　D. 纵向拉伸率与横向拉伸率不相关

解析：通过伸长量可以看出横向拉伸率较大。

答案：1. B 2. C 3. D 4. D 5. C 6. B 7. B 8. C 9. A 10. B 11. C 12. A 13. C 14. D 15. C 16. C 17. B 18. D 19. C 20. B 21. D 22. C 23. D 24. D 25. C 26. D 27. C 28. D 29. B 30. C 31. A 32. A 33. C 34. C 35. A 36. D 37. B 38. D 39. C 40. C 41. B 42. B 43. D 44. B 45. C 46. A 47. D 48. B 49. D 50. A 51. A 52. B 53. B 54. A 55. B 56. B 57. B 58. A 59. B 60. B 61. B 62. B 63. B 64. A 65. B 66. A 67. A 68. B 69. B 70. A 71. A 72. B 73. B 74. A 75. B 76. A 77. A 78. A 79. B 80. B 81. A 82. A 83. B 84. B 85. B 86. B 87. A 88. A 89. A 90. A 91. B 92. B 93. B 94. B 95. B 96. B 97. B 98. B 99. B

100. A、B 101. A、B、C 102. A、C 103. A、B、C 104. A、D 105. A、C、D 106. A、B、C、D 107. A、B、C、D 108. A、B、C、D 109. A、B 110. A、D 111. A、B、C 112. A、B、C、D 113. A、D 114. A、B、C、D 115. B、C、D 116. A、B、C、D 117. A、B、C、D 118. A、D 119. C、D 120. B、C、D 121. B、C、D 122. A、B、C、D 123. A、B、C、D 124. A、B、C、D 125. A、D 126. A、B、C 127. B、C、D 128. C、D 129. B、C 130. A、D 131. A、B、D 132. A、B、C、D 133. A、C、D 134. 1) C、D, 2) A、B、C, 3) C, 4) A、C, 5) D 135. 1) A、C、D, 2) D, 3) B、D, 4) B、C、D, 5) B 136. 1) A、C、D, 2) D, 3) A, 4) A、C, 5) B、C、D 137. 1) D, 2) A, 3) B, 4) B、C、D, 5) 题目无正确选项 138. 1) A、B、C、D, 2) A、B、D, 3) B, 4) D, 5) B、D

第三章 集料与岩石

一、单项选择题

【2021 真题】

1. 在沥青混合料中，粗集料是指粒径大于（　　）的碎石、破碎砾石、筛选砾石和矿渣等。

   A. 1.18mm　　　　B. 2.36mm　　　　C. 4.75mm　　　　D. 9.5mm

   解析： 用于沥青混合料时（除 SMA 沥青混合料），该界限尺小为 2.36mm。

【2021 真题】

2. 细集料砂当量试验中，砂当量结果描述正确的是（　　）。

   A. 砂当量值越高，表示集料越洁净
   B. 砂当量值越低，表示集料越洁净
   C. 砂当量值与集料清洁度无关
   D. 砂当量值越高，表示集料越粗

   解析： 通过结果计算式子：砂当量＝（试筒中用活塞测定的集料沉淀物的高度/试筒中絮凝物和沉淀物的总高度）×100，可知，砂当量值越高，表示集料越洁净。

【2021 真题】

3. （　　）是判断一种集料能否用于沥青路面抗滑磨耗层的决定性指标。

   A. 集料最大粒径　　　　　　　　B. 集料压碎值
   C. 集料磨耗值　　　　　　　　　D. 集料磨光值

   解析： 集料磨光值是关系到一种集料能否用于沥青路面抗滑磨耗层的重要决定性指标，所以在工程上选取集料品种时应对此特别重视。

【2019 真题】

4. 粗集料的毛体积密度是在规定条件下，单位毛体积的质量。其中毛体积不包括（　　）。

   A. 矿质实体　　　　　　　　　　B. 闭口孔隙
   C. 开口孔隙　　　　　　　　　　D. 颗粒间空隙

   解析： 堆积密度才包括颗粒间空隙。

【2019 真题】

5. 粗集料压碎值试验时每次试验的石料数量应满足夯击后石料在试筒内的深度为（　　）mm。

A. 25~28　　　　B. 50~56　　　　C. 100　　　　D. 125

解析：《公路工程集料试验规程》每次试验的石料数量应满足按下述方法夯击后石料在试筒内的深度为100mm。这也是采用金属筒事先标定的原因。

【2021 真题】

6. 细集料砂当量试验所用冲洗液使用期限不得超过（　　），其工作温度为（　　）。

A. 1周；20℃±3℃　　　　　　　　B. 2周；22℃±3℃

C. 3周；20℃±3℃　　　　　　　　D. 4周；22℃±3℃

解析：《公路工程集料试验规程》细集料砂当量试验所用冲洗液的使用期限不得超过2周，超过2周后必须废弃，其工作温度为（22±3）℃。

《公路工程集料试验规程》JTG 3432—2024 新规定：配制的冲洗液储存不得超过14d，且存放期间出现混浊、沉淀物或霉菌等应废弃。新配制的冲洗液不得与旧冲洗液混用。砂当量试验过程中环境和冲洗液温度控制在（22±3）℃。

【2018 真题】

7. SMA-16级配设计时确定粗集料骨架的分界筛孔尺寸为（　　）。

A. 16　　　　B. 9.5　　　　C. 4.75　　　　D. 2.36

解析：集料中粒径大于分界尺寸（包括该尺寸）的颗粒是粗集料，其余则是细集料。需要说明的是，SMA沥青混合料粗细粒径划分随该混合料中粗集料的粒径大小，采用不同粗细划分界限。其中SMA-10的划分界限是2.36mm，而SMA-13、SMA-16和SMA-20的界限则为4.75mm。

【2019 真题】

8. 容量瓶法测定细集料密度时，容量瓶中多次注水应尽量保持温度不变，试验方法要求水温差应控制在（　　）以内。

A. 1℃　　　　B. 2℃　　　　C. 3℃　　　　D. 5℃

解析：《公路工程集料试验规程》（JTG 3432—2024）新规定：水温控制在（23±2）℃。此题按旧规范选B，新规范取消了此说法，温度改为（23±2）℃。

【2019 真题】

9. 在天然砂中，中砂的细度模数为（　　）。

A. 3.7~3.1　　　　B. 3.0~2.3　　　　C. 2.2~1.6　　　　D. 1.5~0.7

解析：粗砂：细度模数在3.7~3.1。中砂：细度模数在3.0~2.3。细砂：细度模数在2.2~1.6。特细砂：细度模数在1.5~0.7。

【2021 真题】

10. 影响集料筛分试验最小试样用量的决定因素是（　　）。

A. 集料的密度 B. 集料公称粒径

C. 集料的含水率 D. 颗粒分析结果的精度要求

解析： 筛分用的试样质量根据集料公称最大粒径控制最小试样用量。

【2018 真题】

11. 关于砂当量试验下列说法正确的是（　　）。

A. 砂当量可以测定天然砂、人工砂所含黏性土及杂质的含量，但不适宜于石屑

B. 砂当量冲洗液由氯化钙、甘油按一定的比例配置的

C. 砂当量越大，说明黏性土或杂质的含量越低，细集料洁净度越高

D. 筛洗法、砂当量和亚甲蓝试验都能对砂的洁净程度评价，但砂当量能更加准确地评价

解析： 砂当量试验目的是通过测定天然砂、人工砂、石屑等各种细集料中所含黏土或杂质的含量，以评价细集料的洁净程度，所以 A 选项错误；每升冲洗液中所需各种试剂为氯化钙、甘油、甲醛。B 选项没有说到甲醛，所以 B 选项错误；砂中含泥量（筛洗法）试验、砂当量试验和亚甲蓝试验都是针对砂洁净度的评价方法。而亚甲蓝法可以排除石粉对试验结果影响，更加准确地评价砂样中黏土存在的状况，D 选项说的是砂当量更能准确地评价，所以 D 选项错误。

【2023 真题】

12. 单位毛体积下集料颗粒的饱和面干质量是指集料的（　　）。

A. 表观密度 B. 毛体积密度 C. 堆积密度 D. 表干密度

解析： 表干密度：在规定条件下，单位毛体积下的粗集料表干质量，这里表干质量是指粗集料表面干燥而开口孔隙中充满水时的质量，即饱和面干质量。

【2024 真题】

13. 对 AC-16 沥青混合料用粗集料进行压碎值试验时，需要用到筛孔尺寸为（　　）的标准筛。

A. 16mm、9.5mm，2.36mm B. 13.2mm、9.5mm、4.75mm

C. 13.2mm、9.5mm、2.36mm D. 16mm、9.5mm、1.18mm

解析： 结构水泥混凝土用粗集料进行压碎值用筛为 19mm、9.5mm、2.36mm，其他用粗集料进行压碎值用筛为 13.2mm、9.5mm、2.36mm。

【2024 真题】

14. 对 0~3mm 石屑进行砂当量试验时，若采用机械振荡器对试筒进行振荡，操作正确的是（　　）。

A. 开动机械振荡器，在 60s±1s 的时间内振荡 60 次

B. 开动机械振荡器，在 60s±1s 的时间内振荡 90 次

C. 开动机械振荡器，在 30s±1s 的时间内振荡 60 次

D. 开动机械振荡器，在 30s±1s 的时间内振荡 90 次

解析：开动机械振荡器，在（30±1）s 的时间内振荡（90±3）次。

【2024 真题】

15. 某工程对使用的细集料采用间隙率法进行棱角性试验，表述正确的是（　　）。

A. 需要测定一定体积的细集料通过标准漏斗所需要的流动时间

B. 需要测试细集料的表观相对密度

C. 试验装置上部采用直径 90mm、高 125mm 的金属圆筒

D. 需要测试细集料的毛体积相对密度

解析：间隙率法适用于测定一定量的细集料通过标准漏斗、装入标准容器中松散状态下的间隙率，以间接评价细集料的棱角性。A 错误，A 描述的是流动时间法。

间隙率法需要通过坍落筒法测细集料的毛体积密度。B 错误，D 正确。流动时间法计算试样质量需要用到试样的表观密度。

细集料间隙率测定仪：上部为一个金属或塑料制的圆形容量瓶，容积不少于 250mL；C 错误。C 的说法是流动时间法测定仪用的圆筒。

【2024 真题】

16. 用流动时间法进行细集料棱角性试验时，描述正确的是（　　）。

A. 一种试样需平行试验 2 次，以流动时间的平均值作为细集料棱角性的试验结果

B. 一种试样需平行试验 3 次，以流动时间的最小值作为细集料棱角性的试验结果

C. 需要以水洗法除去试样中小于 0.075mm 的粉尘部分

D. 需要以干筛法除去试样中小于 0.15mm 的部分

解析：同一份集料重复试验共测定 5 次，A、B 错误。需要以水洗法的步骤将 0.3mm 以下颗粒洗除至漂洗水目测清澈为止，水洗法底部为 0.075mm 筛，C 正确，D 错误。

【2023 真题】

17. 在粗集料密度及吸水率试验中，集料需保持浸水（　　）。

A. 6h　　　　　　B. 12h　　　　　　C. 18h　　　　　　D. 24h

解析：《公路工程集料试验规程》（JTG 3432—2024）规定：（时间要求更精确）浸水（24±0.5）h（可在室温下浸水后，再移入（23±2）℃恒温水槽继续浸水。其中恒温水槽浸水不少于 2h）。

【2023 真题】

18. 在沥青混合料中，粗集料是指粒径大于（　　）mm 的碎石、破碎砾石、筛选砾石和矿渣等。

A. 2.36　　　　　　B. 4.75　　　　　　C. 9.5　　　　　　D. 13.2

解析：用于沥青混合料时（除 SMA 沥青混合料），该界限尺寸为 2.36mm；用于水泥混凝土的粗细集料分界尺寸是 4.75mm；用于路面基层粗细粒径的划分同样以 4.75mm 为界限。

【2024 真题】

19. 在沥青面层用粗集料的压碎值试验中，当开动压力机施加荷载时，操作正确的（　　）。

A. 施加脉冲荷载 5min 左右，荷载控制在 400kN

B. 均匀施加荷载，在 10min 左右的时间内达到总荷载 400kN

C. 施加脉冲荷载 5min 左右，荷载控制在 300kN

D. 均匀施加荷载，在 10min 左右的时间内达到总荷载 300kN

解析：操作压力机，均匀地施加荷载，并在 10min±30s 内加到 400kN，然后立即卸除荷载。对于结构物水泥混凝土用粗集料，可在 3~5min 内加到 200kN，稳压 5s 后卸载，但应在报告中予以注明。

【2024 真题】

20. 在确定 SMA-13 沥青混合料捣实状态下的粗集料堆积密度时，需将矿料混合料中（　　）筛孔以上颗粒筛出作为试样进行试验。

A. 2.36mm　　　　B. 4.75mm　　　　C. 9.5mm　　　　D. 13.2mm

解析：粗细集料粒径的划分：SMA-10 的划分界限是 2.36mm，而 SMA-13、SMA-16 和 SMA-20 的界限则为 4.75mm。

二、判断题

【2018 真题】

21. 同一采石场同一类集料，当集料规格较多时，可以分别进行洛杉矶磨耗试验。

A. 正确　　　　　　　　　　　　　　B. 错误

解析：同一采石场生产的同一类集料，可以在一起组成进行洛杉矶磨耗试验，当集料规格较多时，也可分别进行试验。不同采石场生产的集料，必须分开进行试验。

【2021 真题】

22. 粗集料的力学性质通常用集料压碎值和洛杉矶磨耗值表示。

A. 正确　　　　　　　　　　　　　　B. 错误

解析：路用粗集料的力学性质主要指抗压碎能力和磨耗性两大指标，当粗集料用于表层路面时，还涉及磨光值、磨耗值等力学指标。

【2018 真题】

23. 集料分为酸性、中性和碱性，并以 CaO 含量来进行划分。

A. 正确　　　　　　　　　　　　　　B. 错误

解析：正确说法是根据集料中二氧化硅含量高低，将集料划分为酸性、碱性和中性等不同类型；根据母岩中的二氧化硅含量大小，当集料中二氧化硅含量大于65%时，属于酸性集料；二氧化硅含量低于52%时属于碱性集料；介于二者之间的是中性集料。

【2019真题】

24. 粗集料密度试验时，用拧干的湿毛巾轻轻擦干颗粒的表面水，至表面看不到发亮的水迹，即为饱和面干状态。

A. 正确　　　　　　　　　　　　　　B. 错误

解析：提起吊篮稍加滴水后，将试样全部倒入瓷盘或直接倒在拧干的湿毛巾上。用拧干的湿毛巾轻轻擦拭集料颗粒表面的水，直到表面看不到发亮的水迹，使集料处在饱和面干状态。当集料颗粒较大时，也可逐颗擦干。整个过程不得有试样颗粒丢失。

【2019真题】

25. 集料的吸水率就是含水率。

A. 正确　　　　　　　　　　　　　　B. 错误

解析：集料的吸水率是人为创造集料的饱和面干状态下，集料开口孔隙中最大的吸水率。饱和面干状态必须是，颗粒表面没有自由水，开孔孔隙中完全充满水。含水率是采用集料在天然状态下的含水质量计算，这时候，开口空隙中可能未全部充满水，也可能是不但开口孔隙中全部充满水而且集料空隙中也有水。简单的比较，吸水率应该是一个定值，而含水率是一个随外界天气的变化值。吸水率用来间接评价集料的开口孔隙情况，而含水率没有这个意义。

【2019真题】

26. 亚甲蓝试验是评定天然砂、机制砂等细集料中小于0.075mm颗粒的含量，从而反映细集料的含泥量。

A. 正确　　　　　　　　　　　　　　B. 错误

解析：用于测定细集料中所含膨胀性黏土矿物含量，以评定细集料的洁净程度。筛洗法才把小于0.075mm颗粒全部看作泥。其实，小于0.075mm的颗粒可能是泥，也可能是石粉。亚甲蓝试验是评定小于0.075mm中泥的含量，而不是总含量。

【2021真题】

27. 当集料针片状颗粒含量较高时，集料堆积在一起的空隙率增加，不仅影响到集料与其他材料组成的混合料承受荷载的能力，还将有损集料在施工时的和易性。

A. 正确　　　　　　　　　　　　　　B. 错误

解析：理想的集料形状应接近球体或立方体，从而能够更好地发挥集料在混合料中的骨架和嵌挤作用。集料中细长，扁平状颗粒称为针状和片状颗粒，当针片状颗粒含量较高时，会使集料堆积在一起时的空隙率增加，不仅影响到集料与其他材料组成的混合料承受荷载的能力，还将有损于集料在施工时的和易性。

【2019 真题】

28. 进行细集料亚甲蓝试验时，采用 0~2.36mm 试样的试验结果应小于采用 0~0.15mm 试样的试验结果。

　　A. 正确　　　　　　　　　　　　　　B. 错误

解析：亚甲蓝试验用于测定细集料中所含膨胀性黏土矿物含量，而膨胀性黏土矿物粒径都小于 0.075mm，同一种试样，0~2.36mm 比 0~0.15mm 所含的 0.075mm 以下颗粒相对要少，所以试验结果偏小。

【2018 真题】

29. 细集料的棱角性试验有间隙法和流动时间法，但间隙法更为准确，应优先选用。

　　A. 正确　　　　　　　　　　　　　　B. 错误

解析：细集料的棱角性试验应优先选用流动时间法。

【2019 真题】

30. 洛杉矶磨耗试验主要是判断粗集料在高等级公路表层沥青路面上的适用性。

　　A. 正确　　　　　　　　　　　　　　B. 错误

解析：洛杉矶磨耗性试验是评价集料抵抗撞击、摩擦作用的能力，一般水泥混凝土和沥青混合料中的粗集料都要做这个试验。表层沥青路面的粗集料适用性采用道瑞磨耗试验或磨光值试验评价。

【2018 真题】

31. 沥青混合料用的粗集料可以根据实际需要决定是否进行坚固性指标检测。

　　A. 正确　　　　　　　　　　　　　　B. 错误

解析：高速公路及一级公路需要做坚固性指标，其他等级公路不需要做坚固性指标。

【2019 真题】

32. 按照《公路工程集料试验规程》进行压碎值试验时应先剔除针片状颗粒。

　　A. 正确　　　　　　　　　　　　　　B. 错误

解析：《公路工程集料试验规程》(JTG 3432—2024) 规定：将样品用 9.5mm 和 13.2mm 试验筛充分过筛，取 9.5~13.2mm 粒级缩分至约 3000g 试样三份。对于结构物水泥混凝土用粗集料，样品用 9.5mm 和 19mm 试验筛充分过筛，取 9.5~19mm 粒级，剔除针片状颗粒后，再缩分至约 3000g 的试样三份。因为新规范只有结构物水泥混凝土用粗集料需要剔除针片状。

【2019 真题】

33. 粗集料的压碎值越大，说明集料的耐久性和强度越差。

　　A. 正确　　　　　　　　　　　　　　B. 错误

解析：集料压碎值试验测定粗集料抵抗压碎能力，间接评价其相应承载能力和强度。压碎值只能评价强度，不能评价耐久性。粗集料的耐久性采用坚固性试验评价，即饱和硫酸钠浸泡试验，坚固性作为表征粗集料耐候性的一项指标。耐候性即耐久性。

【2019 真题】

34. 集料的不同密度用途不同，根据振实密度所得到的间隙率可以用于 SMA 混合料配合比设计。

    A. 正确   B. 错误

解析：振实密度是依据水泥混凝土施工振捣成型而创建的试验方法。捣实密度是依据沥青混合料施工碾压成型或者试验室内击实成型试件而创建的试样方法。所以，应该是捣实密度所测得的粗集料骨架间隙率 VCA_{DRC} 可以用于 SMA 混合料配合比设计。

【2024 真题】

35. 采用流动时间法评价细集料棱角性时，试样应徐徐倒入漏斗，表面尽量倒平，倒完后需要用钢尺刮平试样。

    A. 正确   B. 错误

解析：用铲子等取试样从圆筒中央开口处（高度与筒顶齐平）徐徐倒入漏斗，表面倒平，但倾倒后表面不得以任何工具扰动或刮平。

【2024 真题】

36. 采用容量瓶法测定粗集料的密度时，需要对试样过筛，用于水泥混凝土的集料采用 2.36mm 筛，用于沥青混合料的集料采用 4.75mm 筛。

    A. 正确   B. 错误

解析：是按集料粒径选择试验筛；将样品用 4.75mm 试验筛（对于 3~5mm、3~10mm 集料，采用 2.36mm 试验筛）充分过筛，取筛上颗粒缩分至要求质量的试样两份。

【2023 真题】

37. 当某集料在 19mm、16mm、13.2mm 的套筛过筛后，各筛的通过率分别是 100%、100% 和 95%，则该集料的最大粒径是 16mm。

    A. 正确   B. 错误

解析：集料最大粒径指集料的 100% 都要求通过的最小的标准筛筛孔尺寸。集料的公称最大粒径指集料可能全部通过或允许有少量不通过（一般容许筛余不超过 10%）的最小标准筛筛孔尺寸。通常比集料最大粒径小一个粒级。13.2mm 的筛余为 5%，所以公称最大粒径为 13.2mm，16mm 为最大粒径。

【2024 真题】

38. 进行石屑的砂当量试验时，需要把 120g±1g 重的干料用漏斗倒入竖立的试桶中进行试验。

    A. 正确   B. 错误

解析： 砂当量试验时试样需要通过含水率计算 120g 干料的湿质量 m_1。四分法缩分至 $(m_1±0.5)$ g 的试样两份。

【2024 真题】

39. 某种集料的筛分结果为 100% 通过 19mm 筛，在 16mm 筛上的筛余为 8%，则此集料的公称最大粒径为 16mm。

   A. 正确　　　　　　　　　　　　　　B. 错误

   解析： 集料最大粒径：指集料颗粒能够 100% 通过的最小标准筛筛孔尺寸。集料公称最大粒径：指集料可能全部通过或允许有少量筛余（筛余量不超过 10%）的最小标准筛筛孔尺寸。

【2023 真题】

40. 水泥混凝土用砂的筛分试验可采用干筛法，不可采用水筛法，而沥青混合料用砂的筛分试验可采用水筛法，不可采用干筛法。

   A. 正确　　　　　　　　　　　　　　B. 错误

   解析：《公路工程集料试验规程》（JTG 3432—2024）新规定：对水泥混凝土、水泥砂浆用细集料可采用干筛法进行筛分试验，也可用水洗法进行筛分试验；当 0.075mm 通过率大于 5% 时，宜采用水洗法进行筛分试验。对沥青混合料、无结合料粒料材料及无机稳定材料用细集料应采用水洗法进行筛分试验。对于轻集料，应采用干筛法进行筛分试验。

【2023 真题】

41. 亚甲蓝快速试验结果评定时，若沉淀物周围出现明显色晕，则判定亚甲蓝快速试验为合格，若沉淀物周围未出现明显色晕，则判定亚甲蓝快速试验为不合格。

   A. 正确　　　　　　　　　　　　　　B. 错误

   解析：《公路工程集料试验规程》(JTG 3432—2024) 新规定，MB 亚甲蓝的速评价试验：一次性向烧杯中加入容积为 V 的亚甲蓝溶液，以 400r/min±40r/min 转速持续搅拌 8min，然后用玻璃棒蘸取一滴悬浮液，滴在滤纸上，观察沉淀物周围是否出现浅蓝色光晕。如果出现浅蓝色光晕，则此细集料亚甲蓝检验合格；如果未出现浅蓝色光晕，则此细集料亚甲蓝检验不合格。

【2024 真题】

42. 亚甲蓝试验方法适用于评价粒径小于 2.36mm 或小于 0.15mm 的细集料的洁净程度，但不适用于矿粉。

   A. 正确　　　　　　　　　　　　　　B. 错误

   解析： 亚甲蓝试验适用于测定细集料中 0~2.36mm 部分的亚甲蓝值 MB，或细集料中 0~0.15mm 部分的亚甲蓝值 MB_F。也适用于填料中 0~0.15mm 部分的亚甲蓝值 MB_F，用于评价填料质量。矿粉属于填料。

【2023 真题】

43. 在测定粗集料密度试验中，当称取集料的表干质量时，需要用烘干后的毛巾擦干集料颗粒的表面水，当粗集料尺寸较大时，宜逐颗擦干。

A. 正确　　　　　　　　　　　　　　　B. 错误

解析：用拧干的湿毛巾轻轻擦拭集料颗粒表面的水，直到表面看不到发亮的水迹，使集料处在饱和面干状态。当集料颗粒较大时，也可逐颗擦干。整个过程不得有试样颗粒丢失。

【2024 真题】

44. 在称取粗集料的表干质量时，可用拧干后的湿毛巾擦拭集料颗粒的表面水，已经擦干的粗集料可在空气中放置不超过30min后称取质量。

A. 正确　　　　　　　　　　　　　　　B. 错误

解析：擦拭时，既要将颗粒表面自由水擦掉，又不能致颗粒内部水（开口孔隙中吸收的水）散失，因此对擦拭完成的试样，立即称量饱和面干质量。

【2023 真题】

45. 在进行粗集料及集料混合料的筛分试验时，对级配碎石基层用粗集料可采用干筛法筛分，对沥青混合料用粗集料必须用水洗法试验。

A. 正确　　　　　　　　　　　　　　　B. 错误

解析：《公路工程集料试验规程》(JTG 3432—2024) 新规定：对水泥混凝土用粗集料可采用干筛法筛分；对沥青混合料、粒料材料、无机结合料稳定类材料等用粗集料应采用水洗法筛分。对于轻集料应采用干筛法筛分。

【2024 真题】

46. 在进行集料碱活性（岩相法）检验时，需要用到球形回流冷凝器。

A. 正确　　　　　　　　　　　　　　　B. 错误

解析：球形回流冷凝器是集料碱值试验用到的。

三、多项选择题

【2018 真题】

47. 关于粗集料洛杉矶磨耗试验说法正确的是（　　　）。

A. 洛杉矶磨耗用以评定粗集料抵抗摩擦、撞击的能力
B. 同一采石场的同一集料，为减小试验误差，可以在一起筛分进行洛杉矶试验
C. 水泥混凝土用的粗集料回转动次数设定为500次，沥青混合料用粗集料则可能是500或1000次
D. 水泥混凝土用粗集料磨耗试验放置的钢球数量与粗集料的公称粒径有关

解析：1. 洛杉矶磨耗试验目的是用于测定规定条件下粗集料抵抗摩擦、撞击的综合力学能力。所以A正确；

2. 沥青混合料通常由数种集料配合组成，同一采石场生产的同一类集料，可以在一起组成进行洛杉矶磨耗试验。当集料规格较多时，也可分别进行试验。不同采石场生产的集料，必须分开进行试验。所以 B 正确；

3. 其中水泥混凝土用集料宜采用 A 级粒度（转动次数 500 转）；当用于沥青路面及各种基层、底基层的粗集料时，表中的 16mm 筛孔也可用 13.2mm 筛孔代替；对非规格材料应根据材料的实际粒度，从表中选择最接近的粒级类别及试验条件进行试验。所以 C 正确；

4. 水泥混凝土用集料宜采用 A 级粒度，对使用的粗集料公称粒径没有要求，D 选项错误。

【2019 真题】

48. 水泥混凝土用细集料的有害物质包括（　　）。

A. 云母　　　　　　B. 轻物质　　　　　　C. 氯离子　　　　　　D. 硫酸盐

解析：硫酸盐含量按 SO_3 质量计。

【2019 真题】

49. 以下关于集料的表述正确的有（　　）。

A. 按粒径分为粗集料、细集料

B. 是不同粒径的碎石、砾石、砂等粒料的统称

C. 按级配类型分为粗级配和细级配

D. 细集料包括天然砂、人工砂和石屑

解析：按级配类型分为连续级配、间断级配和开级配，没有粗级配和细级配的说法，所以 C 不对。

【2021 真题】

50. 以下用于测定细集料中含泥量的试验方法有（　　）。

A. 筛分法　　　　　B. 筛洗法　　　　　C. 砂当量法　　　　　D. 亚甲蓝法

解析：砂中含泥量（筛洗法）试验、砂当量试验和亚甲蓝试验都是针对砂洁净度的评价方法，不同方法各有特点。

【2019 真题】

51. 粗集料压碎值试验，以下表述正确的有（　　）。

A. 试验时需要取试样 3 组，每组 3000g

B. 试样须分 3 次（每次数量大体相同）均匀装入试模中

C. 每次试样装入试模后均将试样表面整平，用金属棒的半球面端从集料表面上均匀捣实 20 次

D. 卸载后，用 2.36mm 标准筛筛分经压碎的全部试样

解析：《公路工程集料试验规程》（JTG 3432—2024）新规定：

① 将样品用 9.5mm 和 13.2mm 试验筛充分过筛，取 9.5～13.2mm 粒级缩分至约 3000g

试样三份。对于结构物水泥混凝土用粗集料，可剔除 9.5~19mm 粒级中的针片状颗粒后，再缩分至约 3000g 的试样三份。

② 将试样浸泡在水中，借助金属丝刷将颗粒表面洗刷干净，经多次漂洗至水清澈为止。沥干，(105±5)℃烘干至表面干燥，烘干时间不超过 4h，然后冷却至室温。温度敏感性再生材料等。可采用 (40±5)℃烘干。

③ 取一份试样，分 3 次等量装入金属筒中。每次装料后，将表面整平，用金属棒半球面端从试样表面上 50mm 高度处自由下落均匀夯击试样，应在试样表面均匀分布夯击 25 次。最后一次装料时，应装料至溢出，夯击完成后用金属棒将表面刮平。金属筒中试样用减量法称取质量后，予以废弃。

【2019 真题】

52. 关于细集料的亚甲蓝试验，下列说法正确的是（　　）。

A. 通过化学滴定测定亚甲蓝值，需要精度为 0.001g 的分析天平
B. 亚甲蓝标准溶液应储存在深色瓶，避光保存
C. 试验结束的标准是滴于滤纸上的沉淀物周围出现 2mm 稳定浅蓝色色晕
D. 亚甲蓝试验主要是确定细集料中是否存在膨胀性黏土矿物

解析：《公路工程集料试验规程》(JTG 3432—2024) 新规定：天平：称量不小于 1kg，感量不大于 0.1g；称量不小于 100g，感量不大于 0.01g。

沉淀物周围出现约 1mm 的浅蓝色色晕。所以 A 和 C 不对。

【2018 真题】

53. 细集料的亚甲蓝试验用以评价集料的洁净程度，下列有关亚甲蓝试验的说法中正确的是（　　）。

A. 通过化学滴定测定亚甲蓝值，精度要求高，需要精度为 0.001g 的分析天平
B. 亚甲蓝标准溶液应储存在深色瓶，避光保存
C. 试验结束的标准是滴于滤纸上的沉淀物周围出现 1mm 稳定浅蓝色色晕
D. 亚甲蓝试验主要是评定细集料是否存在膨胀性黏土矿物

解析：《公路工程集料试验规程》(JTG 3432—2024) 新规定：天平：称量不小于 1kg，感量不大于 0.1g；称量不小于 100g，感量不大于 0.01g。

【2024 真题】

54. 进行砂当量试验时，下列操作正确的是（　　）。

A. 需将样品通过孔径 4.75mm 筛，去掉筛上的颗粒，试样数量不少于 1000g
B. 需将样品通过孔径 2.36mm 筛，去掉筛上的颗粒，试样数量不少于 1000g
C. 需量取集料沉淀物上液面到絮凝物上液面的高度
D. 需量取试筒底部到絮凝物上液面的高度

解析：将样品用 4.75mm 试验筛加筛底充分过筛，取 4.75mm 筛下颗粒缩分至不少于 1000g 试样。对于 0~3mm 细集料，应采用 2.36mm 试验筛代替 4.75m 试验筛。A、B 正确。

用钢板尺测量试筒底部到絮状凝结物上液面的高度（h_1）。将配重活塞取出，用直尺插入套筒开口中，量取套筒顶面至配重底面的高度h_2。D 正确。

【2024 真题】

55. 容量瓶法适用于测定粗集料（　　）。

A. 表观相对密度　　　　　　　　　B. 表干相对密度
C. 毛体积相对密度　　　　　　　　D. 含水率

解析： 容量瓶法测定粗集料的表观相对密度、表干相对密度、毛体积相对密度、表观密度、表干密度、毛体积密度以及吸水率。

【2024 真题】

56. 网篮法可以测定 4.75mm～9.5mm 集料的（　　）。

A. 松装密度　　　B. 毛体积密度　　　C. 表干相对密度　　　D. 吸水率

解析： 粗集料密度试验方法（网篮法）适用于测定粗集料的表观相对密度、表干相对密度、毛体积相对密度、表观密度、表干密度、毛体积密度以及吸水率。

【2023 真题】

57. 网篮法适用于测定粗集料的（　　）。

A. 表观相对密度　　　B. 表干相对密度　　　C. 毛体积相对密度　　　D. 含水率

解析： 网篮法通过测定粗集料的密度，其中包括表观（相对）密度、表干（相对）密度、毛体积（相对）密度等，以便从密度角度掌握粗集料的物理状态，如计算集料空隙率、吸水性等，同时作为混合料配合比设计时的基本参数。

【2023 真题】

58. 用于评价天然砂洁净程度的方法有（　　）。

A. 筛洗法　　　B. 砂当量法　　　C. 比色法　　　D. 膨胀率法

解析： 砂中含泥量（筛洗法）试验、砂当量试验和亚甲蓝试验都是针对砂洁净度的评价方法，不同方法各有特点。其中筛洗法简便易操作，但会将不属于泥的矿物细粉一并被冲洗掉，当作泥来对待。砂当量法也有这样的问题存在，因为试验中被搅拌分离出形成悬浊液的颗粒也有可能存在一定的石粉。而亚甲蓝法可以排除石粉对试验结果的影响，所以能够更加准确地评价砂样中黏土存在的状况。

【2024 真题】

59. 在对 AC-13 沥青混合料使用的粗集料进行磨光值试验时，必须的步骤包括（　　）。

A. 用摆式摩擦系数测定仪测定上面层混合料摩擦系数
B. 加速磨光机的新橡胶轮正式使用前要进行预磨
C. 采用洛杉矶磨耗试验机进行加速磨耗
D. 用摆式摩擦系数测定仪测定加速磨光后试件的摩擦系数

解析：试件制备是将样品用 9.5mm、13.2mm 试验筛充分过筛，取 9.5~13.2mm 粒级颗粒缩分试样一份，剔除针、片状颗粒，表面过于粗糙或过于光滑的颗粒，不规则或高度大于试模厚度的颗粒。并非混合料，A 错误。

磨光值试验采用的是加速磨光机，磨光机的每个新橡胶轮在应用之前，应进行预磨，B 正确。磨光值试验最后用摆式摩擦系数测定仪测定加速磨光后试件的摩擦系数，D 正确。洛杉矶磨耗试验机是粗集料磨耗试验（洛杉矶法）所用仪具，C 错误。

四、综合题

【2018 真题】

60. 针对评价细集料洁净程度的相关试验，回答下列问题。

1）为评价机制砂洁净程度，可以采用下列（　　）试验方法。
A. 筛洗法　　　　　　　　　　　　B. 沉降法
C. 亚甲蓝试验　　　　　　　　　　D. 砂当量试验

解析：砂中含泥量（筛洗法）试验、砂当量试验和亚甲蓝试验都是针对砂洁净程度的评价方法。其中筛洗法只适用于测定天然砂，所以答案选择 CD。

2）细集料的砂当量和亚甲蓝试验描述正确的有（　　）。
A. 砂当量和亚甲蓝值均可以评价细集料的洁净程度
B. 砂当量适用于测定细集料中所含的黏性土或杂质的含量
C. 亚甲蓝值适用于测定细集料中是否存在膨胀性黏土矿物
D. 亚甲蓝试验适用于粒径小于 2.36mm 或 0.15mm 的细集料，不适用于矿粉

解析：《公路工程集料试验规程》(JTG 3432—2024) 规定：细集料亚甲蓝试验：①本方法适用于测定细集料亚甲蓝值，评价黏土类有害物质含量，以评价细集料洁净程度。②本方法适用于测定细集料中 0~2.36mm 部分的亚甲蓝值 MB，或细集料中 0~0.15mm 部分的亚甲蓝值 MB_F。③本方法也适用于填料中 0~0.15mm 部分的亚甲蓝值 MB_F，用于评价填料质量。

3）砂当量试验时，测得砂的含水率为 1.5%，则应称取（　　）湿砂进行试验。
A. 101.5g　　　　B. 121.8g　　　　C. 138g　　　　D. 120g

解析：120×（1+0.015）= 121.8g。

4）砂当量的试验步骤中，下列说法正确的有（　　）。
A. 将湿砂样用漏斗仔细的倒入加有冲洗液（试筒 100mm 刻度线）的竖立试筒中，除去气泡，湿润试样，然后放置 10min
B. 开动机械振荡器，在 30s±1s 的时间内振荡 90 次
C. 将冲洗管直接插入试筒底部，慢慢转动冲洗管并均匀缓缓提高，直至溶液达到 380mm 刻度线为止

D. 缓慢匀速向上拔出冲洗管,当冲洗管抽出液面,且当液面位于380mm刻度线处时,切断冲洗管,在无扰动的情况下静置20min±15s

解析：《公路工程集料试验规程》(JTG 3432—2024) 规定：放置时间更为精确,由10min修改为 (10±1) min。振荡时间和次数更加精确,修改为在 (30±1) s 的时间内振荡 (90±3) 次,由于人工振荡时平行误差较大,新方法中已删除。

5) 关于砂当量值,正确的说法有（   ）。

A. 砂当量值 SE = (h_2/h_1) ×100,以百分率计,用整数表示

B. 砂当量值越小,表明砂越洁净

C. h_1 为试筒中絮凝物和沉淀物的总高度

D. h_2 为试筒中目测集料沉淀物的高度

解析：B选项正确说法是砂当量值越大,说明砂中小于0.075mm的颗粒中黏性土的数量越少,对应砂的洁净度越高,则砂的品质越好；D选项正确说法是 h_2 为试筒中活塞测定的集料沉淀物的高度。

《公路工程集料试验规程》(JTG 3432—2024) 规定：新增了单次试验结果精确至0.1%；取两份试样的砂当量算术平均值作为试验结果,精确至1%（平均值还是以整数表示）。按2024新规范答案为C。

【2019真题】

61. 在沥青混合料拌和站取10～20mm和5～10mm粗集料进行网篮法测定集料密度,请根据已知条件完成下面题目。

1) 下面关于粗集料毛体积密度的表述正确的是（   ）。

A. 单位体积（含材料的实体矿物成分及其闭口孔隙、开口孔隙等颗粒表面轮廓线所包围的毛体积）物质颗粒的干质量

B. 单位体积（含材料的实体矿物成分及其开口孔隙等颗粒表面轮廓线所包围的毛体积）物质颗粒的干质量

C. 单位体积（含物质颗粒固体及其闭口空隙、开口孔隙体积及颗粒间空隙体积）物质颗粒的质量

D. 单位体积（含材料的实体矿物成分及其闭口孔隙、开口孔隙等颗粒表面轮廓线所包围的全部毛体积）物质颗粒的饱和面干质量

解析：B没有闭口孔隙体积,C多了颗粒间空隙体积（计算堆积密度才有）,D用了饱和面干质量（计算表干密度采用）,都是错误的。

2) 以下关于集料密度之间关系说法错误的有（   ）。

A. 同一集料的毛体积相对密度数值大于其毛体积密度数值

B. 同一集料的毛体积相对密度数值大于其表干相对密度数值

C. 同一集料的毛体积密度数值大于其表观密度数值

D. 同一集料的毛体积密度数值大于其堆积密度数值

解析：几个密度的大小关系：表观密度＞表干密度＞毛体积密度＞堆积密度。《公路工程集料试验规程》（JTG 3432—2024）新规定：①堆积密度：单位体积（含材料的实体矿物成分及其闭口、开口孔隙体积及颗粒间空隙体积）物质颗粒的质量，又分为松散堆积密度、振实堆积密度和捣实堆积密度。②表观密度：单位体积（含材料的实体矿物成分、闭口孔隙和开口中尚未完全被水填充的孔隙体积）物质颗粒的干质量。③表干密度：饱和面干毛体积密度的简称，即单位体积（含材料的实体矿物成分及其闭口孔隙、开口孔隙等颗粒表面轮廓线所包围的全部毛体积）物质颗粒的饱和面干质量（含物质颗粒的干质量和开口孔隙吸收水的质量）。④毛体积密度：单位体积（含材料的实体矿物成分及其闭口孔隙、开口孔隙等颗粒表面轮廓线所包围的全部毛体积）物质颗粒的干质量。

3）对于 5～10mm 集料，一个试样的烘干质量为 1003.1g，水中质量为 621.4g，饱和面干质量为 1014.1g，则以下试验结果表述正确的有（　　）。

A. 表观相对密度为 2.628　　　　　　B. 表观密度为 2.628g/cm³

C. 毛体积相对密度为 2.554　　　　　D. 毛体积密度为 2.554g/cm³

解析：表观相对密度＝1003.1/（1003.1－621.4）＝2.628，毛体积相对密度＝1003.1/（1014.1－621.4）＝2.554，相对密度没有单位，所以 A、C 是正确的。本题中，没有告知水温，无法进行相对密度与密度的换算。另外，在常温下，水的密度小于 1，换算后，密度在数值上肯定小于相对密度，所以 B、D 肯定不对。

4）对于 5～10mm 集料，一个试样的烘干质量为 1003.1g，水中质量为 621.4g，饱和面干质量为 1014.1g，则该吸水率的试验结果是（　　）。

A. 1.12%　　　　B. 1.10%　　　　C. 1.1%　　　　D. 1.08%

解析：吸水率 w_X ＝（(1014.1－1003.1)/1003.1）×100＝1.10%，精确至 0.01%。

【2023 真题】

62. 粗集料的洛杉矶磨耗损失是集料使用性能的重要指标，根据《公路工程集料试验规程》中有关粗集料磨耗试验（洛杉矶法）的试验要求，请完成下列题目。

1）粗集料的洛杉矶磨耗损失直接影响沥青路面的（　　）。

A. 抗车辙能力　　　　　　　　　　B. 耐磨性

C. 抗滑能力　　　　　　　　　　　D. 耐久性

解析：洛杉矶磨耗损失是集料使用性能的重要指标，与沥青路面的抗车辙能力、耐磨性和耐久性密切相关。

《公路工程集料试验规程》（JTG 3432—2024）新规定：粗集料磨耗试验（洛杉矶法）适用于测定粗集料洛杉矶磨耗值，以评价集料抗破碎能力。

2）粗集料磨耗试验所使用的集料，根据实际情况确定相应的试验条件，钢球数量、钢球总质量、转动次数分别有（　　）种组合。

A. 2；2；2　　　　B. 2；4；2　　　　C. 4；4；2　　　　D. 4；4；4

解析：

粗集料洛杉矶磨耗试验条件

粒度类别	粒级组成 /mm	试样质量 /g	试样总质量 /g	钢球数量 /个	钢球总质量 /g	转动次数 /r	使用粗集料 规格	使用粗集料 公称粒径 /mm
A	26.5~37.5 19.0~26.5 16.0~19.0 9.5~16.0	1250±25 1250±25 1250±10 1250±10	5000±10	12	5000±25	500	—	—
B	19.0~26.5 16.0~19.0	2500±10 2500±10	5000±10	11	4850±25	500	S6 S7 S8	15~30 10~30 10~25
C	9.5~16.0 4.75~9.5	2500±10 2500±10	5000±10	8	3330±20	500	S9 S10 S11 S12	10~12 10~15 5~15 5~10
D	2.36~4.75	5000±10	5000±10	6	2500±15	500	S12 S14	3~10 3~5
E	63~75 53~63 37.5~53	5000±50 5000±50 5000±50	10000±100	12	5000±25	1000	S1 S2	40~75 40~60
F	37.5~53 26.5~37.5	5000±50 5000±25	10000±75	12	5000±25	1000	S3 S4	30~60 25~50
G	26.5~37.5 19~26.5	5000±25 5000±25	10000±50	12	5000±25	1000	S5	20~40

3）同材质粗集料，当软弱颗粒含量多、风化严重时，则粗集料的洛杉矶磨耗值（　　）。
A．偏小　　　　　B．偏大　　　　　C．不变　　　　　D．无法判断

解析： 软弱颗粒含量多、风化严重的集料，这些颗粒在试验过程中更容易被磨损或破碎。磨耗值偏大。

4）磨耗损失可评价集料（　　）。
A．承载能力　　　　　　　　　　　B．间接抗压强度
C．抵抗撞击能力　　　　　　　　　D．抵抗摩擦作用的能力

解析： 洛杉矶磨耗试验用于测定规定条件下粗集料抵抗摩擦、撞击的综合力学能力。
《公路工程集料试验规程》（JTG 3432—2024）新规定：粗集料磨耗试验（洛杉矶法）适用于测定粗集料洛杉矶磨耗值，以评价集料抗破碎能力。

【2023 真题】

63. 某公路工程采用沥青路面结构，施工单位在进行上面层 AC-16 沥青混合料的原材料备料时，需要检测粗集料的材料性能，请完成以下题目。

1）此工程位于西部干旱地区（年降雨量<250mm），关于粗集料磨光值要求表述正确的有（　　）。

A. 因为处于干旱地区，所以可以降低甚至取消磨光值要求

B. 如果采用了玄武岩，可以不进行磨光值试验

C. 因为处于干旱地区，相比多雨地区可以降低磨光值要求

D. 当地有石灰岩，且磨光值等指标均满足要求，可在本项目中用于上面层

解析：

粗集料磨光值及其与沥青黏附性的技术要求

技术指标		雨量气候分区			
		1（潮湿区）	2（湿润区）	3（半干区）	4（干旱区）
粗集料磨光值（PSV），不小于		42	40	38	36
粗集料与沥青的黏附性（级）	表层，不小于	5	4	4	3
	其他层次，不小于	4	4	3	3

2）此工程的主线为高速公路，连接线为一级公路，关于压碎值要求表述正确的有（　　）。

A. 用于主线的不大于26%，用于连接线的不大于28%

B. 用于主线的不大于28%，用于连接线的不大于30%

C. 均不大于26%

D. 均不大于28%

解析：

沥青混合料用粗集料质量要求

技术指标		高速公路、一级公路、城市快速路、主干路		其他等级的公路与城市道路
		表面层	其他层次	
集料压碎值（%），不大于		26	28	30
洛杉矶磨耗损失（%），不大于		28	30	35
表观密度[①]（t/m³），不低于		2.60	2.50	2.45
吸水率[①]（%），不大于		2.0	3.0	3.0
坚固性[②]（%），不大于		12	12	—
软石含量（%），不大于		3	5	5
<0.075mm 颗粒含量（水洗法）（%），不大于		1	1	1
针片状颗粒含量（%），不大于	混合料中总量	15	18	20
	粒径>9.5mm	12	15	—
	粒径<9.5mm	18	20	—

续表

技术指标		高速公路、一级公路、城市快速路、主干路		其他等级的公路与城市道路
		表面层	其他层次	
破碎砾石的破碎面积（%）	1个破碎面	100	90	80（70）③
	2个破碎面	90	80	60（50）③

注：① 当粗集料用于高速公路、一级公路和城市快速路、主干路时，多孔玄武岩的视密度可放宽至 2.45t/m³，吸水率可放宽到 3%，但须得到主管部门的批准。

② 坚固性试验根据需要进行。

③ 括号外数据为对表层用集料的要求；括号中数据为对其他层次的要求。

3）进行 AC-16 用粗集料的压碎值试验时，下列叙述正确的是（   ）。

A. 不管粗集料的最大粒径多少，钢制圆形试筒只采用 150mm 一种内径

B. 钢制圆形试筒有 100mm 和 150mm 两种内径，需要根据粗集料的最大粒径进行选择

C. 需要用一定尺寸的标准筛筛分经压碎的全部试样，可分几次筛分，均需筛到 1min 内无明显的筛出物为止

D. 需要用一定尺寸的标准筛筛分经压碎的全部试样，应该经一次筛分，筛到在 1min 内无明显的筛出物为止

解析： 钢制圆形试筒只采用 150mm 一种内径，A 正确，B 错误。

《公路工程集料试验规程》（JTG 3432—2024）规定：压碎值试验中，施加荷载后的试样按照粗集料干筛法，采用 2.36mm 试验筛充分过筛。取消"筛到在 1min 内无明显的筛出物为止"的说法。新增"人工补筛时应筛至每分钟各号筛的分计筛余量变化小于试样总质量的 0.1%"的说法。C、D 错误。按 2024 版规范，答案只有 A。

4）为了测定粗集料的坚固性能，需要开展（   ）。

A. 坚固性试验，对高速公路坚固性要求不大于 12%

B. 洛杉矶磨耗试验，磨耗损失不大于 28%

C. 坚固性试验，坚固性要求不大于 15%

D. 洛杉矶磨耗试验，磨耗损失不大于 30%

解析：

沥青混合料用粗集料质量技术要求《公路沥青路面施工技术规范》

（JTG F40—2004）

指标		单位	高速公路及一级公路		其他等级公路
			表面层	其他层次	
石料压碎值	≤	%	26	28	30
洛杉矶磨耗损失	≤	%	28	30	35
表观相对密度	≥	—	2.60	2.50	2.45

续表

指标		单位	高速公路及一级公路		其他等级公路
			表面层	其他层次	
吸水率	≤	%	2.0	3.0	3.0
坚固件	≤	%	12	12	—
针片状颗粒含量（混合料）	≤	%	15	18	20
其中粒径大于9.5mm	≤	%	12	15	—
其中粒径小于9.5mm	≤	%	18	20	—
水洗法<0.075mm 颗粒含量	≤	%	1	1	1
软石含量	≤	%	3	5	5

5）对 AC-16 用粗集料的洛杉矶磨耗试验时，下列叙述正确的是（　　）。

A. 钢球的数量及总质量需要根据粗集料的不同规格进行选择
B. 钢球的数量及总质量相对固定，不需要根据粗集料的规格进行选择
C. 经过磨耗后的试样，需要用 2.36mm 的方孔筛过筛，筛去试样被磨碎的细屑
D. 经过磨耗后的试样，需要用 1.7mm 的方孔筛过筛，筛去试样被磨碎的细屑

解析：钢球的数量及总质量需要根据粗集料的不同规格进行选择，A 正确，B 错误。经过磨耗后的试样，需要用 1.7mm 的方孔筛过筛，筛去试样被磨碎的细屑，C 错误，D 正确。

答案：1. B　2. A　3. D　4. D　5. C　6. B　7. C　8. B　9. B　10. B　11. C　12. D　13. C　14. D　15. D　16. C　17. D　18. A　19. B　20. B　21. A　22. A　23. B　24. A　25. B　26. B　27. A　28. A　29. B　30. B　31. A　32. B　33. B　34. B　35. B　36. B　37. A　38. B　39. A　40. B　41. A　42. B　43. B　44. B　45. B　46. B　47. A、C　48. A、B、C、D　49. A、B、D　50. B、C、D　51. A、B、D　52. B、D　53. B、C、D　54. A、B、D　55. A、B、C　56. B、C、D　57. A、B、C　58. A、B　59. B、D　60. 1）C、D，2）A、B、C，3）B，4）A、B、D，5）C　61. 1）A，2）B，3）A、C，4）B　62. 1）A、B、D，2）C，3）B，4）C、D　63. 1）C、D，2）C，3）A，4）A、B，5）A、D

第四章 路面基层与底基层材料

一、单项选择题

【2021年真题】

1. 以下关于无机稳定类材料中水泥或石灰剂量测定的描述不正确的是（　　）。

A. EDTA滴定法适用于在工地快速测定无机稳定材料中水泥或石灰剂量

B. EDTA滴定法适用于在水泥终凝之前的水泥剂量测定；现场土样的石灰剂量应在路拌后尽快测试，否则需要用相应龄期的EDTA二钠标准溶液消耗量的标准曲线确定

C. EDTA滴定法不可以用来测定无机结合稳定材料中结合料剂量

D. 直读式测钙仪法适用于测定新拌石灰土中石灰剂量

解析：C选项描述不正确，EDTA滴定法可以用来测定水泥和石灰综合稳定材料中结合料的剂量。注意题目要求选择不正确选项。

【2020年真题】

2. 在进行无机结合料稳定材料抗压强度试验时，应根据试验材料的类型和一般的工程经验选择合适量程的测力计和试验机，对被测试件施加的压力应在量程的（　　）范围内。

A. 20%～80%
B. 10%～90%
C. 5%～95%
D. 15%～85%

解析：根据试验材料的类型和一般的工程经验，选择合适量程的测力计和压力机，试件破坏荷载应大于测力量程的20%且小于测力量程的80%。

【2020年真题】

3. 石灰有效氧化钙和氧化镁含量的简易测定试验步骤包括：①三角瓶口上插一短颈漏斗，使用带电阻电炉加热5min（调到最高档），但勿使液体沸腾，放入冷水中迅速冷却；②称取0.8g～1.0g石灰试样放入300mL三角瓶中并记录试样质量；③向三角瓶中滴入酚酞指示剂2滴，记录滴定管中盐酸标准溶液体积；④在不断摇动下以盐酸标准溶液滴定，控制速度为2～3滴/s，至粉红色完全消失，稍停，又出现红色，继续滴入盐酸，如此重复几次，直至5min内不出现红色为止，记录滴定管中盐酸标准溶液体积；⑤向三角瓶中加入150mL新煮沸并已冷却的蒸馏水和10颗玻璃珠。以下试验步骤的顺序正确的是（　　）。

A. ①②⑤③④
B. ①②⑤④③
C. ②⑤①③④
D. ②⑤①④③

解析：② 称取 0.8~1.0g 石灰试样放入 300mL 三角瓶中并记录试样质量；

⑤ 向三角瓶中加入 150mL 新煮沸并已冷却的蒸馏水和 10 颗玻璃珠；

① 三角瓶口上插一短颈漏斗，使用带电阻电炉加热 5min（调到最高档），但勿使液体沸腾，放入冷水中迅速冷却；

③ 向三角瓶中滴入酚酞指示剂 2 滴，记录滴定管中盐酸标准溶液体积；

④ 在不断摇动下以盐酸标准溶液滴定，控制速度为 2~3 滴/s，至粉红色完全消失，稍停，又出现红色，继续滴入盐酸，如此重复几次，直至 5min 内不再出现红色为止，记录滴定管中盐酸标准溶液体积。

【2019 年真题】

4. 以下无机结合料稳定土中：① 石灰稳定细粒土；② 水泥稳定细粒土；③ 石灰水泥稳定细粒土；④ 石灰粉煤灰稳定细粒土；⑤ 水泥粉煤灰稳定细粒土；⑥ 石灰稳定粗粒土。需要控制延迟时间的有（　　）。

A. ①③⑤　　　　　　　　　　　B. ②③⑥

C. ②③⑤　　　　　　　　　　　D. ①②③④⑤⑥

解析： 对水泥稳定、水泥粉煤灰稳定材料，分别进行不同成型时间条件下的混合料强度试验，绘制相应的延迟时间曲线，并根据设计要求确定容许延迟时间。简单的讲，凡是掺入水泥的稳定材料就要控制延迟时间。

【2021 年真题】

5. 以下无机结合料稳定材料中，可用于重载交通的高速公路基层且无侧限抗压强度设计值可为 1MPa 的材料是（　　）。

A. 石灰粉煤灰稳定材料　　　　　B. 水泥粉煤灰稳定材料

C. 水泥稳定材料　　　　　　　　D. 碾压贫混凝土

解析： 石灰粉煤灰稳定材料可用于重载交通的高速公路基层且无侧限抗压强度设计值 $\geqslant$1MPa。

【2021 年真题】

6. 关于级配碎石的最大干密度和最佳含水率试验，以下分析正确的是（　　）。

A. 击实法测定的最大干密度一般大于振动压实仪法测定的最大干密度

B. 级配碎石配合比设计时可采用击实法或振动压实仪法测定

C. 击实法测定的最佳含水率一般小于振动压实仪测定的最佳含水率

D. 在级配碎石施工过程中无须再测定最大干密度

解析： 一般来说，振动压实试验确定的最佳含水率小于击实试验确定的最佳含水率，最大干密度大于击实试验确定的最大干密度。A 选项错误，击实法测定的最大干密度一般小于振动压实仪法测定的最大干密度。C 选项错误，击实法测定的最佳含水率一般大于振动压实仪测定的最佳含水率。D 选项错误，基层、底基层施工过程的压实度检测，应以每天现场取样的击实结果确定的最大干密度为标准。

【2019年真题】

7. 无机结合料稳定土击实试验内容包括：①加入所需稳定剂，并充分拌和均匀；②确定预定含水率；③取下套环，刮平试样，拆除底板，擦净试筒外壁后称取质量；④采用四分法选取等分试料；⑤加入计算应加的水量，并充分拌和均匀；⑥按要求进行分层填料，分层击实；⑦脱模后取样测定含水率。正确的试验步骤排序为（　　）。

A. ②④①⑤⑥③⑦ B. ④②⑤①⑥③⑦
C. ④②①⑤⑥③⑦ D. ②④⑤①⑥③⑦

解析： 先四分法，再确定预加入的含水率，所以④在②前面。加入计算应加的水量后，再加稳定剂（如水泥等），所以⑤在①前面。后面3个步骤（⑥③⑦）四个答案一样，不考虑。

【2019年真题】

8. 水泥稳定碎石混合料应用于公路路面基层，属于（　　）基层。

A. 粒料类　　B. 刚性类　　C. 柔性类　　D. 半刚性类

解析： 我国常用的路面基层形式多半为半刚性基层，是指在粉碎或原状松散的土中掺入适量的石灰、水泥等无机结合料。粒料类指不掺任何结合料的级配碎石等，刚性类指水泥混凝土，柔性类指在碎石中掺入沥青。

【2019年真题】

9. 水泥稳定碎石采用集中厂拌法施工时，混合料实际水泥剂量宜比室内试验确定的剂量增加（　　）%。

A. 0.3　　B. 0.5　　C. 0.7　　D. 1.0

解析： 对水泥稳定材料，工地实际采用的水泥剂量宜比室内试验确定的剂量多0.5%~1.0%。采用集中厂拌法施工时宜增加0.5%，采用路拌法施工时宜增加1%。

【2020年真题】

10. 以下不属于无机结合料稳定材料目标配合比设计技术内容的是（　　）。

A. 选择级配范围　　B. 确定料仓供料比例
C. 验证混合料相关的设计及施工技术指标　　D. 确定结合料类型及参配比例

解析： 确定料仓供料比例，是生产配合比阶段的内容。

【2019年真题】

11. 在石灰土（石灰稳定细粒土）基层施工时，应进行（　　）试验。

A. 集料压碎值　　B. 石灰有效氧化钙、氧化镁含量
C. 水泥标号和凝结时间　　D. 粉煤灰烧失量

解析： 集料压碎值是粗集料指标，A选项错误；石灰土中没有水泥，所以C选项错误。石灰土中没有粉煤灰，所以D不存在。

【2021 年真题】

12. 在进行级配碎石目标配合比设计时,以下关于 CBR 强度试验表述正确的是（　　）。
A. 应在目标级配、最佳含水率和最大干密度条件下成型试件
B. 应在目标级配、最佳含水率以及现场施工的压实标准下成型试件
C. 成型试件浸水 3d 后进行 CBR 试验,浸水期间应注意检查试件浸水高度
D. 浸水后,取出试件立即进行 CBR 试验

解析： 按试验确定的级配和最佳含水率,以及现场施工的压实标准成型标准试件,进行 CBR 强度试验和模量试验。所以 A 错误,B 正确。根据承载比（CBR）试验：C 错误,成型试件泡水 4 昼夜后进行 CBR 贯入试验。D 错误,从水槽中取出试件,倒出试件顶面的水,静置 15min,让其排水后再进行 CBR 贯入试验。

【2019 年真题】

13. 公路路面基层用填隙碎石混合料属于（　　）基层。
A. 刚性类　　　　　　　　　　　　B. 柔性类
C. 半刚性类　　　　　　　　　　　D. 以上都不是

解析： 柔性基层包括沥青结合料类以及无结合料粒料类基层。填隙碎石、级配碎石都属于无结合料粒料类基层。水泥混凝土属于刚性类,无机结合料稳定材料属于半刚性类。

【2019 年真题】

14. 高速公路和一级公路的基层应在养生（　　）天内检测弯沉。
A. 3~5　　　　B. 5~7　　　　C. 7~10　　　　D. 10~14

解析： 对高速公路和一级公路的基层、底基层,应在养生 7~10d 内检测弯沉。

【2020 年真题】

15. EDTA 滴定法确定水泥稳定材料中水泥剂量的试验,在准备标准曲线时应变化 5 个水泥剂量、准备 5 种混合料,若最佳水泥剂量为 6%,则以下无须配置的水泥剂量是（　　）。
A. 0%　　　　B. 2%　　　　C. 4%　　　　D. 6%

解析： 5 种混合料的水泥剂量应为：水泥剂量为 0、最佳水泥剂量左右、最佳水泥剂量 ±2% 和 +4%,所以应取 0%、4%、6%、8%、10%。

【2024 真题】

16. 当采用级配碎石类材料作为基层时,应该满足（　　）。
A. 良好的抗滑性能　　　　　　　　B. 优异的耐磨性能
C. 足够的抗弯拉性能　　　　　　　D. 足够的抗永久变形能力

解析： 依据《公路沥青路面设计规范》基层和底基层应具有足够的承载能力、抗疲劳开裂性能、足够的耐久性和水稳定性。沥青结合料类和粒料类基层尚应具有足够的抗永久变形能力。

【2023 真题】

17. 当进行粉煤灰烧失量试验时，关于试样灼烧阶段的描述正确的是（　　）。

A. 用高温煤气炉加热，从低温开始逐渐升高温度

B. 试样需要在350℃～500℃下灼烧15min～20min

C. 灼烧后将坩埚置于100℃烘箱中至恒温

D. 试样需要反复灼烧，直至连续两次称量之差小于0.0005g

解析： 熟记粉煤灰烧失量试验步骤。

称取约1g试样，精确至0.0001g，置于已灼烧恒重的瓷坩埚中，放在马弗炉内从低温开始逐渐升高温度，在950～1000℃下灼烧15～20min，取出坩埚置于干燥器中冷却至室温，称量。反复灼烧，直至连续两次称量之差小于0.0005g时，即达到恒重，记录每次称量的质量。

【2024 真题】

18. 当进行无机结合料稳定材料的无侧限抗压强度试验时，为保证结果的可靠性和准确性，对于大试件，每组试件的数目要求为（　　）

A. 不少于6个　　　　　　　　　　B. 不少于9个

C. 不少于10个　　　　　　　　　D. 不少于13个

解析： 为保证试验结果的可靠性和准确性，每组试件的数量要求为：小试件数量不少于6个；中试件数量不少于9个；大试件数量不少于13个。

【2024 真题】

19. 当进行无机结合料稳定材料的无侧限抗压强度试验时，为保证结果的可靠性和准确性，中试件每组试件的数目应不少于（　　）个。

A. 6　　　　　　B. 7　　　　　　C. 8　　　　　　D. 9

解析： 为保证试验结果的可靠性和准确性，每组试件的数量要求为：小试件数量不少于6个；中试件数量不少于9个；大试件数量不少于13个。

【2023 真题】

20. 当进行无机结合料稳定材料弯拉强度试验时，下列叙述正确的是（　　）。

A. 石灰粉煤灰稳定材料类试件的标准养生龄期应是90d

B. 石灰稳定材料类试件的标准养生龄期应是120d

C. 为保证试验结果的可靠性和准确性，小梁每组试件不少于4根

D. 为保证试检结果的可靠性和准确性，中梁每组试件不少于12根

解析： 养生时间视需要而定，水泥稳定材料、水泥粉煤灰稳定材料的养生龄期应是90d，石灰稳定材料和石灰粉煤灰稳定材料的养生龄期应是180d。

为保证试验结果的可靠性和准确性，每组试件的试验数量要求为：小梁试件不少于6个；中梁试件不少于12个；大梁试件不少于15个。

【2024 真题】

21. 对于水泥稳定碎石基层材料的强度试验，描述正确的是（ ）。

A. 应按随现场压实度标准，采用振动成型法成型试件

B. 应按照现场压实度标准，采用静压法成型试件

C. 应按照室内压实试验标准，采用振动成型法成型试件

D. 应按照室内压实试验标准，采用静压法成型试件

解析：根据试验确定的最佳含水率、最大干密度及压实度要求，用静压法成型标准试件。

【2023 真题】

22. 公路工程无机稳定材料所用的石灰要求达到Ⅲ级，其中石灰等级是根据石灰中（ ）的含量划分的。

A. 有效氧化钙　　　　　　　　　　B. 有效氧化镁

C. 有效氧化钙和氧化镁　　　　　　D. 游离氧化钙

解析：石灰等级是根据石灰中有效氧化钙和氧化镁的含量划分的。

生石灰技术要求

指标	钙质生石灰			镁质生石灰			试验方法
	Ⅰ	Ⅱ	Ⅲ	Ⅰ	Ⅱ	Ⅲ	
有效氧化钙加氧化镁含量/%	≥85	≥80	≥70	≥80	≥75	≥65	T 0813
未消化残渣含量/%	≤7	≤11	≤17	≤10	≤14	≤20	T 0815
钙镁石灰的分类界限、氧化镁含量/%	≤5			>5			T 0812

消石灰技术要求

指标		钙质消石灰			镁质消石灰			试验方法
		Ⅰ	Ⅱ	Ⅲ	Ⅰ	Ⅱ	Ⅲ	
有效氧化钙加氧化镁含量/%		≥65	≥60	≥55	≥60	≥55	≥50	T 0813
含水率/%		≤4	≤4	≤4	≤4	≤4	≤4	T 0801
细度	0.60mm 方孔筛的筛余/%	0	≤1	≤1	0	≤1	≤1	T 0814
	0.15mm 方孔筛的筛余/%	≤13	≤20	—	≤13	≤20	—	T 0814
钙镁石灰的分类界限、氧化镁含量/%		≤4			>4			T 0812

【2024 真题】

23. 进行水泥稳定碎石材料的强度试验时，表述正确的是（ ）。

A. 应按照室内压实试验标准，采用静压法成型试件

B. 应按照室内压实试验标准，采用击实法成型试件

C. 应按照现场压实度标准，采用静压法成型试件

D. 应按照现场压实度标准，采用击实法成型试件

解析：根据试验确定的最佳含水率、最大干密度及压实度要求，用静压法成型标准试件。

【2023 真题】

24. 石灰稳定土适用的场合为（　　）。

A. 中等和轻交通荷载等级的基层
B. 各交通荷载等级的基层和底基层
C. 各交通荷载等级的基层
D. 轻交通荷载等级的基层

解析：

基层、底基层组成材料种类与适用场合

类型	材料类型	适用场合
无机结合料稳定类	水泥稳定级配碎石或砾石 水泥粉煤灰稳定级配碎石或砾石 石灰粉煤灰稳定级配碎石或砾石 再生无机结合料稳定材料	各交通荷载等级的基层和底基层
	水泥稳定未筛分碎石或砾石 石灰粉煤灰稳定未筛分碎石或砾石 石灰稳定未筛分碎石或砾石	轻交通荷载等级的基层 各交通荷载等级的底基层
	水泥稳定土　石灰稳定土 石灰粉煤灰稳定土	轻交通荷载等级的基层 各交通荷载等级的底基层

【2023 真题】

25. 用筛分法进行粉煤灰细度试验时，对于 0.075mm 筛分是利用气流作为筛分的动力和介质，旋转喷嘴喷出的气流使筛网里的待测粉状物料呈流态化，并在整个系统负压的作用下，将细颗粒通过筛网抽走。若试验过程中负压稳定在 3000Pa，则以下分析和处理正确的是（　　）。

A. 负压过低，停机清理收尘器中的积灰
B. 负压过高，停机检查试验筛是否堵塞
C. 负压不正常，停机用粉煤灰细度标准样品进行校正
D. 负压正常，继续进行试验

解析： 负压应调至 4000~6000Pa，当工作负压小于 4000Pa 时，应清理吸尘器内水泥，使负压恢复正常。

【2024 真题】

26. 在公路路面基层用水泥稳定碎石的目标配合比设计中，其技术内容应包括（　　）。

A. 确定各料仓供料比例
B. 确定水泥稳定材料的容许延迟时间
C. 选择矿料级配范围
D. 确定施工合理含水率及最大干密度

解析： 目标配合比设计内容包括三方面内容：选择级配范围、确定结合料类型及掺配比例、验证混合料相关的设计及施工技术指标。C 正确。A、B 选项属于生产配合比内容。D 选项属于确定施工参数内容。

【2023 真题】

27. 在进行高速公路无机结合料稳定材料配合比设计时，应验证（　　）两者相关性。

A. 7d 龄期无侧限抗压强度与 30d 龄期弯拉强度

B. 30d 龄期无侧限抗压强度与 30d 龄期弯拉强度

C. 90d 龄期无侧限抗压强度与 90d 龄期弯拉强度

D. 7d 龄期无侧限抗压强度与 90d 或 180d 龄期弯拉强度

解析：高速公路和一级公路应验证所用材料的 7d 龄期无侧限抗压强度与 90d 或 180d 龄期弯拉强度的关系。

【2024 真题】

28. 在确定一级公路基层用水泥稳定碎石的施工参数时，技术内容包括（　　）。

A. 验证水泥稳定碎石的强度技术指标　　B. 确定水泥计量标定曲线

C. 确定混合料类型　　D. 确定水泥类型

解析：确定施工参数包括的技术内容：
（1）确定施工中结合料的剂量；
（2）确定施工合理含水率及最大干密度；
（3）验证混合料强度技术指标。

二、判断题

【2021 真题】

29. 现场钻芯法测定压实度时获得的水泥稳定类混合料，可以采用 EDTA 测定法进一步测定其水泥剂量。

A. 正确　　B. 错误

解析：EDTA 滴定法是水泥或石灰剂量的测定方法，适用于在工地快速测定水泥和石灰剂量，适用于在水泥终凝之前的水泥剂量测定。

【2020 真题】

30. EDTA 滴定法测定水泥和石灰综合稳定土中结合料的剂量时，试验前需要做标准曲线。当施工过程中素土或结合料发生改变时，必须重新做标准曲线。

A. 正确　　B. 错误

解析：制作标准曲线所用素土、水泥或石灰发生改变，必须重作标准曲线。

【2021 真题】

31. 水泥稳定碎石基层材料组成设计包括原材料检验、混合料的目标配合比设计、混合料的生产配合比设计和施工参数确定四部分。

A. 正确　　B. 错误

解析：水泥稳定碎石基层材料组成设计包括原材料检验、混合料的目标配合比设计、混合料的生产配合比设计和施工参数确定四部分。

【2021 真题】

32. 对于无机结合料稳定类材料的原材料质量要求和混合料强度标准，基层的要求一般高于相应的底基层的要求。

　　A. 正确　　　　　　　　　　　　　　B. 错误

解析：根据水泥稳定材料的 7d 龄期无侧限抗压强度标准和石灰粉煤灰稳定材料的 7d 龄期无侧限抗压强度标准，基层的要求一般高于相应的底基层的要求。

【2021 真题】

33. 击实法成型石灰粉煤灰稳定材料时，应在拌和试验 1h 内完成击实成型，否则应予以作废。

　　A. 正确　　　　　　　　　　　　　　B. 错误

解析：击实法成型试验，对于加有水泥的试样拌和后，应在 1h 内完成下述击实试验。拌和后超过 1h 的试样，应予作废（石灰稳定材料和石灰粉煤灰稳定材料除外）。

【2019 真题】

34. 公路路面底基层按材料力学特性划分为半刚性类、柔性类和刚性类。

　　A. 正确　　　　　　　　　　　　　　B. 错误

解析：公路路面基层、底基层按材料力学行为划分为半刚性类、柔性类和刚性类。

【2019 真题】

35. 石灰等级是根据石灰中 CaO 的含量进行划分的。

　　A. 正确　　　　　　　　　　　　　　B. 错误

解析：石灰等级是根据有效氧化钙加氧化镁含量划分的。

【2019 真题】

36. 水泥稳定碎石击实试验中，加入水泥拌和后 1h 内应完成试验，否则试样废弃。

　　A. 正确　　　　　　　　　　　　　　B. 错误

解析：对于水泥稳定类材料，从加水拌和到进行压实试验间隔的时间越长，水泥的水化作用和结硬程度就越大，因此，要求以水泥为结合料的试验拌和后要在 1h 内完成试验。

【2020 真题】

37. 级配碎石配合比设计时，应按试验确定的级配和最佳含水率，以及现场施工的压实度标准成型标准试件进行 CBR 强度试验。

　　A. 正确　　　　　　　　　　　　　　B. 错误

解析：按试验确定的级配和最佳含水率，以及现场施工的压实标准成型标准试件，进行 CBR 强度试验和模量试验。

【2021 真题】

38. 简易法测定石灰有效氧化钙和氧化镁含量时，为标定盐酸标准溶液的摩尔浓度，应将碳酸钠水溶液滴入盐酸溶液至溶液出现稳定橙红色为止。

A. 正确　　　　　　　　　　　　　　　　B. 错误

解析：应将盐酸标准溶液滴入碳酸钠溶液至溶液出现稳定橙红色为止。

【2021 真题】

39. 在进行级配碎石目标配合比设计时，要求选择多个级配曲线进行试验，一般选择 CBR 值最高的级配作为目标级配。

A. 正确　　　　　　　　　　　　　　　　B. 错误

解析：级配碎石配合比设计以合成集料的 CBR 值作为强度控制指标。选择 3~4 条试验级配曲线，通过配合比试验，优化级配。选择 CBR 强度最高的级配作为工程使用的目标级配，并确定相应的最佳含水率。

【2019 真题】

40. 级配碎石可以作为各级公路的基层或底基层，也可作为沥青面层与半刚性基层的过渡层。

A. 正确　　　　　　　　　　　　　　　　B. 错误

解析：级配碎石适用于重及重以下交通荷载的基层及各交通荷载等级的底基层。则极重和特重交通荷载不能使用级配碎石做基层。

级配碎石可以作为沥青面层与半刚性基层的过渡层是对的。如果半刚性基层开裂，级配碎石起到扩散裂缝应力，延缓沥青路面反射裂缝发展的作用。

【2019 真题】

41. 半刚性基层材料配合比设计时，可采用重型击实或振动击实成型试件。

A. 正确　　　　　　　　　　　　　　　　B. 错误

解析：根据试验确定的最佳含水率、最大干密度及压实度要求，用静压法成型标准试件。确定无机结合料稳定材料最大干密度指标时宜采用重型击实方法，也可采用振动压实方法。

【2020 真题】

42. 无机结合料稳定材料弯拉强度试件的养生时间视需要而定，水泥稳定材料、水泥粉煤灰稳定材料的养生龄期应是 90d，石灰稳定材料和石灰粉煤灰稳定材料的养生龄期应是 180d。

A. 正确　　　　　　　　　　　　　　　　B. 错误

解析：依据《公路工程无机结合料稳定材料试验规程》：无机结合料稳定材料弯拉强度试件养生时间视需要而定，水泥稳定材料、水泥粉煤灰稳定材料的养生龄期应是 90d，石灰稳定材料和石灰粉煤灰稳定材料的养生龄期应是 180d。

【2019 真题】

43. 高速公路石灰稳定材料用石灰要求达到Ⅰ级技术要求。

A. 正确 B. 错误

解析：高速公路和一级公路用石灰应不低于Ⅱ级技术要求。

【2020 真题】

44. 生石灰未消化残渣含量试验，称取试样倒入装有清水的筛筒，静置消化时间如果过短，可能会导致试验结果偏小。

A. 正确 B. 错误

解析：静置消化时间过短，则可能导致本可以消化的试样未来得及消化，当作未消化残渣，结果偏大。

【2019 真题】

45. 采用EDTA滴定法可以快速测定水泥稳定土中的水泥剂量，但应严格控制首次确定的标准曲线，以后每次测定时只需配制EDTA溶液和代表性混合料进行滴定，以达到快速测定目的。

A. 正确 B. 错误

解析：如制作标准曲线所用素土、水泥或石灰发生改变，则必须重作标准曲线。

【2020 真题】

46. 在粉煤灰烧失量试验中，若试样灼烧的温度约850℃，反复灼烧至恒量，则测得的烧失量结果可能偏高。

A. 正确 B. 错误

解析：粉煤灰烧失量试验要求温度为950~1000℃，温度越低，越烧不透，所以烧失量偏低。注意：烧失量是烧掉的质量。

【2023 真题】

47. 半刚性基层材料配合比设计中，可根据需要任意选择重型击实或振动压实成型试件。

A. 正确 B. 错误

解析：根据试验确定的最佳含水率、最大干密度及压实度要求，用静压法成型标准试件。

【2023 真题】

48. 拌和均匀的水泥稳定材料应在1h内制成试件，超过1h的混合料应作废。

A. 正确 B. 错误

解析：在试件成型前1h内，加入所需数量的水泥并拌和均匀。在拌和过程中，应将预留的水（对于细粒土为3%，对于水泥稳定类为1%~2%）一并加入土中，使混合料达到最佳含水率。加有水泥的混合料应在拌和后 1h 内制成试件，超过 1h 的混合料应该作废。其他结合料稳定材料，混合料虽不受此限，但也应尽快制成试件。

【2023 真题】

49. 测定无机结合料稳定材料的含水率时，如果试样中有石膏，则其应该在不超过 80℃ 的温度下烘干，并可能要烘更长的时间。

  A. 正确   B. 错误

  解析：某些含有石膏的土在烘干时会损失其结晶水，用烘干法测定对其含水量有影响、每 1% 石膏对含水量的影响约为 0.2%。如果土中有石膏，则试样应该在不超过 80℃ 的温度下烘干，并可能要烘更长的时间。

【2024 真题】

50. 当进行无机结合料稳定材料弯拉强度试验时，为保证试验的可靠性，小梁每组试件应不少于 5 根。

  A. 正确   B. 错误

  解析：小梁每组试件应不少于 6 根，中不少于 12，大不少于 15。

【2023 真题】

51. 当无侧限抗压强度同一组试验结果的变异系数不能满足规定值时，应按允许误差的 10% 和 90% 的概率计算所需增加的试件数量，整个试验重新开始。

  A. 正确   B. 错误

  解析：同一组试验的变异系数 C_v（%）符合下列规定，方为有效试验：稳定细粒材料试件 $C_v \leq 6\%$；稳定中粒材料试件 $C_v \leq 10\%$；稳定粗粒材料试件 $C_v \leq 20\%$。如不能保证试验结果的变异系数小于规定的值，则应按允许误差 10% 和 90% 概率重新计算所需的试件数量，增加试件数量并另做新试验。将前后两次试验结果一并重新进行统计评定，直到变异系数满足上述规定。

【2024 真题】

52. 二级以下公路的路面基层使用等外石灰时，其有效氧化钙含量应在 10% 以上，且混合料强度应满足要求。

  A. 正确   B. 错误

  解析：二级以下公路使用等外石灰时，有效氧化钙含量应在 20% 以上，且混合料强度应满足要求。

【2024 真题】

53. 高速公路路面基层用石灰应不低于Ⅱ级技术要求。

  A. 正确   B. 错误

  解析：高速公路和一级公路用石灰应不低于Ⅱ级技术要求，二级公路用石灰应不低于Ⅲ

级技术要求，二级以下宜不低于Ⅲ级技术要求。

【2024 真题】

54. 煤渣、钢渣等工业废渣加工成的集料，使用前应崩解稳定，通过不同龄期条件下的强度、模量、温度收缩和干湿收缩试验后评价混合料性能，可用于修筑路面基层或者底基层。

A. 正确　　　　　　　　　　　　　　B. 错误

解析：煤矸石、煤渣、高炉矿渣、钢渣及其他冶金矿渣等工业废渣可用于修筑基层或底基层，使用前应崩解稳定，且宜通过不同龄期条件下的强度和模量试验以及温度收缩和干湿收缩试验等评价混合料性能。

【2023 真题】

55. 现场钻芯测定压实度的水泥稳定类混合料，可以采用 EDTA 滴定法进一步测定其水泥剂量。

A. 正确　　　　　　　　　　　　　　B. 错误

解析：EDTA 滴定法是水泥或石灰剂量的测定方法，适用于在工地快速测定水泥和石灰剂量，适用于在水泥终凝之前的水泥剂量测定。

【2023 真题】

56. 用于基层的水泥稳定材料，若强度满足技术要求，可以直接用于工程。

A. 正确　　　　　　　　　　　　　　B. 错误

解析：强度是无机结合料稳定材料重要的技术指标，但并不意味着强度满足要求就可以用于基层。无机结合料稳定细粒材料，如水泥稳定土、水泥稳定石屑，强度可以满足技术要求，但是抗冲刷性和抗裂性不足，并不适用于基层。

【2024 真题】

57. 用于路面基层的水泥稳定材料，一般强度满足技术要求后即可用于工程。

A. 正确　　　　　　　　　　　　　　B. 错误

解析：强度是无机结合料稳定材料重要的技术指标，但并不意味着强度满足要求就可以用于基层。无机结合料稳定细粒材料，如水泥稳定土、水泥稳定石屑，强度可以满足技术要求，但是抗冲刷性和抗裂性不足，并不适用于基层。

【2023 真题】

58. 在采用快速养生方法确定二灰稳定碎石快速养生龄期时，试件需要在温度为（50±1)℃，湿度≥95%条件下进行不同时间的快速养生，并进行不同龄期的抗压强度试验。

A. 正确　　　　　　　　　　　　　　B. 错误

解析：快速养生方法温度为（60±1)℃。

【2023 真题】

59. 在石灰稳定材料生产配合比设计时，需要进行不同成型时间条件下的混合料强度试验，绘制相应的延迟时间曲线，确定容许延迟时间。

A. 正确 B. 错误

解析：对水泥稳定、水泥粉煤灰稳定材料，分别进行不同成型时间条件下的混合料强度试验、绘制相应的延迟时间曲线，并根据设计要求确定容许延迟时间。

三、多项选择题

【2019 真题】

60. 以下不属于级配碎石基层材料配合比设计指标的有（　　）。

A. 抗压强度　　　B. CBR　　　C. 抗压模量　　　D. 剪切强度

解析：根据合成级配进行混合料的 CBR 或模量试验，验证混合料性能。所以 B、C 是级配碎石配合比设计指标，排除在外。根据规则至少两个正确选项，则 A、D 一定正确。级配碎石没有掺加水泥或石灰等，无法做无侧限抗压强度，所以 A 不对。一般用于边坡稳定性的填土才需要验算剪切强度，防止滑动破坏，所以 D 也不对。

【2020 真题】

61. 以下关于水泥稳定级配碎石无侧限抗压强度试验表述正确的有（　　）。

A. 根据混合料公称最大粒径不同，试件采用不同尺寸，但是试件径高比均为 1∶2
B. 无侧限抗压强度一般采用标准养生方法进行 7d 的标准养生
C. 试件两顶面用刮刀刮平，必要时采用水泥砂浆抹平试件顶面
D. 为保证试验的可靠性和准确性，根据试件大小不同每组试件的数目也不同

解析：采用静压法或振动成型法成型径高比为 1∶1 的圆柱形试件。A 错误。

【2020 真题】

62. 以下属于水泥稳定材料的有（　　）。

A. 水泥稳定级配碎石　　　B. 水泥稳定土
C. 水泥稳定砂　　　D. 水泥石灰稳定土

解析：水泥石灰稳定土属于综合稳定材料。综合稳定材料：在经过粉碎的或原来松散的材料中，掺入两种或两种以上适量的无机结合料和水，经拌和、压实和养生后，抗压强度符合规定的要求时所拌和的混合料。

【2021 真题】

63. 某高速公路基层的 7d 龄期无侧限抗压强度设计值为 4.50MPa，以下可满足该结构层位要求的材料有（　　）。

A. 水泥粉煤灰稳定材料　　　B. 碾压贫混凝土
C. 水泥稳定材料　　　D. 石灰粉煤灰稳定材料

解析：B 选项错误，碾压贫混凝土应符合下列规定：①7d 龄期无侧限抗压强度应不低于 7MPa，且宜不高于 10MPa。②水泥剂量宜不大于 13%。③需要提高材料强度时，应优化混合料级配，并验证混合料收缩性能、弯拉强度和模量等指标。D 选项错误，石灰粉煤灰稳定材料强度很低，达不到 4.50MPa。

【2019 真题】

64．在水泥稳定碎石混合料目标配合比设计中，可选择（　　）个结合料剂量，分别确定各剂量条件下混合料的最佳含水率和最大干密度。

A．3　　　　　　B．4　　　　　　C．5　　　　　　D．6

解析：选择不少于 5 个结合料剂量。

【2021 真题】

65．在进行水泥稳定碎石底基层材料的无侧限抗压强度试验过程中，需要测量（　　）参数。

A．浸水一昼夜后，用软布吸去试件表面水分，称量试件质量

B．试验加载前的试件高度

C．试件破坏时的最大压力

D．加载破坏后试件内部取有代表性样品的含水率

解析：无侧限抗压强度试验步骤如下：

1．根据试验材料的类型和一般的工程经验，选择合适量程的测力计和压力机，试件破坏荷载应大于测力量程的 20% 且小于测力量程的 80%。球形支座和上下顶板涂上机油，使球形支座能够灵活转动。

2．将已浸水 24h 的试件从水中取出，用软布吸去试件表面的水分，并称试件的质量。

3．用游标卡尺测量试件的高度 h，精确至 0.1mm。

4．将试件放在路面材料强度试验仪或压力机上，并在升降台上先放一扁球座，进行抗压试验。试验过程中，应保持加载速率为 1mm/min。记录试件破坏时的最大压力。

5．从试件内部取有代表性的样品（经过打破），按照本规程测定其含水率。

【2019 真题】

66．在取芯检验无机结合料稳定材料整体性时，符合石灰粉煤灰稳定基层材料取芯时间的有（　　）d。

A．7　　　　　　B．15　　　　　　C．18　　　　　　D．20

解析：无机结合料稳定材料应在下列规定的龄期内取芯，用于基层的石灰粉煤灰稳定材料，龄期 14~20d。

【2021 真题】

67．关于生石灰的有效氧化钙和氧化镁含量简易法试验，以下表述不正确的有（　　）。

A．配制的 1mol/L 盐酸标准溶液需标定其摩尔浓度，标定时需在盐酸标准溶液中加入 2~3

滴甲基橙指示剂，然后采用碳酸钠溶液滴定至盐酸标准溶液由黄色变为橙红色

B. 制样时，可将样品直接过 0.15mm 筛，挑取 10 余克在 110℃烘箱烘干至恒重，在室温下冷却、储存

C. 在采用盐酸标准溶液进行生石灰水溶液滴定时，采用酚酞做指示剂。滴定至 5min 内不出现红色为止

D. 该方法适用于任何氧化镁含量的生石灰的测定

解析：A 错误，需在碳酸钠溶液中加入 2~3 滴甲基橙指示剂，用标准盐酸溶液滴定，至碳酸钠溶液由黄色变为橙红色。B 错误，需要样品打碎，颗粒不大于 1.18mm，四分法缩减至 200g，研细，缩减至 20g 左右，过 0.15mm（方孔筛）筛，挑取 10 余克置于称量瓶中，在 105℃烘箱烘干至恒重，储于干燥器中。D 错误，该试验方法适用于氧化镁含量在 5%以下的低镁石灰。注意，题目要求选择不正确选项，所以正确答案是 A、B、D。

【2021 真题】

68. 以下关于级配碎石配合比设计，表述正确的有（　　）。

A. CBR 强度标准应根据公路等级、交通荷载等级和结构层位确定

B. 应以实际工程使用的材料为对象，绘制 3~4 条试验级配曲线，通过配合比试验，优化级配

C. 应按试验确定的级配和最佳含水率，以及现场施工的压实标准成型标准试件，进行 CBR 强度等试验

D. 应根据已确定的各档材料使用比例和各档材料级配的波动范围，计算实际生产中混合料的级配波动范围

解析：级配碎石目标配合比设计步骤内容：

（1）级配优化设计；

（2）采用重型击实或振动成型试验方法确定混合料的最佳含水率和最大干密度；

（3）按试验确定的级配和最佳含水率，以及现场施工的压实标准成型标准试件，进行 CBR 强度试验和模量试验。

（4）选择 CBR 强度最高的级配作为工程使用的目标级配，并确定相应的最佳含水率。不同公路等级、交通荷载等级和结构层位的级配碎石。

（5）确定目标级配曲线后，应针对各档材料进行筛分，确定各档材料的平均筛分曲线以及相应的变异系数，并按 2 倍标准差计算出各档材料分级配的波动范围。

（6）按下列步骤合成目标级配曲线并验证性能：

① 按确定的目标级配，根据各档材料的平均筛分曲线，确定其使用比例，得到混合料的合成级配。

② 根据合成级配进行混合料的 CBR 模量试验，验证混合料性能。

（7）应根据已确定的各档材料使用比例和各档材料级配的波动范围，计算实际生产中混合料的级配波动范围，并应针对波动范围的上、下限验证性能。

【2021 真题】

69. 以下关于水泥稳定碎石材料大试件无侧限抗压强度试验结果的表述正确的有（　　）。

A. 抗压强度试验结果保留 1 位小数

B. 同一组试件试验中，采用 3 倍均方差方法剔除异常值

C. 同一组试验的变异系数不满足规定的要求时，应增加试件数量并另做新试验

D. 报告中应报告一组试件的无侧限抗压强度最小值和最大值、平均值、标准差、变异系数和代表值

解析：（1）抗压强度应保留至小数点后 2 位。A 错误。

（2）同一组试件试验中，采用 3 倍标准差方法剔除异常值，细中粒材料异常值不超过 1 个，粗粒材料异常值不超过 2 个。异常值超过上述规定的试验重做。

（3）同一组试验的变异系数 C_v（%）应符合下列规定，方为有效试验：小试件 C_v≤6%；中试件 C_v≤10%；大试件 C_v≤20%。如不能保证试验结果的变异系数小于规定的值，则应按允许误差 10% 和 90% 概率重新计算所需的试件数量，增加试件数量并另做新试验。

报告中应包括若干个试验结果的最小值和最大值、平均值、标准差、变异系数和一定保证率下的代表值。所以 B、C、D 正确。

【2020 真题】

70. 以下关于水泥稳定碎石击实试验中试验准备工作的描述正确的有（　　）。

A. 将具有代表性的风干试料用木锤捣碎或用木碾碾碎，土团应破碎到能通过 4.75mm 的筛孔

B. 必要时可将试料在 105℃烘箱中烘干至恒量

C. 在预定做击实试验的前一天，取有代表性的试料测定其风干含水量

D. 在试验前用游标卡尺准确测量试模的内径、高和垫块的厚度，以便计算试筒的容积

解析： 1. 将具有代表性的风干试料（必要时，也可以在 50℃烘箱内烘干）用木锤捣碎或用木碾碾碎。土团均应破碎到能通过 4.75mm 的筛孔。但应注意不使粒料的单个颗粒破碎或不使其破碎程度超过施工中拌和机械的破碎率。A 选项正确，B 选项错误。2. 在预定做击实试验的前 1d，取有代表性的试料测定其风干含水量。对于细粒土，试样应不少于 100g；对于中粒土，试样应不少于 1000g；对于粗粒土的各种集料，试样应不少于 2000g。C 选项正确。3. 在试验前用游标卡尺准确测量试模的内径、高和垫块的厚度，以计算试筒的容积。D 选项正确。

【2019 真题】

71. 水稳碎石生产配合比设计时，可选择（　　）个结合料剂量绘制结合料剂量标定曲线。

A. 3　　　　　　B. 4　　　　　　C. 5　　　　　　D. 6

解析： 绘制不少于 5 个点的结合料剂量标定曲线。

【2021 真题】

72. 无机结合料稳定材料的无侧限抗压强度试验需要的仪具包括（　　）。

A. 压力机　　　　B. 电子天平　　　　C. 标准养护室　　　　D. 烘箱

解析：无机结合料稳定材料无侧限抗压强度试验方法仪器设备：①标准养护室或可控温控湿的养生设备。②水槽，深度应大于试件高度50mm。③压力机或万能试验机（也可用路面强度试验仪和测力计），其测量精度为±1%，且压力机加载速率可以有效控制在1mm/min。④电子天平，量程15kg，感量0.1g；量程4000g，感量0.01g。⑤量筒、拌和工具、大小铝盒、烘箱等。⑥球形支座。⑦机油，若干。⑧游标卡尺，量程200mm。

【2024真题】

73. （　　）进行细度试验时，可以采用相同的试验方法。
 A. 道路硅酸盐水泥　　B. 粉煤灰　　C. 生石灰粉　　D. 消石灰粉

解析：A道路硅酸盐水泥采用筛析法筛析时间为2min，粉煤灰虽采用筛析法，但筛析时间为3min，所以A、B方法不同。

依据《公路工程无机结合料稳定材料试验规程》，石灰细度试验方法适用于测定生石灰、生石灰粉和消石灰粉的细度，50g试样倒入2.36mm、0.6mm、0.15mm方孔筛进行手筛，所以C、D采用相同的试验方法。

【2024真题】

74. 当进行粉煤灰烧失量试验时，下列表述正确的是（　　）。
 A. 样品用四分法缩减至10g左右
 B. 由硫化物的氧化引起的烧失量误差一般可以忽略不计
 C. 试样需在马福炉内从低温开始逐渐升温，在950℃~1000℃下灼烧15min~20min
 D. 试样应进行一次性高温灼烧，不能进行反复灼烧

解析：如果粉煤灰中含有硫化物，由硫化物的氧化引起的烧失量误差应进行修正，B错误。反复灼烧，直至连续两次称量之差小于0.0005g时，即达到恒重，D错误。

【2023真题】

75. 进行无机结合料稳定材料配合比设计时，室内成型试件测定无侧限抗压强度，对于细粒土，说法不正确的有（　　）。
 A. 制件数量不超过6个
 B. 异常值的试件数量不超过2个
 C. 异常值的试件数量超过规定时，补充相应数量试件进行试验
 D. 变异系数超过规定要求时，应根据计算增加相应试件数量做新试验

解析：① 为保证试验结果的可靠性和准确性，每组试件的数量要求为：小试件数量不少于6个；中试件数量不少于9个；大试件数量不少于13个。A错误。

② 同一组试件试验中，采用3倍标准差方法剔除异常值，细、中粒材料异常值不超过1个，B错误；粗粒材料异常值不超过2个。异常值超过上述规定的试验重做，C错误。

③ 同一组试验的变异系数应符合下列规定，方为有效试验：小试件 $C_v \leq 6\%$；中试件 $C_v \leq 10\%$；大试件 $C_v \leq 20\%$。如不能保证试验结果的变异系数小于规定的值，则应按允许误差10%和90%概率重新计算所需的试件数量，增加试件数量并另做新试验。D正确。

【2023 真题】

76. 进行消石灰细度试验时，下列叙述正确的有（　　）。

A. 称取试样 50g，倒入 0.6mm、0.075mm 方孔套筛内进行筛分

B. 称取试样 50g，倒入 0.6mm、0.15mm 方孔套筛内进行筛分

C. 在固定的基座上轻敲试验筛，用毛刷轻轻地从筛上面刷，直至 2min 内通过量小于 0.1g 时为止

D. 在固定的基座上轻敲试验筛，用毛刷轻轻地从筛上面刷，直至 2min 内通过量小于 1g 时为止

解析： 熟悉石灰细度试验步骤。

称取试样 50g±0.1g，记录为 m，倒入 2.36mm、0.6mm、0.15mm 方孔套筛内进行筛分。筛分时一只手握住试验筛，并用手轻轻敲拧，在有规律的间隔中，水平旋转试验筛，并在固定的基座上轻敲试验筛，用羊毛刷轻轻地从筛上面刷，直至 2min 内通过量小于 0.1g 时为止。分别称量筛余物质量。

【2024 真题】

77. 某高速公路对基层用水泥稳定碎石材料进行弯拉强度试验，下列表述正确的是（　　）。

A. 需要根据混合料粒径的大小，成型不同尺寸的圆柱形试件

B. 试验采用三分点加压的方法进行

C. 试验结果可以为弯拉疲劳试验确定加荷标准提供基础参数

D. 加载时，荷载方向与试件成型时的压力方向一致，上下压块应位于试件中心点位置

解析： 需要根据混合料粒径的大小，成型不同尺寸的梁式试件，A 错误。

将试件安放在试架上，荷载方向与试件成型时的压力方向一致，上下压块应位于试件三分点位置。D 错误。

【2023 真题】

78. 水泥稳定碎石强度的影响因素有（　　）。

A. 粗集料压碎值　　　　　　　　B. 混合料的级配类型

C. 强度试验时试样的数量　　　　D. 石料的破碎加工方式

解析： 影响无机结合料稳定材料强度的因素较多，不仅仅是水泥剂量的多少。试验表明，对相同级配、相同水泥品种和剂量，采用反击破碎的碎石和一般破碎的碎石，两种混合料的强度可能会相差 20%~30%。所以 A、B、D 都是影响因素。

四、综合题

【2019 真题】

79. 某试验室进行高速公路底基层用 C-A-1 水泥稳定碎石材料的组成设计，设计强度为 4MPa，请依据上述条件完成下面题目。

1) 水泥稳定碎石材料组成设计包括以下（　　）内容。
A. 原材料检验　　　　　　　　　　　　B. 目标配合比设计
C. 生产配合比设计　　　　　　　　　　D. 施工参数确定

解析：无机结合料稳定材料组成设计包括原材料检验、混合料的目标配合比设计、混合料的生产配合比设计和施工参数确定四方面的内容。

2) 预计该材料的无侧限抗压强度的变异系数为13%，则平行试验所需最少试件数量为（　　）。
A. 6个　　　　　　B. 9个　　　　　　C. 13个　　　　　　D. 15个

解析：C-A-1水泥稳定碎石属于稳定粗粒材料，变异系数13%，在10%～15%，所以是9个试件。

3) 一组无侧限抗压强度试件测定值为4.4MPa、4.8MPa、5.1MPa、5.3MPa、5.7MPa、4.9MPa、4.1MPa、5.6MPa、5.1MPa，平均值5.0MPa，标准差为0.52MPa。95%保证率时，$Z_\alpha=1.645$；90%保证率时，$Z_\alpha=1.282$。以下分析正确的有（　　）。
A. 该组试验结果有效
B. 该组强度代表值为4.1MPa
C. 该组强度代表值为5.1MPa
D. 该设计的混合料无侧限抗压强度符合设计要求

解析：采用3倍均方差计算，(5.0±3)×0.52=3.44～6.56，9个数据全部在这个范围，都不是异常数值，不能剔除。变异系数 C_v = （标准差/平均强度）×100% = (0.52/5)×100% = 10.4<20%，满足要求。代表值 R_d = 平均值 R × $(1-Z_\alpha C_v)$ = 5×(1-1.645×0.104) = 4.10MPa>设计强度4.0MPa。该组试验结果有效。

注意：2024版《公路工程无机结合料稳定材料试验规程》要求抗压强度应保留至小数点后2位。

4) 关于试件采用振动压实和重型击实成型，说法正确的是（　　）。
A. 振动压实测定的最佳含水率一般大于重型击实测定的最佳含水率
B. 振动压实测定的最大干密度一般大于重型击实测定的最大干密度
C. 振动压实测定的CBR一般与重型击实测定的CBR接近
D. 振动压实测定的无侧限抗压强度一般大于重型击实测定的无侧限抗压强度，说明振动成型设计的混合料强度更高

解析：①一般来说，振动压实试验确定的最佳含水率小于击实试验确定的最佳含水率，最大干密度大于击实试验确定的最大干密度。所以B正确，A错误。②水泥稳定碎石采用的是无侧限抗压强度，不是CBR。级配碎石采用CBR。所以C说法不存在。③混合料的设计强度是事先根据公路等级、荷载等级确定的，再以此通过试验确定水泥剂量。所以说，振动压实成型设计的混合料强度更高是不正确的。只能说在同样的设计标准下，振动压实比击实可以节省点水泥用量。D选项错误。

5）下面属于目标配合比设计技术要求的内容有（　　）。

A. 选择适宜的结合料类型确定混合料配合比设计的技术标准

B. 确定最佳水泥剂量、目标级配曲线和合理的变化范围

C. 应分别进行不同成型时间条件下的混合料强度试验，绘制相应的延迟时间曲线，确定容许延迟时间

D. 应对拌和设备进行调试和标定，确定合理的生产参数

解析：A、B属于目标配合比设计，C、D属于生产配合比设计。

【2021真题】

80. 某二级公路工程，其基层为粗粒式水泥粉煤灰稳定级配碎石，现按击实法（类别为丙）测定最大干密度和最佳含水率，并检验混合料的7d无侧限抗压强度。已知：无侧限抗压强度设计值为4.5MPa；水泥：粉煤灰：集料的干燥质量比为4:8:88；集料风干含水率为2%，水泥含水率为0%，粉煤灰含水率为8%，现场压实度控制标准为97%。保证率为95%时，Z_α=1.645。请完成下列题目。

1）击实试验中，拌制一份试样时称量风干集料质量为5610g，则一份试样应加水泥的质量是（　　）。

A. 255.0g　　　　　　　　B. 250.0g
C. 249.5g　　　　　　　　D. 225.0g

解析：①先计算干燥集料的质量=5610/（1+2%）=5500g，②水泥：集料的干燥质量比为4:88，则水泥质量=5500×（4/88）=250g。

2）击实试验中，当最后一层试样击实后，发现试样超出试筒顶的高度达到11mm，则该试件测定的干密度与实际干密度值相关性的表述正确的是（　　）。

A. 对测定结果影响不大

B. 测定干密度结果偏小

C. 测定干密度结果偏大

D. 测定干密度结果可能偏大，也可能偏小

解析：最后一层试样击实后，试样超出筒顶的高度不得大于6mm，超出高度过大的试件应该作废。最后用工字形刮平尺齐筒顶和筒底将试样刮平。如超过太多，浪费了击实功，则实际作用在试样中的击实功偏小，试件的密实度偏小，所测定的干密度偏小。

3）无侧限抗压强度试验所用圆柱体试件，其直径为150mm，高度为150mm，体积为2650cm^3，采用静压成型试件。已知基层混合料的最大干密度为2.300g/cm^3，则一个试件所需的干燥试样总质量为（　　）。

A. 6283.5g　　　　　　　　B. 6095.0g
C. 5912.2g　　　　　　　　D. 5618.7g

解析：干燥试样总质量=试件体积×最大干密度×压实度控制标准=2650×2.300×97%=5912.2g。

4）预计该材料的无侧限抗压强度的变异系数为 16%，则根据《公路路面基层施工技术细则》(JTG/T F20—2015)，该平行试验所需试件数量可为（   ）。

A. 9 个　　　　　　　　B. 12 个　　　　　　　　C. 13 个　　　　　　　　D. 15 个

解析：试件数量要求应满足下表最少数量要求。

平行试验的最少试件数量

材料类型	变异系数要求		
	<10%	10%~15%	15%~20%
细粒材料①	6	9	—
中粒材料②	6	9	13
粗粒材料③	—	9	13

① 公称最大粒径小于 16mm 的材料。
② 公称最大粒径不小于 16mm 且小于 26.5mm 的材料。
③ 公称最大粒径不小于 26.5mm 的材料。

5）无侧限抗压强度验证的单个试料测定值（单位，MPa）为，5.3、5.5、5.7、4.9、4.8、5.1、5.1、5.5、5.3、4.9、5.3、5.6、5.7、5.4，平均值为 5.29MPa，标准差为 0.30MPa，C_v=5.6%。以下分析正确的是（   ）。

A. 无侧限抗压强度代表值为 4.8MPa，满足设计要求
B. 无侧限抗压强度代表值为 4.9MPa，满足设计要求
C. 异常值超过规定数量，该组试验结果无效
D. 同一组试验的变异系数不符合规定，该组试验结果无效

解析：2021 年答案为 A，2024 版新规范要求强度保留 2 位小数，写 4.80 比较合适。

题干已经给了保证率和 Z_α，考试遇到此类题建议按题干给的数值计算，3 倍均方差剔除异常值：(5.29±3)×0.3=4.39~6.19，所有数据都不是异常值，C 错误；代表值 R_d=平均值 $R×(1-Z_\alpha C_v)$ = 5.29×(1-1.645×5.6%) = 4.80>设计值 4.50MPa，满足设计要求。C_v=5.6%，同一组试验的变异系数 C_v(%) 符合下列粗粒材料的规定：小试件 C_v≤6%；中试件 C_v≤10%；大试件 C_v≤20%。所以 D 选项错误。

【2023 真题】

81. 某公路工程为半刚性基层沥青路面，底基层采用水泥稳定材料，施工单位工地试验室需要进行底基层材料的无侧限抗压强度试验。请完成下列题目。

1）关于试件成型，描述正确的有（   ）。

A. 采用静压法成型试件　　　　　　　　B. 采用旋转压实法成型试件
C. 成型的是圆柱体试件　　　　　　　　D. 成型的是立方体试件

解析：采用静压法成型圆柱形试件。

2）如果材料为粗粒式材料，关于试模的尺寸正确的是（   ）。

A. 试模的高为 50mm　　　　　　　　B. 试模的高为 100mm

C. 试模的高为150mm   D. 试模的高为200mm

解析：《公路工程无机结合料稳定材料试验规程》(JTG 3441—2024) 新规定：细粒材料，试件的直径×高＝φ50mm×50mm 或 φ100mm×100mm；中粒材料，试件的直径×高＝φ100mm×100mm 或 φ150mm×150mm；粗粒材料，试件的直径×高＝φ150mm×150mm。

注：施工质量控制的强度试验中，细粒材料的试件直径应为100mm，中、粗粒材料试件直径应为 150mm。

3）关于成型准备工作，内容包括（   ）。
A. 在预定做试验的前一天，需要取有代表性的试料测定其风干含水率
B. 根据工程经验预估最佳含水率和最大干密度，无须再通过击实试验确定
C. 对于粗粒式材料，一次可称取 2 个试件的料
D. 将准备好的试料分别装入塑料袋中备用

解析：B 选项应为按照击实法确定无机结合料稳定材料的最佳含水率和最大干密度。
C 选项应为对于粗粒材料，宜一次只称取一个试件的料。

4）关于试件成型步骤，内容包括（   ）。
A. 无机结合料稳定粗粒式材料，至少应该制备9个试件
B. 在拌和过程中，应将预留的水加入试料中，使混合料达到最佳含水率
C. 拌和均匀的加有水泥的混合料应在1h 内制成试件，超过 1h 的混合料应该作废
D. 采用 1mm/min 的加载速率加压，维持压力 3min

解析：细粒材料至少应该制备 6 个试件，中粒材料或粗粒材料，至少分别制备 9 个或 13 个试件；A 错误。
以 1mm/min 的加载速率加压，直到上下压柱都压入试模为止，维持压力2min，D 错误。

5）试件成型完成以后，需要做的工作包括（   ）。
A. 无论哪类水泥稳定材料，解除压力后，均应该立刻放到脱模器上将试件顶出
B. 检查试件的高度，对于粗粒式材料，试件的高度误差范围应为-0.1～0.2cm 之间
C. 在脱模器上取试件时，为保证试件的完整性，应直接将试件向上捧起
D. 试件称量后应立即放在塑料袋中封闭，并用潮湿的毛巾覆盖，移放至养生室

解析：1. 解除压力后，取下试模，并放到脱模器上将试件顶出。用水泥稳定有黏结性的材料（如黏质土）时，制件后可以立即脱模；用水泥稳定无黏结性细粒土时，最好过 2～4h 再脱模；对于中、粗粒土的无机结合料稳定材料，也最好过 2～6h 脱模。A 错误。
2. 小试件的高度误差范围应为 0～1.0mm，中试件的高度误差范围应为 0～1.5mm，大试件的高度误差范围应为 0～2.0mm。B 错误。
3. 在脱模器上取试件时，应用双手抱住试件侧面的中下部，然后沿水平方向轻轻旋转，待感觉到试件移动后，再将试件轻轻捧起，放置到试验台上。切勿直接将试件向上捧起。C 错误。

【2024 真题】

82. 某公路项目的基层采用水泥稳定碎石材料，为保证基层所用材料能够满足相关规定，检测人员开展水稳碎石基层材料的弯拉强度试验。请根据实际情况完成下列题目。

1）关于试件成型的表述正确的是（　　）。
A. 采用振动法成型试件
B. 采用压力机制备试件
C. 采用旋转压实法成型试件
D. 成型前需要确定基层材料的最佳含水率和最大干密度

解析： 水稳碎石基层材料的弯拉强度试验用试件，成型方法为静力压实法，使用压力试验机量程不小于 2000kN，行程速度可调。B 正确，A、C 错误。

成型试件试验准备工作包含采用击实法确定无机结合料稳定材料的最佳含水率和最大干密度，D 正确。

2）材料粒径不同，试模尺寸也不同。表述正确的是（　　）。
A. 细粒式材料使用小梁，试模尺寸 50mm×50mm×100mm
B. 细粒式材料使用小梁，试模尺寸 50mm×50mm×200mm
C. 中粒式材料使用中梁，试模尺寸 100mm×100mm×400mm
D. 中粒式材料使用中梁，试模尺寸 150mm×150mm×400mm

解析： 根据混合料粒径的大小，选择不同尺寸的试件尺寸：小梁，50mm×50mm×200mm，适用于细粒材料；中梁，100mm×100mm×400mm，适用于中粒材料；大梁，150mm×150mm×550mm，适用于粗粒材料。

注：由于大梁试件的成型难度较大，在试验室不具备成型条件时，中梁试件的最大公称粒径可放宽到 26.5mm。

3）在制备试件过程中，操作方法正确的是（　　）。
A. 拌和均匀的加有水泥的混合料应在 1h 内制成试件
B. 拌和均匀的加有水泥的混合料应在 2h 内制成试件
C. 拌和后超过 1h 未制伴的混合料应该废弃
D. 拌和后超过 2h 未制伴的混合料可重新拌和成型

解析： 在试件成型前 1h 内，加入预定数量的水泥并拌和均匀。在拌和过程中，应将预留的水（对于细粒材料为 3%，对于水泥稳定类为 1%~2%）加入试料中，使混合料含量达到最佳含水率。拌和均匀的加有水泥的混合料应在 1h 内制成试件，超过 1h 的混合料应作废。其他结合料是稳定材料，混合料虽不受此限，但也应尽快制成试件。

4）制备试件时，压力机需在一定时间内维持压力，操作方法正确的是（　　）。
A. 小梁维持压力 2min B. 小梁维持压力 3min
C. 中梁维持压力 5min D. 中梁维持压力 6min

解析： 将整个试模（连同上下压块）放到压力机上，加压直到上不压块都压入试模为止。

小梁维持压力 2min，中梁维持 5min，大梁维持压力至少 10min。

5）试件准备完毕，进行弯拉强度试验时，需要用到的仪器设备有（   ）。
A. 万能材料试验机　　B. 承载板　　C. 真空泵　　D. 球形支座

解析： 弯拉强度试验仪器设备：压力机或万能试验机、加载模具、标准养护室或可控温控湿的养护设备、球形支座、电子天平、台秤。

【2023 真题】

83. 某高速公路沥青路面工程的基层采用水泥稳定碎石，试验人员取样进行原材料检验和目标配合比设计。已知水泥强度等级为 42.5MPa，基层设计强度为 5.0MPa，混合料公称最大粒径为 31.5mm，集料原始含水率为 2.1%，水泥原始含水率为 0。97.5%、95%保证率时 Z_α 分别为 1.92 和 1.645。请完成下列题目。

1）取拟用原材料，按要求应进行（   ）试验。
A. 水泥初凝和终凝时间　　B. 拌和用非饮用水的水质
C. 粗集料硫酸盐含量　　D. 细集料有机质含量

解析： 硫酸盐含量属于细集料的技术要求。

2）选取 4 个厂家的水泥，满足工程应用要求的水泥有（   ）。
A. 初凝 2.6h、终凝 6.7h　　B. 初凝 3.5h、终凝 6.9h
C. 初凝 3.9h、终凝 9.4h　　D. 初凝 4.1h、终凝 10.5h

解析： 水泥采用强度等级为 32.5 或 42.5 的水泥。满足要求的普通硅酸盐水泥等均可使用。所用水泥初凝时间应大于 3h，终凝时间应大于 6h 且小于 10h。

3）室内配制混合料进行击实试验，确定最佳含水率和最大干密度。已知一个试件，水泥剂量 5.0%，含水率 4.0%；称量集料质量为 6kg，则一份试样的水泥质量和应加水量为（   ）。
A. 293.8g、109.0g　　B. 293.8g、111.7g
C. 300g、240g　　D. 322.9g、134.9g

解析： 1. 依据公式：干料质量＝湿料质量/（1＋含水率）＝6000/（1＋0.021）＝5876.6g；依据水泥剂量＝水泥质量/干燥集料质量，水泥质量＝干燥集料质量×水泥剂量＝5876.6×0.05＝293.8g 2. 试件的含水率 4.0%，依据无机结合料含水率公式：含水率＝水质量/稳定材料质量，计算水质量为（5876.6+293.8）×0.04＝246.8g，题目中原集料的含水率为 2.1%，计算得到原来含水质量为 5876.6×0.021＝123.4g，还需加水的质量为 246.8－123.4＝123.4g。题目中没有正确选项，可以选最接近的 B 选项。出题老师可能是按照简单的想法，原来集料的含水率为 2.1%，又提示水泥含水率为 0%，所以不考虑水泥，认为含水的量是由混合料中集料带来的，看还需要多少水能达到 4%的含水率。计算结果为 5876.6×0.04－5876.6×0.021＝111.7g，答案为 B。

4）无侧限抗压强度验证的单个试件测定值（单位：MPa）为：4.5、4.7、4.9、4.1、4.3、4.3、4.3、4.7、4.5、4.4、4.5、4.8、6.4、4.6，平均值为4.64，标准差为0.55，C_v＝11.9%，4.64×（1−1.645×0.119）＝3.73；4.64×（1−1.92×0.119）＝3.58。则该组试验结果表述正确的是（　　）。

A. 无侧限抗压强度代表值为3.73MPa

B. 无侧限抗压强度代表值为3.58MPa

C. 应剔除一个异常值，重新计算代表值

D. 该组试验变异系数不符合要求，重新进行试验

解析：（1）利用3倍标准差方法剔除异常值，即4.64±0.55×3＝2.99～6.29，其中存在一个异常值6.4MPa，剔除6.4MPa；（2）剔除后计算平均值为4.51MPa，标准差为0.23，变异系数C_v＝（0.23/4.51）×100＝5.1%，题干给出混合料公称最大粒径为31.5mm，为大试件，要求变异系数C_v≤20%，符合要求；（3）计算代表值＝平均值×（1−$Z_a \cdot C_v$）＝4.51×（1−1.645×0.051）＝4.13MPa。高速公路Z_a取1.645。

注意：此题题干给出的强度是1位小数，2024年新的无机结合料试验规程要求强度保留2位小数。

5）目标配合比设计时发现无侧限抗压强度代表值低于设计要求，宜采取（　　）措施来完善目标配合比设计。

A. 无须调整级配，剔除试件无侧限抗压强度的最小值重新计算

B. 进一步优化级配设计

C. 控制细集料塑性指数等原材料质量，必要时更换原材料

D. 调整集料破碎工艺

解析：水泥稳定类材料强度要求较高时，宜采取控制原材料技术指标和优化级配设计等措施，不宜单纯通过增加水泥剂量来提高材料强度。影响无机结合料稳定材料强度的因素较多，不仅仅是水泥剂量的多少。试验表明，对相同级配、相同水泥品种和剂量，采用反击破碎的碎石和一般破碎的碎石，两种混合料的强度可能会相差20%～30%。

答案：1. C　2. A　3. C　4. C　5. A　6. B　7. B　8. D　9. B　10. B　11. B　12. B　13. B　14. C　15. B　16. D　17. D　18. D　19. D　20. D　21. B　22. C　23. C　24. D　25. A　26. C　27. D　28. A　29. B　30. A　31. A　32. A　33. B　34. A　35. B　36. A　37. A　38. B　39. A　40. A　41. B　42. A　43. B　44. B　45. B　46. B　47. B　48. A　49. A　50. B　51. B　52. B　53. A　54. B　55. B　56. B　57. B　58. B　59. B　60. A、D　61. B、C、D　62. A、B、C　63. A、C　64. C、D　65. A、B、C、D　66. B、C、D　67. A、B、D　68. A、B、C、D　69. B、C、D　70. A、C、D　71. C、D　72. A、B、D　73. C、D　74. A、C　75. C　76. B、C　77. B、C　78. A、B、D　79. 1）A、B、D，2）B，3）A、B、D，4）B，5）A、B　80. 1）B，2）B，3）C，4）C、D，5）A　81. 1）A、C，2）C，3）A、D，4）B、C，5）D　82. 1）B，2）B，3）B，4）A、C，5）A、D　83. 1）A、B、D，2）B、C，3）B，4）C、D，5）B、C、D

第五章 水泥、水泥混凝土及砂浆

一、单项选择题

【2020 真题】

1. 测定水泥胶砂强度试件尺寸为（　　）。

A. 40mm×40mm×100mm　　　　　　　B. 40mm×40mm×150mm

C. 40mm×40mm×160mm　　　　　　　D. 40mm×40mm×200mm

解析：试模：可同时成型三根尺寸为 40mm×40mm×160m 的棱柱体试件。

【2021 真题】

2. 一组三个标准水泥混凝土试件进行抗折试验，其极限破坏值分别是 36.56MPa、37.56MPa、43.38MPa，则该组试件抗折强度试验结果是（　　）。

A. 36.56MPa　　　　B. 37.56MPa　　　　C. 39.17MPa　　　　D. 43.38Mpa

解析：结果处理：以三个试件测量值的算术平均值为测定值。三个试件测量值的最大值或最小值中如有一个与中间值之差超过中间值的15%，则把最大值和最小值舍去，以中间值作为试件的弯拉强度。如有两个测量值与中间值的差值均超过15%时，则该组试验结果无效。中间值是 37.56，37.56－36.56＝1.00＜37.56×15%＝5.63，43.38－37.56＝5.82＞37.56×15%＝5.63，有一个与中间值之差超过中间值的15%，所以以中间值作为该组试件抗折强度试验结果。

【2021 真题】

3. 在进行水泥混凝土拌和物坍落度试验的同时，可用目测方法评定混凝土拌和物的性质，并予以记录。当提起坍落筒后，有较多水分从底部析出，这时可以判定该水泥混凝土拌和物保水性是（　　）。

A. 多量　　　　　　B. 少量　　　　　　C. 适中　　　　　　D. 无法判定

解析：保水性：指水分从拌和物中析出情况，分"多量""少量""无"三级评定。"多量"：表示提起坍落筒后，有较多水分从底部析出；"少量"：表示提起坍落筒后，有少量水分从底部析出；"无"：表示提起坍落筒后，没有水分从底部析出。

【2020 真题】

4. 采用沸煮法测定水泥安定性时。试件在恒沸环境保持（　　）。

A. 30min±5min　　　　B. 60min±5min　　　　C. 120min±5min　　　　D. 180min±5min

解析：从养护箱中取出雷氏夹，去掉玻璃板，测量雷氏夹指针尖端的距离（记作A），精确到 0.5mm。随后将试件放入沸煮箱水中的试件架上，要求指针朝上，然后开始加热，使箱中的水在 30min 内沸腾，并恒沸 180min±5min。

【2021 真题】

5. 在高湿度环境下或长期处在水下环境，选用（　　）配制的水泥混凝土耐久性最差。
A. 普通水泥　　　B. 矿渣水泥　　　C. 火山灰水泥　　　D. 粉煤灰水泥

解析：在高湿度环境中或长期处于水中的混凝土应优先选用矿渣水泥、火山灰水泥、粉煤灰水泥。

【2021 真题】

6. 水泥混凝土的配合比设计步骤有：①提出基准配合比；②计算初步配合比；③确定试验室配合比；④换算工地配合比。按工作需要给出正确的配合比设计步骤（　　）。
A. ①②③④　　　B. ②①③④　　　C. ①③②④　　　D. ③①②④

解析：水泥混凝土配合比设计步骤顺序：计算初步配合比、提出基准配合比、确定试验室配合比和换算施工配合比。

【2020 真题】

7. 水泥混凝土试件成型后、脱模前的养护环境条件应满足（　　）。
A. 温度 20℃±2℃，相对湿度大于 50%　　　B. 温度 20℃±2℃，相对湿度大于 90%
C. 温度 20℃±5℃，相对湿度大于 50%　　　D. 温度 20℃±5℃，相对湿度大于 90%

解析：养护方法：①成型好的试模上覆盖湿布，防止水分蒸发。在室温（20±5）℃、相对湿度大于 50% 的条件下静置 1~2d。时间到达后拆模，进行外观检查、编号，并对局部缺陷进行加工修补。②将试件移至标准养护室的架子上，彼此间应有 10~20mm 的间距。养护条件温度（20±2）℃、相对湿度 95% 以上，直至到规定龄期。

【2020 真题】

8. 水泥胶砂的 28d 强度应从水泥加水搅拌时间算起，在 28d±（　　）内必须进行强度试验。
A. 30min　　　B. 45min　　　C. 4h　　　D. 8h

解析：强度试验时试件的龄期确定，试件龄期是从水泥和水搅拌开始混合时算起，不同龄期强度试验按照不同的时间限定范围来确定。24h±15min；48h±30min；72h±45min；7d±2h；28d±8h。

【2021 真题】

9. 配制水泥混凝土时应尽量采用（　　）的砂。
A. 空隙率大、总表面积大　　　B. 空隙率大、总表面积小
C. 空隙率小、总表面积大　　　D. 空隙率小、总表面积小

解析：配制水泥混凝土时应尽量采用空隙率小，总表面积小的砂。在混凝土中砂粒之间的空隙是由水泥浆所填充，为达到节约水泥和提高强度的目的，就应尽量减小砂粒之间的空隙；砂子的表面需要由水泥浆包裹，砂子的总表面积越大，则需要包裹砂粒表面的水泥浆就越多。因此，砂的总表面积小拌制混凝土所需的水泥浆就可以少一点，这样就能达到节约水泥的目的。

【2020 真题】

10. 以下不属于水泥物理性能指标的是（　　）。

　　A. 细度　　　　　　B. 烧失量　　　　　　C. 安定性　　　　　　D. 凝结时间

解析：根据《通用硅酸盐水泥》，对通用型水泥从物理性质（如细度、凝结时间、安定性等）、化学性质（对水泥可能带来不利影响的成分，如氧化镁、三氧化硫、氯离子等）、强度（包括抗折、抗压）等方面提出相关技术要求。

【2020 真题】

11. 在水泥混凝土立方体试件抗压强度试验中，当试验结果的最大值和最小值与中间值的差值均超过（　　）的 15% 时，该组试件的试验结果无效。

　　A. 平均值　　　　　　B. 中间值　　　　　　C. 最大值　　　　　　D. 最小值

解析：试验结果的数据处理：无论是抗压强度还是抗折强度，试验结果均以 3 个试件的算术平均值作为测定值。如任一个测定值与中值的差超过中值的 15%，取中值为测定结果；如两个测定值与中值的差都超过 15% 时，则该组试验结果作废。

【2021 真题】

12. 水泥胶砂强度试验用砂是（　　）。

　　A. 建筑行业标准砂　　　B. ISO 标准砂　　　C. 机制标准砂　　　D. 级配标准砂

解析：试验用砂：ISO 标准砂。试验用水：饮用水。仲裁试验时用蒸馏水。

【2021 真题】

13. 路面用水泥混凝土以（　　）为主要设计指标。

　　A. 抗压强度　　　　　　B. 抗弯拉强度　　　　　　C. 抗剪强度　　　　　　D. 收缩率

解析：在进行面层和机场跑道混凝土结构设计或质量控制时，要采用抗弯拉强度作为设计控制指标。

【2020 真题】

14. 在水泥混凝土坍落度试验中，从开始装料到提坍落度筒的整个过程应连续并在（　　）s。

　　A. 50　　　　　　B. 100　　　　　　C. 150　　　　　　D. 200

解析：从开始装料到提出坍落度筒整个过程应在 150s 内完成。

【2020/2018 真题】

15. 水泥混凝土立方体抗压强度试验用试件的标准边长为（ ）mm。
A. 100 B. 150 C. 200 D. 250

解析：标准边长为150mm。

【2023 真题】

16. 采用贯入阻力试验方法测定水泥混凝土的终凝时间试验中，当贯入阻力为（ ）MPa时，对应确定水泥混凝土的终凝时间。
A. 3.5 B. 7.5 C. 14 D. 28

解析：当单位面积贯入阻力为3.5MPa时，对应的时间应为初凝时间；单位面积贯入阻力为28MPa时，对应的时间应为终凝时间。

【2024 真题】

17. 采用立方体150mm×150mm×150mm标准尺寸试件，测定强度等级为C20的普通水泥混凝土抗压强度，应选用量程为（ ）的压力机。
A. 0~100kN B. 0~300kN C. 0~600kN D. 0~1000kN

解析：一般要求达到的最大破坏荷载是所选量程的20%~80%。强度等级为C20，荷载约20×150×150×1.15=517.5kN，D选项0~1000kN的20%~80%为200~800kN，符合要求，其他选项用同样的方法计算不符合要求。

【2024 真题】

18. 当拌制水泥混凝土拌和物时，若用砂由粗砂改为中砂，其砂率应（ ）。
A. 不变 B. 适当减小 C. 适当增加 D. 无法判定

解析：细集料根据细度模数将砂分成粗、中、细三种类型，再根据级配的不同分成Ⅰ、Ⅱ、Ⅲ个区。其中Ⅱ区的砂由中砂和部分偏粗的细砂组成，采用Ⅱ区砂配制的混凝土有较好的保水性和捣实性，且混凝土的收缩小，耐磨性高，是配制混凝土优先选用的级配类型；Ⅰ区的砂属粗砂范畴，当采用Ⅰ区的砂配制混凝土时，应比Ⅱ区的砂有较高的砂率，否则混凝土拌和物的内摩擦力较大，保水性差，不易捣实成型；Ⅲ区的砂是由细砂和部分偏细的中砂组成，当采用Ⅲ区的砂配制混凝土时，应较Ⅱ区砂适当降低砂率，此时的拌和物较黏聚，易于振捣成型，但由于比表面积较大，要求适当提高水泥用量，且对工作性影响较为敏感。

【2023 真题】

19. 根据《公路工程水泥混凝土试验规程》(JTG 3420—2020)进行新拌水泥混凝土棍度评定时，可按插捣混凝土拌和物时的难易程度分为上、中、下三级。当棍度为"上"时，下列说法正确的是（ ）。
A. 指插捣容易 B. 指很难插捣
C. 指插捣时稍有石子阻滞的感觉 D. 指插捣时有大量石子阻滞的感觉

解析：棍度：按插捣混凝土拌和物时难易程度评定。分"上""中""下"三级。

"上"：表示插捣容易；

"中"：表示插捣时稍有石子阻滞的感觉；

"下"：表示很难插捣。

【2024 真题】

20. 根据《公路工程水泥混凝土外加剂》(JT/T 523—2022)，基准水泥混凝土和受检水泥混凝土的原材料应放置在温度（ ）环境下至少（ ）。基准水泥混凝土和受检水泥混凝土的搅拌、成型、预养护以及水泥混凝土拌和物性能（坍落度、凝结时间、含气量、泌水率）试验的环境温度应保持在（ ）。

A. 20℃±3℃；12h；20℃±3℃
B. 20℃±3℃；24h；20℃±3℃
C. 22℃±3℃；12h；22℃±3℃
D. 22℃±3℃；24h；22℃±3℃

解析：基准混凝土和受检混凝土的原材料应放置在温度20℃±3℃环境下至少24h。基准混凝土和受检混凝土的搅拌、成型、预养护以及混凝土拌和物性能（坍落度、凝结时间、含气量、泌水率）测试试验环境温度应保持在(20±3)℃。

【2023 真题】

21. 根据《公路工程水泥及水泥混凝土试验规程》(JTG 3420—2020)，现行水泥安定性试验雷氏夹法（标准法）可检测出（ ）引起的水泥体积变化，以判断水泥安定性是否合格。

A. SO_3 B. SiO_2 C. MgO D. 游离 CaO

解析：目前采用的安定性检测方法只是针对游离 CaO 的影响，并未涉及游离 MgO 和石膏中 SO_3 造成的安定性问题。因此现行规范要求生产过程中对游离 MgO 和 SO_3 的含量加以严格限制，以防二者引起安定性不良的问题。

【2023 真题】

22. 关于水泥混凝土坍落度试验描述正确的是（ ）。

A. 试验前将坍落筒放在干燥平板上
B. 将代表样品一次装入桶内
C. 从开始装料到提出坍落筒的整个过程应在150s内完成
D. 拌和物的坍落度值以实测结果表示

解析：A答案应为试验前将坍落筒内外洗净，放在经水润湿过的平板上（平板吸水时应垫塑料布）；

B答案应为将代表样分三层装入筒内，每层装入高度稍大于筒高的1/3，用捣棒在每一层的横截面上均匀插捣25次；

D答案应为混凝土拌和物坍落度和坍落扩展值以毫米（mm）为单位，测量值精确至1mm，结果修约至5mm；

C答案正确，《公路工程水泥及水泥混凝土试验规程》内容。

【2023 真题】

23. 判断水泥混凝土拌和物凝结时间的关键点是贯入阻力是否大于（　　）

A. 2.8MPa 和 35MPa
B. 2.8MPa 和 28MPa
C. 3.5MPa 和 35MPa
D. 3.5MPa 和 28MPa

解析：当单位面积贯入阻力为 3.5MPa 时，对应的时间应为初凝时间；单位面积贯入阻力为 28MPa 时，对应的时间应为终凝时间。

【2024 真题】

24. 散装水泥的取样应以同一水泥厂、同期到达、同品种、同标号的水泥为一个取样批次，且质量不超过（　　）t，随机从不同罐车中采集等量水泥，经混拌均匀后称取不少于（　　）kg 的水泥作为试样。

A. 500，6　　　　B. 500，12　　　　C. 600，6　　　　D. 600，12

解析：水泥应按同品种、同厂家、同强度等级进行取样，并应符合下列规定：（1）袋装水泥：每一批次至少取样12kg，200t 算 1 批次，不足 200t 按 1 个批次计量。（2）散装水泥：每一批次至少取样12kg，500t 算 1 批次，不足 500t 按 1 个批次计量。

【2024 真题】

25. 水泥标准稠度用水量试验要求试验室温度为（　　），相对湿度不低于（　　）；标准养护箱的温度为（　　），相对湿度不低于（　　）。

A. 20℃±2℃，50%；20℃±2℃，65%
B. 20℃±2℃，50%；20℃±1℃，90%
C. 20℃±3℃，50%；20℃±1℃，65%
D. 20℃±3℃，50%；20℃±1℃，90%

解析：试验室温度为 20℃±2℃，相对湿度应不低于 50%；水泥试样、拌和水、仪器和用具的温度应与试验室一致；湿气养护箱的温度为（20±1）℃，相对湿度不低于 90%。

【2023 真题】

26. 水泥混凝土的初步配合比为 1∶1.59∶3.28；水灰比为 0.50，水泥混凝土的计算密度为 2450kg/m³，水泥混凝土的单位材料用量（单位：kg）水泥∶水∶砂∶石为（　　）。

A. 385∶192∶611∶1262
B. 385∶192∶612∶1262
C. 384.5∶192.0∶611.0∶1262.0
D. 384.6∶192.3∶611.5∶1261.5

解析：首先假设水泥为 x，水泥+砂+碎石+水 $= x+1.59x+3.28x+0.5x = 2450$　计算得出 x（水泥）$= 385$kg，水（$0.5x$）$= 385 \times 0.5 = 192$kg。砂+碎石 $= 2450-385-192 = 1873$kg，由题干可知：砂/碎石 $= 1.59/3.28$，砂/（1873-砂）$= 1.59/3.28$，计算出砂 $= 611$kg，碎石 $= 1873-611 = 1262$kg。选项 A 符合。$385+192+611+1262 = 2450$kg 符合题干计算密度为 2450kg/m³。选项 A 正确。

【2024 真题】

27. 水泥混凝土的设计坍落度指的是（　　）时对水泥混凝土工作性的要求。
A. 水泥混凝土拌和物拌和
B. 水泥混凝土测稠度
C. 水泥混凝土测凝结时间
D. 水泥混凝土拌和物浇注入模

解析：略。

【2023 真题】

28. 水泥凝结时间测定，在临近终凝时间时，每隔 15min 测定一次，当试针沉入（　　），而环形附件未在试件上留下痕迹时，认为水泥达到终凝状态。
A. 4mm±1mm   B. 4mm   C. 0.5mm±0.1mm   D. 0.5mm

解析：观察试针停止下沉或释放试针 30s 时试针的读数，当试针下沉至距底板（4±1）mm 时，表征水泥达到初凝状态；将带有环形附件的测针安装在维卡仪滑动杆上，在接近终凝时间时，每隔 15min 测定一次，直到终凝试针沉入水泥试件表面 0.5mm 时为止。即当只有试针在水泥表面留下痕迹，而不出现环形附件的圆环痕迹时，表征水泥达到终凝状态。

【2024 真题】

29. 为保持结构的耐久性，在设计水泥混凝土配合比及校核水泥混凝土配合比设计的耐久性时均应考虑允许的（　　）。
A. 最大水灰比和最小水泥用量
B. 最大水灰比和最大水泥用量
C. 最大水灰比和最小水泥用量
D. 最小水灰比和最大水泥用量

解析：为了保证混凝土的耐久性，要对混凝土中的最大水灰（胶）比和最小水泥用量做出限制规定。

【2023 真题】

30. 一组三根标准水泥混凝土抗弯拉强度试验用小梁，采用标准方法测得的最大抗弯拉荷载分别是 31.20kN、35.55kN 和 36.75kN，则该试验结果为（　　）。
A. 4.60MPa   B. 4.74MPa   C. 4.82MPa   D. 无效

解析：按照水泥混凝土抗弯拉强度计算公式：

$$f_{ef}=\frac{FL}{bh^2}$$

$$\frac{31.20\times1000\times450}{150\times150^2}=4.16\text{MPa}$$

$$\frac{35.55\times1000\times450}{150\times150^2}=4.74\text{MPa}$$

$$\frac{36.75\times1000\times450}{150\times150^2}=4.90\text{MPa}$$

4.90MPa−4.74MPa=0.16MPa<4.74MPa×15%=0.711
4.74MPa−4.16MPa=0.58MPa<4.74MPa×15%=0.711

任一个测定值与中值的差都不超过中值的15%，试验结果均以3个试件的算术平均值作为测定值，（4.16MPa+4.74MPa+4.90MPa）/3＝4.60MPa。

【2024 真题】

31. 已知水泥混凝土配合比为水泥：砂：石：水＝1：2：3：0.5，水泥混凝土实测密度为2400kg/m³。则1立方米混凝土的水泥用量为（　　）。

A. 363kg　　　　　　　　　　　　　　　B. 369kg
C. 381kg　　　　　　　　　　　　　　　D. 已知条件不够，无法计算

解析：假设水泥为用量为$x$kg，$x+2x+3x+0.5x=2400$，$x=369$kg。

【2024 真题】

32. 用沸煮法检验水泥体积安定性，只能检查出（　　）的影响。

A. SiO_2　　　B. $CaCO_3$　　　C. 游离 MgO　　　D. 游离 CaO

解析：采用水中沸煮的方式，判断水泥是否存在安定性不良的做法，只针对游离CaO是否会造成安定性不良的问题。因为沸煮过程可以对水泥中存在的游离CaO的熟化起到加速的作用，从而"刺激"游离CaO造成的不安定现象得以暴露；但对游离MgO却达不到这种效果，因为MgO要在加压蒸煮条件下才会使其加速熟化，才能反映出是否有安定性问题；同时，石膏中SO_3的危害则需经历更长时间的高温沸煮考验才能表现出来。

【2023 真题】

33. 用雷氏夹法测定水泥安定性试验中，关于沸煮时指针朝向的描述正确的是（　　）。

A. 朝上　　　　　　　　　　　　　　　B. 朝下
C. 水平悬空　　　　　　　　　　　　　D. 以夹子能稳定放置为准

解析：指针朝上。

二、判断题

【2020 真题】

34. 水泥安定性测定的标准方法是雷氏夹法。

A. 正确　　　　　　　　　　　　　　　B. 错误

解析：体积安定性的检测方法采用雷氏夹法（标准法）和试饼法（代用法）。两种方法的基本原理都是在沸煮条件下，加速有害成分产生消极作用的程度，通过观察和检测，判断这些有害物是否会引起安定性不良。当两种方法检测结果不一致时，以雷氏夹法为准。

【2020 真题】

35. 水泥混凝土抗压强度试验时其破坏荷载宜在压力机全量程的10%～90%之间。

A. 正确　　　　　　　　　　　　　　　B. 错误

解析：20%～80%

【2021 真题】

36. 采用贯入阻力仪测定水泥混凝土的凝结时间试验时，应绘制出贯入阻力-时间关系曲线。当贯入阻力为 3.5MPa 时，对应确定水泥混凝土的初凝时间；当贯入阻力为 28MPa 时，对应确定水泥混凝土的终凝时间。

　　A. 正确　　　　　　　　　　　　　　B. 错误

解析：以单位面积贯入阻力为纵坐标，测试时间为横坐标，绘制单位面积贯入阻力与测试时间关系曲线。经 3.5MPa 及 28MPa 画两条平行于横坐标的直线，则直线与曲线相交点的横坐标即为初凝及终凝时间。

【2021 真题】

37. 在测定水泥凝结时间试验中，当临近初凝时，应每隔 5min 测一次试针读数；当临近终凝时，应每隔 15min 测一次试针读数。

　　A. 正确　　　　　　　　　　　　　　B. 错误

解析：临近初凝时每隔 5min（或更短时间）测定一次，当试针沉至距底板 4mm±1mm 时，为水泥达到初凝状态。临近终凝时间时每隔 15min（或更短时间）测定一次，当试针沉入试件 0.5mm 时，即环形附件开始不能在试件上留下痕迹时，为水泥达到终凝状态。

【2020 真题】

38. 工程实践中主要关注的混凝土力学指标有抗压强度和抗折强度。

　　A. 正确　　　　　　　　　　　　　　B. 错误

解析：强度是混凝土最主要的力学性质之一，工程实践中主要关注的有抗压强度和抗折强度。

【2021 真题】

39. 水泥混凝土试件拆模后应立即放入温度为（20±2）℃、相对湿度为 95% 以上的标准养护室中养护，或放入温度为（20±2）℃的 Ca(OH)$_2$ 饱和溶液中养护。

　　A. 正确　　　　　　　　　　　　　　B. 错误

解析：将完好试件放入标准养护室进行养护，标准养护室温度为（20±2）℃，相对湿度在 95% 以上，试件宜放在铁架或木架上，间距至少 10~20mm。试件表面应保持一层水膜，并避免用水直接冲淋。当无标准养护室时，将试件放入温度（20±2）℃的饱和氢氧化钙 [Ca(OH)$_2$] 溶液中养护。

【2020 真题】

40. 水泥凝结时间测定的起始时间是指第一次测定的时间。

　　A. 正确　　　　　　　　　　　　　　B. 错误

解析：净浆搅拌时水泥全部加到水中的时刻，作为测定凝结时间的起始时间。

【2021 真题】

41. 公路面层水泥混凝土的配合比设计应满足抗压强度、工作性、耐久性要求，同时兼顾经济性。

A. 正确　　　　　　　　　　　　　　　　B. 错误

解析：公路面层水泥混凝土的配合比设计应满足抗弯拉强度（注意：不是抗压强度）、工作性、耐久性要求，同时兼顾经济性。

【2020 真题】

42. 混凝土坍落度试验底板的平面尺寸应不小于1000mm×1000mm。

A. 正确　　　　　　　　　　　　　　　　B. 错误

解析：《普通混凝土拌和物性能试验方法标准》：混凝土坍落度试验底板的平面尺寸不小于1500mm×1500mm，厚度不小于3mm的钢板，其最大挠度不应大于3mm。

【2020 真题】

43. 水泥混凝土的密实程度是决定水泥混凝土耐久性的重要指标。

A. 正确　　　　　　　　　　　　　　　　B. 错误

解析：混凝土的耐久性主要取决于混凝土的密实程度，而密实度的高低又在于混凝土的水灰（胶）比的大小和水泥用量的多少。

【2024 真题】

44. 对水泥混凝土拌和物流动性的结果起决定作用的是拌和物用水量。

A. 正确　　　　　　　　　　　　　　　　B. 错误

解析：单位用水量的多少决定了水泥浆数量的多少，而水灰比的大小则决定了水泥浆的稀稠程度，水灰比小，则水泥浆稠度大，混凝土拌和物流动性小。当混凝土拌和物的流动性不足或过大时，不能仅仅采用增加或减少单位用水量的方法来改变混凝土的流动性，而是在保持原有水灰比不变的基础上，同时增加或减少水和水泥的用量以控制水灰比处于适宜的状态。

【2024 真题】

45. 对水泥混凝土而言，试件的干湿状况对强度试验结果有直接影响。

A. 正确　　　　　　　　　　　　　　　　B. 错误

解析：水泥混凝土养护对湿度有比较严格的要求，试件的干湿状况对强度试验结果有直接影响。

【2023 真题】

46. 雷氏夹检测水泥安定性时，当两个试件沸煮后雷氏夹指针尖端增加距离（$C-A$）的平均值不大于5.0mm时，判定该水泥的安定性合格。

A. 正确　　　　　　　　　　　　　　　　B. 错误

解析：当两个雷氏夹试件沸煮后指针尖端增加的距离（$C-A$）的平均值不大于5.0mm

时,则认为该水泥安定性合格,当结果超出上述要求时,则应再做一次试验,以复检结果为准。

【2024 真题】

47. 普通水泥混凝土的强度与灰水比呈线性关系。

A. 正确　　　　　　　　　　　　　　　　　　B. 错误

解析： 依据《普通混凝土配合比设计规程》配合比的调整与确定内容中,根据混凝土强度试验结果,宜绘制强度和胶水比的线性关系图或插值法确定略大于配制强度对应的胶水比。

【2024 真题】

48. 砂率的大小主要影响水泥混凝土拌和物的工作性,对强度的影响较小。

A. 正确　　　　　　　　　　　　　　　　　　B. 错误

解析： 砂率是指混凝土中砂的质量占砂、石总质量的百分率。由水、水泥和砂组成的水泥砂浆在混凝土中起着润滑作用,通过这种润滑作用来降低粗集料之间的摩阻力,以产生所需的流动性。所以,当砂率不足时,过小砂率组成的水泥砂浆数量不足以包裹所有的粗集料,无法发挥出所需的润滑作用,使混凝土拌和物的流动性受到影响。因此,在一定范围内,混凝土拌和物的流动性会随着砂率提高所产生的润滑作用的增强而加大。但在水泥浆数量固定的情况下随着砂率的增大,集料的总表面积也随之增大,使水泥浆的数量相对减少,当砂率超过一定的限度后,就会削弱由水泥浆所产生的润滑作用,反而又会导致混凝土拌和物流动性的降低。因此,水泥混凝土存在一个合理砂率。

由于在一定范围内,只要水泥用量能保证混凝土的密实成型,砂率的变化对强度的直接影响不显著。

【2023 真题】

49. 水泥标准稠度用水量试验的目的是为水泥凝结时间试验和水泥安定性试验确定拌和用水量。

A. 正确　　　　　　　　　　　　　　　　　　B. 错误

解析： 标准试验条件下达到规定试验状态时所对应的水泥浆稀稠程度就是所谓的标准稠度,且该标准稠度是水泥凝结时间、安定性试验结果具有可比性的基础。也就是说进行水泥凝结时间、安定性试验测定时,所用的水、水泥拌和物必须在标准稠度水泥净浆的条件下进行。题目说法正确。

【2023 真题】

50. 水泥混凝土拌和物拌和前,应将材料放置在温度为 20℃±5℃ 的室内,且时间不宜少于 24h;按配合比称量各种材料,称量的精确度为 1%。

A. 正确　　　　　　　　　　　　　　　　　　B. 错误

解析： 拌和时保持室温 (20±5)℃,相对湿度大于 50%。

拌和前，应将材料放置在温度为（20±5）℃的室内，且时间不宜少于24h。

拌制混凝土的材料以质量计，称量的精确度：集料为±1%，水、水泥、掺合料和外加剂为±0.5%。

【2023 真题】

51. 水泥混凝土可以在温度符合规定的静水中养护。

A. 正确　　　　　　　　　　　　　　　　B. 错误

解析：水下不分散混凝土试件的成型方法中，放置2d拆模，在水中进行标准养护，试件之间应保持一定距离，每一龄期以3个试件为一组。当达到预定龄期时，从水中将试件取出，进行测试。水温（20±3）℃。

【2024 真题】

52. 水泥混凝土密度的调整只改变每立方米混凝土各组成材料的用量，不改变其配合比例。

A. 正确　　　　　　　　　　　　　　　　B. 错误

解析：密度调整是将配合比各材料用量乘以同一个密度修正系数，所以不改变其配合比例。

【2024 真题】

53. 为了使水泥的凝结时间试验结果具有可比性，试验必须在标准稠度条件下进行。

A. 正确　　　　　　　　　　　　　　　　B. 错误

解析：标准稠度是水泥凝结时间、安定性试验结果具有可比性的基础。也就是说进行水泥凝结时间、安定性试验测定时，所用的水和水泥拌和物必须在标准稠度水泥净浆的条件下进行。

【2023 真题】

54. 新拌水泥混凝土的坍落度随砂率的增大而减小。

A. 正确　　　　　　　　　　　　　　　　B. 错误

解析：在一定范围内，混凝土拌和物的流动性会随着砂率提高所产生的润滑作用的增强而加大。

【2024 真题】

55. 用同样配合比的水泥混凝土拌和物做成两种不同尺寸的立方体混凝土试块，试压时大尺寸的试块破坏荷载大，故其强度高；小尺寸试块的破坏荷载小，故其强度低。

A. 正确　　　　　　　　　　　　　　　　B. 错误

解析：同样的压力试验，尺寸越小的试件测得的结果就会越高，原因在于加载时上下压头对偏小试件上下面产生的保护作用更加明显，所以同样的抗压试验对受压面积偏小的试件测得的结果就会比受压面积偏大的要高，因此不同尺寸抗压试件测得的结果要采用不同系数加以修正。

【2023 真题】

56. 在测定水泥凝结时间的试验中，当临近初凝时，应每隔 5min 测一次，当临近终凝时，应每隔 15min 测一次。

A. 正确　　　　　　　　　　　　B. 错误

解析：题目说法正确。

三、多项选择题

【2021 真题】

57. 以下可能影响水泥混凝土工作性的因素有（　　）。

A. 原材料特性　　　　　　　　　B. 单位用水量
C. 水灰比　　　　　　　　　　　D. 砂率

解析：能够影响到混凝土拌和物工作性的因素可概括地分成内因和外因两大类。外因主要是指施工环境条件，包括外界环境的气温、湿度、风力大小以及时间等。但应值得重视和了解的因素是在构成混凝土组成材料的特点及其配合比例的内因上，其中包括原材料特性、单位用水量、水灰比和砂率等方面。

【2020 真题】

58. 以下影响水泥混凝土强度试验结果的因素有（　　）。

A. 水泥强度　　　　　　　　　　B. 养护条件
C. 试验条件　　　　　　　　　　D. 试件尺寸

解析：影响混凝土强度的因素有水泥强度和水灰（胶）比、集料特性、浆集比、养护条件、试验条件。

【2020 真题】

59. 以下水泥（　　）检测均有标准法和代用法，实际检测时应首选标准法。

A. 标准稠度用水量　　　　　　　B. 凝结时间
C. 安定性　　　　　　　　　　　D. 抗折强度

解析：现行国家及行业标准针对水泥标准稠度用水量、凝结时间、安定性等试验操作时，都存在标准方法和代用法共存现象，实际操纵时应首选标准法。

【2021 真题】

60. 水泥混凝土抗压强度试验用压力机或万能试验机应满足（　　）。

A. 压力机或万能试验机量程应选择试件破坏荷载大于压力机全量程的 20% 且小于压力机全量程的 80%

B. 压力机应具有加荷速度指示装置或加荷速度控制装置，上下压板平整并有足够刚度，可均匀地连续加荷卸荷，可保持固定荷载，开机停机均灵活自如，能够满足试件破型吨位要求

C. 当混凝土强度等级大于或等于 C50 时，试件周围应设置防崩裂网罩
D. 压力机或万能试验机的测量精度为±2%

解析：《公路工程水泥及水泥混凝土试验规程》：水泥混凝土抗压强度试验压力机或万能试验机要求：压力机应符合现行《液压式万能试验机》(GB/T 3159—2008) 及《试验机通用技术要求》(GB/T 2611—2022) 的规定，其测量精度为±1%（D 选项错误），试件破坏荷载应大于压力机全程的 20% 且小于压力机全程的 80%。压力机同时应具有加荷速度指示装置或加荷速度控制装置，上下压板平整并有足够刚度，可均匀地连续加荷卸荷，可保持固定荷载，开机停机均灵活自如，能够满足试件破型吨位要求。混凝土强度等级大于或等于 C50 时，试件周围应设置防崩裂网罩。

【2021 真题】

61. 水泥混凝土拌和物拌和时，下列室温满足试验要求的有（　　）。
A. 26℃　　　　　　B. 22℃　　　　　　C. 20℃　　　　　　D. 17℃

解析：《公路工程水泥及水泥混凝土试验规程》，拌和试验室温度要求为 (20±5)℃，即 (15~25)℃。

【2020 真题】

62. 以下可以获得水泥细度的试验方法有（　　）。
A. 负压筛法　　　　B. 水筛法　　　　C. 比表面积仪法　　　　D. 观察法

解析：水泥细度测定的方法之一是筛析法，有负压筛法和水筛法。另一种细度测定方法是比表面积法。

【2021 真题】

63. 下列对于水泥胶砂强度试验试件养生的描述不正确的有（　　）。
A. 胶砂强度试件脱模后，需在水中养生
B. 试件在水中养生时，试件之间应保持一定间隔，养护池中可养护不同类水泥试件
C. 带模养生时间应严格控制在 20h~24h 之内
D. 水泥胶砂强度测定对应的龄期，应从水泥加水搅拌开始算起

解析：《公路工程水泥及水泥混凝土试验规程》，水泥胶砂强度试验试件养护要求：①编号后，将试模放入养护箱养护，养护箱内算板必须水平。水平放置时刮平面应朝上。对于 24h 龄期的，应在破型试验前 20min 内脱模。对于 24h 以上龄期的，应在成型后 20~24h 内脱模。脱模时要非常小心，应防止试件损伤。硬化较慢的水泥允许延期脱模，但须记录脱模时间。C 选项错误。②试件脱模后即放入水槽中养护，试件之间间隙或试件上表面的水深不得小于 5mm。每个养护池中只能养护同类水泥试件，并应保持恒定水位，不允许在养护期间全部换水。（A 正确，B 错误）③除 24h 龄期或延迟 48h 脱模的试件外，任何到龄期的试件应在试验（破型）前 15min 从水中取出。抹去试件表面沉淀物，并用湿布覆盖。D 正确，试件龄期从水泥加水搅拌开始算起。注意，本题选择的是不正确的选项，所以答案为 B、C。

【2024 真题】

64. 根据《公路工程水泥混凝土外加剂》(JT/T 523—2022)，水泥混凝土外加剂产品出厂时，生产厂家应提供型式检验报告、出厂检验报告、产品说明书及合格证。产品说明书应至少包括（　　）。

A. 产品推荐掺量

B. 产品适用范围

C. 产品名称及类型

D. 产品储存条件及有效期、使用方法，注意事项、安全防护提示

解析：水泥混凝土外加剂产品出厂时，生产厂应提供型式检验报告、出厂检验报告、产品说明书及合格证。产品说明书应至少包括下列内容：产品名称及类型；适用范围；推荐掺量；储存条件及有效期；使用方法、注意事项、安全防护提示等。

【2024 真题】

65. 根据《公路工程水泥及水泥混凝土试验规程》(JTG 3420—2020)，关于水泥混凝土拌和物稠度试验的两种方法（坍落度仪法和维勃仪法）的表述正确的是（　　）。

A. 两种方法所用坍落筒尺寸相同

B. 两种方法要求在相同时间内完成

C. 坍落度仪法适用于坍落度大于10mm、集料最大粒径不大于31.5mm 的水泥混凝土坍落度的测定

D. 维勃仪法适用于集料最大粒径不大于31.5mm 的水泥混凝土及维勃时间在 5～30s 的干稠性水泥混凝土的稠度测定

解析：坍落度仪法从开始装料到提出坍落筒整个过程应在150s 内完成。而维勃试验是将新拌水泥混凝土装入坍落筒内后再拔去坍落筒，并将透明圆盘放在圆锥混凝土顶面，然后在规定频率和振幅下振动，直到透明圆盘的下表面完全布满水泥浆为止。记录的时间为维勃时间。所以 B 错误。其他选项正确。

【2023 真题】

66. 关于勃氏法测量水泥比表面积的说法正确的有（　　）

A. 试样需要烘干并冷却　　　　　　B. 试样需要过 1.0mm 筛

C. 试验环境的相对湿度小于 50%　　D. 平行试验结果相差不大于 2%

解析：水泥过 0.9mm 筛；两次试验结果相差超过平均值的 2%时，应重新试验。

【2023 真题】

67. 关于掺外加剂的普通水泥混凝土配合比设计，表述正确的有（　　）

A. 砂石用量按质量法或体积法计算

B. 外加剂掺量计算按单位水泥质量的百分率计

C. 以普通水泥混凝土配合比设计为基础，以抗弯拉强度作为主要设计指标

D. 以普通水泥混凝土配合比设计为基础，以抗压强度作为主要设计指标

解析：外加剂掺量（％）是由产品说明书或试验确定。外加剂用量（kg/m³）＝胶凝材料用量（kg/m³）×外加剂掺量（％）。

【2023 真题】

68. 关于水泥混凝土抗渗性试验的描述正确的有（　　）。

　A. 试验时，水压从 0.1MPa 开始，每隔 8h 增加水压 0.1MPa，并随时注意观察试件端面情况，一直加压至 6 个试件中有 3 个试件表面发现渗水，记下此时的水压力

　B. 当加压至设计抗渗等级，再经 8h 后第三个试件仍不渗水，表明混凝土已满足设计要求

　C. 在试验过程中，如水从试件周边渗出，说明密封不好，应停止试验，重新密封，待密封后无须加压试验

　D. 若压力加至 1.2MPa，经过 8h，第三个试件仍未渗水，则停止试验，试件的抗渗等级以 P12 表示

解析：在试验过程中，如水从试件周边渗出，说明密封不好，应停止试验，重新密封，待密封后可继续加压试验。

【2023 真题】

69. 某试验检验人员对尺寸为 150mm×150mm×150mm，强度等级为 C40 的水泥混凝土立方体标准试件进行抗压强度试验，操作不正确的有（　　）。

　A. 以成型时正面为上下受压面，试件中心应与压力机几何对中试压

　B. 取出试件，检查其尺寸及形状，相对两面应平行，试件受力截面积按照标准试件尺寸计算

　C. 至试验龄期时，自养护室取出试件，尽快试验，避免其湿度变化；在破型前保持试件原有湿度，在试验时擦干试件

　D. 取 0.5MPa/s～0.8MPa/s 的加荷速度，当试件接近破坏而开始迅速变形时，应停止调整试验机油门，直至试件破坏，记下破坏极限荷载。

解析：试验步骤如下。

① 至试验龄期时，自养护室取出试件，应尽快试验，避免其湿度变化。

② 取出试件，检查其尺寸及形状，相对两面应平行。量出棱边长度，精确至 1mm。

试件受力截面积按其与压力机上下接触面的平均值计算。在破型前，保持试件原有湿度，在试验时擦干试件。

③ 以成型时侧面为上下受压面，试件中心应与压力机几何对中。圆柱体应对端面进行处理，确保端面的平行度。

④ 混凝土强度等级小于 C30 时取 0.3～0.5MPa/s 的加荷速度；混凝土强度等级大于或等于 C30 小于 C60 时，取 0.5～0.8MPa/s 的加荷速度；混凝土强度等级大于或等于 C60 混凝土取 0.8～1.0MPa/s 的加荷速度。当试件接近破坏而开始迅速变形时，应停止调整试验机油门，直至试件破坏，记下破坏极限荷载 F。

【2023 真题】

70. 水泥安定性（标准法）试验中，下列试验操作正确的有（　　）。

A. 与水泥净浆接触的玻璃板和雷氏夹表面都要稍微涂上一层有利于脱模的油

B. 煮沸结束后，立即打开箱盖，待箱体冷却至室温后，放掉沸煮箱中的水，取出试件进行判断

C. 测定前的准备工作，每个试样需要两个试件，每个雷氏夹需配备两个边长或直径约80mm，厚度为4～5mm的玻璃板

D. 沸煮过程中，试验检测人员发现沸煮箱内的水位未没过试件，即刻加水调整好沸煮箱内的水位，同时又能保证在30min±5min内升至沸腾

解析：B选项应为沸煮结束后，立即放掉箱中的热水，打开箱盖，待冷却至室温，取出试件。

D选项应为沸煮试验前，首先调整好箱内水位，要求在整个沸煮过程中箱里的水始终能够没过试件，不可中途补水，同时要保证水在30min±5min内开始沸腾。

【2024 真题】

71. 水泥混凝土拌和物单位用水量主要影响水泥混凝土的（　　）。

A. 强度　　　　B. 耐久性　　　　C. 坍落度　　　　D. 施工工艺

解析：单位用水量的多少决定了混凝土拌和物中水泥浆的数量。显然，在组成材料一定的情况下，拌和物的流动性随单位用水量的增加而加大。C正确。

当固定水和水泥用量的比例，即水灰比一定时，单位用水量过小，则水泥浆数量就会偏少，此时混凝土中集料颗粒间缺少足够的黏结材料，拌和物的黏聚性较差，易发生离析和崩坍现象，而且也不易密实，但如果单位用水量过大时，虽然混凝土的流动随之增加，但黏聚性和保水性却随之变差，会产生流浆、泌水、离析现象，同时单位用水量过大还会使混凝土易产生收缩裂缝，影响到混凝土耐久性和造成水泥浪费等问题。A、B正确。

【2024 真题】

72. 水泥混凝土的变形包括（　　）。

A. 弹性变形　　　B. 收缩变形　　　C. 徐变变形　　　D. 温度变形

解析：水泥混凝土的变形主要包括非荷载作用下的变形和荷载作用下的变形两大类。非荷载作用下的收缩变形、干湿变形、温度变形；荷载作用下的弹性变形、徐变变形。

【2023 真题】

73. 影响水泥混凝土抗压强度的主要因素有（　　）。

A. 水泥强度和水灰比　　　　　　　　B. 集料特性

C. 浆集比　　　　　　　　　　　　　D. 试验条件和养护条件

解析：影响水泥混凝土抗压强度的主要因素有水泥强度和水灰比、集料特性、浆集比、养护条件、试验条件。

【2023 真题】

74. 用标准法测试水泥标准稠度用水量时，下列操作正确的有（ ）。

A. 水泥标准稠度用水量（标准法）测定的整个操作应在搅拌后 90s 内完成。

B. 进行水泥净浆拌制前，搅拌锅和搅拌叶片先用湿布擦干净，加入水泥，再倒入拌和水

C. 当试杆距玻璃板距离大于 7mm，则应适当加水，加水时计算合适水量，应在原水泥浆中续加

D. 试验前必须做到维卡仪的金属棒能够自由滑动，试杆接触玻璃板时指针对准零，水泥净浆搅拌机运行正常。

解析：B 选项应先加水，后加水泥。C 选项试杆距玻璃板距离大于 7mm，用水量应适当增加，重新试验。

四、综合题

【2020 真题】

75. 某工地试验室的试验人员开展水泥标准稠度用水量试验，请根据你掌握的试验知识完成下列题目。

1）标准稠度的水泥净浆是指试杆沉入净浆并距底板（ ）的水泥净浆。

A. 5mm±1mm　　　B. 6mm±1mm　　　C. 3mm±2mm　　　D. 6mm±2mm

解析：如试杆沉入净浆距底板（6±1）mm 时，该水泥净浆为标准稠度净浆，此时拌和用水量为该水泥的标准稠度用水量，以水和水泥质量比的百分率计。如未能实现上述试验结果，则应调整加水量重新试验，直至达到规定的试验结果。每次测试后升起试杆，要立即擦净试杆上的水泥浆。

2）以下关于代用法测定标准稠度用水量的描述正确的有（ ）。

A. 分调整水量法和不变水量法

B. 不变水量法的拌和用水量为 142.5mL

C. 试锥停止下沉时记录下沉深度

D. 试锥释放 30s 时记录下沉深度

解析：教材明确以国家标准内容为主，依据 GB/T 1346—2011 标准稠度用水量代用法内容选项为 ABCD。

标准稠度的测定：

（1）采用代用法测定水泥标准稠度用水量可用调整水量和不变水量两种方法的任一种测定。采用调整水量方法时拌和水量按经验找水，采用不变水量方法时拌和水量用 142.5mL。

（2）拌和结束后，立即将拌制好的水泥净浆装入锥模中，用宽约 25mm 的直边刀在浆体表面轻轻插捣 5 次，再轻振 5 次，刮去多余的净浆；抹平后迅速放到试锥下面固定的位置上，将试锥降至净浆表面，拧紧螺丝 1~2s 后，突然放松，让试锥垂直自由地沉入水泥净浆

中。到试锥停止下沉或释放试锥30s时记录试锥下沉深度。整个操作应在搅拌后1.5min内完成。

（3）用调整水量方法测定时，以试锥下沉深度（30±1）mm时的净浆为标准稠度净浆。其拌和水量为该水泥的标准稠度用水量（P），按水泥质量的百分比计。如下沉深度超出范围需另称试样，调整水量，重新试验，直至达到（30±1）mm为止。

（4）用不变水量方法测定时，根据下式（或仪器上对应标尺）计算得到标准稠度用水量P。当试锥下沉深度小于13mm时，应改用调整水量法测定。

$$P = 33.4 - 0.185S$$

式中 P——标准稠度用水量（%）；

S——试锥下沉深度（mm）。

3）以下关于标准法测定标准稠度用水量的描述正确的有（　　）。

A. 浆体一次性装入试模

B. 整个操作应在搅拌后3min内完成

C. 试验结束后，试杆升起后立即擦净

D. 当试杆距玻璃板小于5mm时，应适当减水，重复试验

解析：整个操作应在搅拌后1.5min内完成。在试杆停止沉入或释放试杆30s时记录试杆到底板的距离，升起试杆后，立即擦净。当试杆距玻璃板小于5mm时，应适当减水，重复水泥浆的拌制和上述过程；若距离大于7mm时，则应适当加水，并重复水泥浆的拌制和上述过程。

4）以下关于水泥浆拌制工作的描述正确的有（　　）。

A. 搅拌机运行正常

B. 搅拌锅内先加水，后加水泥

C. 搅拌锅内先加水泥，后加水

D. 低速搅拌120s，停15s，再高速搅拌120s

解析：水泥净浆的制备：将搅拌锅和搅拌叶片用湿布湿润，倒入根据经验估计的首次拌和用水量。

称取500g待测水泥，在规定的5~10s将水泥加到拌和锅内，小心防止有水或水泥溅出。将拌和锅安置在搅拌设备上，启动搅拌机，按照规定设置的搅拌方式搅拌。

（搅拌方式是低速搅拌120s，停15s，再高速搅拌120s。）

【2021真题】

76. 某小桥台身需要进行质量评定，设计水泥混凝土强度等级为C20，制作的3组水泥混凝土150mm×150mm×150mm立方体标准试件28d抗压强度如下表所示，请完成下列题目。

1）采取150mm×150mm×150mm立方体标准试件时，水泥混凝土的集料公称最大粒径不得超过（　　）。

A. 16.0mm　　　　B. 19.0mm　　　　C. 26.5mm　　　　D. 31.5mm

解析：

常用水泥混凝土试模尺寸及换算系数

试验内容		试模内部尺寸/mm	集料公称最大粒径/mm①	尺寸换算系数(k)
立方体抗压强度	标准试件	150×150×150	31.5	1.00
	非标准试件	200×200×200	53	1.05
		100×100×100	26.5	0.95
抗折强度	标准试件	150×150×550（600）	31.5	1.00
	非标准试件	100×100×400	26.5	0.85
立方体劈裂抗拉强度	标准试件	150×150×150	31.5	1.00
	非标准试件	100×100×100	26.5	0.85

注：①将原采用圆孔筛确定的粒径换算为对应方孔筛确定的粒径。

2）以下关于该混凝土试件成型方法的描述正确的有（　　）。

A. 成型前试模内壁涂一薄层矿物油

B. 取拌和物的总量至少应比所需量高 20% 以上，并取出少量混凝土拌和物代表样，在 5min 内进行坍落度或维勃试验，认为品质合格后，应在 15min 内开始制件

C. 当坍落度小于 25mm 时，可采用直径 25mm 的插入式振捣棒成型

D. 当坍落度大于 25mm 时，用标准振动台成型

解析： D 选项错误，当坍落度小于 25mm 时，可采用 ϕ25mm 的插入式振捣棒成型。当坍落度大于 25mm 且小于 90mm 时，用标准振动台成型。当坍落度大于 90mm 时，用人工成型。

3）抗压强度试验时，可选样的加荷速度有（　　）。

A. 0.25MPa/s　　　B. 0.35MPa/s　　　C. 0.40MPa/s　　　D. 0.45MPa/s

解析： 混凝土强度等级小于 C30 时取 0.3~0.5MPa/s 的加荷速度，B、C、D 符合要求。

【2024 真题】

77. 试验检测机构受委托对一水泥试样进行物理性能、化学性能、力学性能相关试验。请根据实际情况完成下列题目。

1）关于水泥胶砂强度试验时的记录，表述正确的是（　　）。

A. 试验室温度和相对温度在工作期间每天至少记录 1 次

B. 试件养护池的水温度在工作期间每天至少记录 1 次

C. 养护箱的温度和湿度在工作期间至少每 4h 记录 1 次，在自动控制的情况下记录次数可以酌减至每天 2 次

D. 试验室温度和相对湿度、试体养护池的水温度和养护箱的温度和湿度在工作期间每天均至少记录 1 次

解析： 试验室的温度应保持在（20±2）℃，相对湿度不应低于 50%。试验室温度和相对

湿度在工作期间每天至少记录1次。A正确。

养护箱：带模养护试体养护箱的温度应保持在（20±1）℃，相对湿度不低于90%。养护箱的使用性能和结构应符合JC/T 959的要求，养护箱的温度和湿度在工作期间至少每4h记录1次。在自动控制的情况下记录次数可以酌减至每天2次。C正确。

养护水池：水养用养护水池（带篦子）的材料不应与水泥发生反应；试体养护池水温度应保持在20℃±1℃；试体养护池的水温度在工作期间每天至少记录1次。B正确。

2）对水泥抗折试件进行抗折强度试验，其抗折强度分别为5.46MPa、4.86MPa和4.00MPa，则该组水泥的抗折强度试验结果为（   ）。

  A. 4.8MPa   B. 4.9MPa   C. 5.2MPa   D. 试验作废

解析：水泥抗折强度结果判定规则：以一组三个棱柱体抗折结果的平均值作为试验结果。当三个强度值中有一个超出平均值的±10%时，应剔除后再取平均值作为抗折强度试验结果，当三个强度值中有两个超出平均值±10%时，则以剩余一个作为抗折强度结果。

依据规范：单个抗折强度结果精确至0.1MPa，算术平均值精确至0.1MPa。所以单个值为5.5MPa、4.8MPa、4.0MPa，平均值为4.8，5.5-4.8=0.7>4.8×10%=0.48，4.8-4=0.8>4.8×10%=0.48；5.5MPa和4.0MPa均超出了平均值±10%，取剩余的4.9MPa为结果。

3）对该水泥抗折后试件进行抗压强度试验，6个胶砂抗压强度试件的测值分别为34.0MPa、41.5MPa、43.5MPa、42.5MPa、48.0MPa、39.5MPa。该组水泥的抗压强度试验结果为（   ）。

  A. 41.5MPa   B. 41.8MPa   C. 43.0MPa   D. 试验作废

解析：水泥抗压强度结果判定规则：以一组三个棱柱体上得到的六个抗压强度测定值的平均值为试验结果。当六个测定值中有一个超出六个平均值的±10%时，剔除这个结果，再以剩下五个的平均值为结果。当五个测定值中再有超过它们平均值的±10%时，则此组结果作废。当六个测定值中同时有两个或两个以上超出平均值的±10%时，则此组结果作废。

单个抗压强度结果精确至0.1MPa，算术平均值精确至0.1MPa。

本题平均值为41.5MPa，48.0-41.5=6.5>41.5×10%，41.5-34.0=7.5>41.5×10%，依据判定规则，有有两个超出平均值的±10%，则此组结果作废。

4）（   ）不满足规范要求时，水泥为废品。

  A. SO_3含量   B. 初凝时间   C. 终凝时间   D. MgO含量

解析：依据已经废止的《硅酸盐水泥、普通硅酸盐水泥》(GB 175—1999)：凡氧化镁、三氧化硫、初凝时间、安定性中任一项不符合本标准规定时，均为废品。

在GB 175—2007中已明确取消了废品的判定。目前实施的规范是GB 175—2023。

5）用代用法进行水泥安定性试验时，将样品沸煮后依据目测或直尺检查试件是否存在（   ）判别合格与否。

  A. 剥落   B. 崩溃   C. 裂缝   D. 弯曲

解析： 水泥安定性代用法（试饼法）结果判别：

沸煮结束后，立即放掉沸煮箱中的热水，打开箱盖，待箱体冷却至室温，取出试件进行判别。目测试饼未发现裂缝，用钢直尺检查也没有弯曲（使钢直尺和试饼底部紧靠，以两者间不透光为不弯曲）的试饼为安定性合格，反之为不合格。当两个试饼判别结果有矛盾时，该水泥的安定性为不合格。

【2023 真题】

78. 为了配合技术人员验证水泥砂浆拌和物，某组试验检测人员完成了一系列工作，已给定砂、水泥及掺合料，水为饮用水；水泥砂浆标号 M12.5，制件尺寸 70.7mm×70.7mm×70.7mm 立方体标准试件。请根据《公路工程水泥及水泥混凝土试验规程》（JTG 3420—2020）完成下列题目。

1）试验准备阶段，做了一系列工作，其中操作正确且原材料可用的有（　　）。

A. 砂为干燥状态，含水率 0.1%

B. 水泥及掺合料无结块，已用 0.9mm 方孔筛过筛

C. 砂已过 9.5mm 的方孔筛，4.75mm 筛上分计筛余为 7.9%

D. 试验室内温度控制 23℃，相对湿度 55%，砂、水泥及掺合料放置试验室内 24h

解析： 试验准备如下：

① 试验室内温度应控制在（20±5）℃，相对湿度不小于 50%。砂浆拌和用原材料应放置试验室内至少 24h。

② 砂应过 9.5mm 的方孔筛，4.75mm 筛上分计筛余不超过 10%，且砂料应翻拌均匀；水泥及掺合料不允许有结块，使用前应用 0.9mm 过筛。

③ 砂料应为干燥状态，含水率不超过 0.2%，含水率按现行《公路工程集料试验规程》的规定进行测定。

④ 材料用量以质量计。称量精度：水泥及掺合料、水和外加剂为 ±0.5%；砂为 ±1%。

2）关于水泥砂浆泌水率试验，说法正确的有（　　）。

A. 泌水率是表征水泥砂浆和易性的试验指标之一

B. 用于测试稠度的砂浆，可再用于测试泌水率

C. 砂浆泌水率是该试验报告的必要内容

D. 两次试验结果中，最大值与最小值超过平均值的 15%，重新试验

解析： B 选项应为用于测试稠度的砂浆，不能再用于测试泌水率。

规范中给出试验报告应包括下列内容：

要求检测的项目名称、原材料的品种、规格和产地、试样编号、试验日期及时间；

仪器设备的名称、型号及编号、环境温度和湿度、执行标准、砂浆配合比、泌水率、要说明的其他内容。

3）关于水泥砂浆保水性试验，说法正确的有（　　）。

A. 需要测定砂浆含水率

B. 试验仪具需要有 2kg 的重物
C. 砂浆保水性用以判定砂浆拌和物在运输及停放时内部组分的稳定性
D. 以两次平行试验结果的算术平均值作为试验结果，若两次试验结果中有一个超出平均值的 5%，则重新试验

解析：以上说法都正确。

4）（　　）能影响水泥砂浆强度试验结果。
A. 养护条件　　　　　　　　　　　B. 压力机的量程范围
C. 试压时试件非均衡受压　　　　　D. 试压时压力机的加荷速度

解析：关于 B 选项：国标规定了 20%～80%，题干的行标没有规定，按照行标条文说明提到的水工混凝土试验规程又规定了量程范围。可以选 B，保守可以少选。

5）关于水泥砂浆立方体抗压强度试验和水泥砂浆劈裂抗拉强度试验，说法正确的有（　　）。
A. 试验试件尺寸相同　　　　　　　B. 单组试验试件个数不同
C. 试验强度结果精度相同　　　　　D. 试验试件养护条件相同

解析：都是三个试件为一组。砂浆立方体抗压强度结果精确至 0.1MPa。劈裂抗拉强度结果精确至 0.01MPa。

【2024 真题】

79. 已知：某机构开展水泥混凝土配合比设计、每方混凝土材料用量为：水 =185kg，水泥 =380kg，砂 =590kg，石 =1180kg，经试拌，坍落度大于设计要求。请完成下列题目。

1）按每方水泥混凝土减少 5kg 水，计算调整后每方混凝土材料用量为（　　）。
A. 水 =180kg，水泥 =367kg，砂 =590kg，石 =1180kg
B. 水 =180kg，水泥 =367kg，砂 =594kg，石 =1189kg
C. 水 =180kg，水泥 =380kg，砂 =590kg，石 =1180kg
D. 水 =180kg，水泥 =380kg，砂 =594kg，石 =1189kg

解析：坍落度大于设计要求，应在保持原有水灰比不变的条件下，调整水和水泥用量，直至通过试验证实工作性满足要求。这样得到的配合比中砂、石用量仍未发生变化，但水泥、水的用量改变。
计算水灰比为 185/380 = 0.49，由题干按每方水泥混凝土减少 5kg 水，水变为 180kg，水泥为 180/0.49 = 367kg。砂石用量未变，A 选项正确。

2）若实测密度为 2400kg/m³，计算密度调整后每方混凝土材料用量为（　　）。
A. 水 =180kg，水泥 =367kg，砂 =590kg，石 =1180kg
B. 水 =180kg，水泥 =380kg，砂 =590kg，石 =1180kg
C. 水 =185kg，水泥 =378kg，砂 =612kg，石 =1225kg
D. 水 =185kg，水泥 =380kg，砂 =612kg，石 =1225kg

解析： 依据题干实测密度为2400kg/m³，只有C选项符合要求。

3）若现场每盘混凝土用100kg水泥，现场砂的含水量为4%，石含水量为1.5%，每盘混凝土材料用量为（　　）。

A. 水=38kg，水泥=100kg，砂=162kg，石=329kg
B. 水=38kg，水泥=100kg，砂=168kg，石=329kg
C. 水=49kg，水泥=100kg，砂=162kg，石=324kg
D. 水=49kg，水泥=100kg，砂=168kg，石=329kg

解析： 题干水泥100kg，由于水灰比不变，185/380=0.49，所以水=100×0.49=49kg。由（2）得出的配合比：水=185kg，水泥=378kg，砂=612kg，石=1225kg；得出水泥：砂：碎石=1：1.62：3.24。100/砂=1：1.62，得出砂=162kg。100/碎石=1：3.24，得出碎石=324kg。考虑砂石含水率：162×（1+4%）=168kg，324×（1+1.5%）=329kg，水=49−162×0.04−324×0.015=38kg。

所以为B。水=38kg，水泥=100kg，砂=168kg，石=329kg。

4）在高温干旱季节，施工中常发现水泥混凝土浇筑体顶面产生横向裂纹，拆模后侧表面有砂粒或石裸露等缺陷，除浇筑、振捣的原因外，横向裂纹产生的其他原因有（　　）。

A. 水泥混凝土配合比设计本身不尽合理，包括骨料级配差，配合比比例不佳
B. 砂率过小，水灰比过大，导致拌和物粘聚性和保水性差，甚至有离析现象，经浇捣后石子下移，砂浆上浮，遇到蒸发量大时，水分损失过多过快，砂浆收缩表面出现裂纹
C. 侧面因水泥混凝土保水性差，水泥浆从模板缝隙外流，洗刷了包裹砂粒或石的水泥浆使砂粒与石裸露，此种情况多发生在模板接缝处及其附近，使水泥混凝土外观质量变差
D. 施工中未严格执行水泥混凝土配合比比例，材料未按配合比比例严格计量，尤其是用水量控制不好时，致使水泥混凝土拌和物黏聚性和保水性变差，严重时出现离析，同样会引发此类缺陷。

解析： 以上情况都可能产生横向裂纹。

5）水泥混凝土在试拌过程中，要观察拌和物的砂率大小、黏聚性、保水性等，以综合评价拌和物的工作性。水泥混凝土配合比设计中的主要参数有（　　）。

A. 砂率　　　　B. 水灰比　　　　C. 试配强度　　　　D. 单位用水量

解析： 依据《水运工程混凝土施工规范》，水泥混凝土配合比设计中的需要确定的主要参数有砂率、水灰比、单位用水量。

答案： 1. C 2. B 3. A 4. D 5. A 6. B 7. C 8. D 9. A 10. B 11. B 12. B 13. B 14. C 15. B 16. D 17. D 18. B 19. A 20. B 21. D 22. C 23. D 24. B 25. B 26. A 27. D 28. D 29. A 30. A 31. B 32. D 33.

A 34. A 35. B 36. A 37. A 38. A 39. A 40. B 41. B 42. B 43. A 44. B 45. A 46. A 47. A 48. A 49. A 50. B 51. B 52. A 53. A 54. B 55. B 56. A 57. A、B、C、D 58. A、B、C、D 59. A、B、C 60. A、B、C 61. B、C、D 62. A、B、C 63. B、C 64. A、B、C、D 65. A、C、D 66. A、C 67. A、D 68. A、B、D 69. A、B 70. A、C 71. A、B、C 72. A、B、C、D 73. A、B、C、D 74. A、D 75. 1) B, 2) A、B、C、D, 3) A、C、D, 4) A、B、D 76. 1) D, 2) A、B、C, 3) B、C、D 77. 1) A、B、C, 2) B, 3) D, 4) A、B、D, 5) C、D, 78. 1) A、B、C、D, 2) A、C、D, 3) A、B、C、D, 4) A、B、C、D, 5) A、D 79. 1) A, 2) C, 3) B, 4) A、B、C、D, 5) A、B、D

第六章 沥青与沥青混合料

一、单项选择题

【2020 真题】

1. SBS 改性沥青的针入度试验内容包括：①将位移计或刻度盘指针复位为零。②将盛有试样的平底玻璃皿置于针入度仪的平台上。③按下释放键，这时计时与标准针落下贯入试样同时开始，至 5s 时自动停止。④取出达到恒温的盛样皿，并移入水温控制在试验温度±0.1℃的平底玻璃皿中的三脚支架上，试样表面以上的水层深度不小于 10mm。⑤慢慢放下针连杆，用适当位置的反光镜或灯光反射观察，使针尖恰好与试样表面接触。⑥读取位移计或刻度盘指针的读数，正确试验步骤是（   ）。

A. ②④①⑤③⑥
B. ④②①⑤③⑥
C. ④②⑤①③⑥
D. ②④⑤①③⑥

解析：试验方法与步骤：（1）将试样注入盛样皿中，试样高度应超过预计针入度值 10mm。盖上盛样皿盖，以防落入灰尘。盛有试样的盛样皿在 15～30℃室温中冷却不少于 1.5h（小盛样皿）、2h（大盛样皿）或 3h（特殊盛样皿）后，移入规定试验温度±0.1℃的恒温水槽中，并保温不少于 1.5h（小盛样皿）、2h（大试样皿）或 2.5h（特殊盛样皿）。调整针入度仪使之水平。检查针连杆和导轨，以确认无水和其他外来物，无明显摩擦。用三氯乙烯或其他溶剂清洗标准针，并擦干。将标准针插入已配重的针连杆上，用螺丝固紧。（2）将盛有试样的平底玻璃皿置于针入度仪的平台上，慢慢放下针连杆，借助反光镜或灯光反射观察，使针尖恰好与试样表面接触，调节刻度盘或深度指示器的指针指示为零。（3）开始试验，按下释放键，此时仪器自动开启自动计时，至 5s 时自动停止。读取位移计（或手动针入度仪的刻度盘）的度数，精确至 0.1mm。（4）同一试样平行试验至少 3 次，各测试点之间及与盛样皿边缘的距离不应少于 10mm。每次试验后应将盛有盛样皿的平底玻璃皿放入恒温水槽，使平底玻璃皿中的水温保持试验温度。每次试验应换一根干净标准针或将标准针取下用蘸有三氯乙烯溶剂的棉花或布擦净，再用干棉花或布擦干。（5）测定针入度大于 200 的沥青，至少用 3 支标准针，每次试验后将针留在试样中，直至 3 次平行试验完成后，才能将标准针取出。（6）为获得针入度指数 PI、当量软化点和当量脆点等感温性指标，按同样的方法在三个温度条件下（如 15℃、25℃、30℃或 5℃），分别测定沥青的针入度。

【2018/2019/2020 真题】

2. 离心分离法测定沥青混合料的沥青含量时，应考虑泄漏入抽提液中矿粉的含量；如果忽略该部分质量，测得的结果较真实值（　　）。

A. 偏大　　　　　　　　　　　　　B. 偏小

C. 相同　　　　　　　　　　　　　D. 说不定

解析：忽略了漏入抽提液中的矿粉，就会把矿料总质量算小了，则沥青质量＝总质量－矿料总质量，所以计算的沥青质量偏大。

【2020 真题】

3. 乳化沥青破乳速度试验中，（　　）不属于破乳速度分级。

A. 快裂　　　　　　　　　　　　　B. 迅裂

C. 中裂　　　　　　　　　　　　　D. 慢裂

解析：本方法适用于各种类型的乳化沥青的拌和稳定度试验，以鉴别乳液属于快裂（RS）、中裂（MS）或慢裂（SS）的型号。

【2021 真题】

4. 关于蜡封法测定沥青混合料空隙率试验，以下表选不正确的是（　　）。

A. 蜡封法不能用于测定空隙率较大的沥青碎石 AM 和大空隙透水性沥青混合料 OGFC

B. 蜡封法不能用于测定 SMA 和吸水率低于 2% 的 AC 和 ATB 混合料

C. 蜡封法适合于测定吸水率大于 2% 的所有沥青混合料

D. 蜡封法试验后的试件不宜用于后续马歇尔稳定度、流值等试验

解析：水中重法适用于试件吸水率小于 0.5%；表干法的适用条件是试件吸水率小于 2%；蜡封法适用于试件吸水率大于 2%；体积法适用于无法采用蜡封法的大空隙试件（空隙率往往大于 18%）。题目要求选择不正确的选项，正确答案为 C，蜡封法适合于测定吸水率大于 2% 的沥青混合料，并不是所有的空隙率大于 18% 就要采用体积法了。

【2020 真题】

5. 以下关于热沥青取样的描述不正确的是（　　）。

A. 有搅拌设备的储罐中取样时，先将经加热已经变成流体的黏稠沥青充分搅拌后，用取样器从沥青层的中部取规定数量样品

B. 从沥青罐车中取样，当仅有放料阀时，待放出全部沥青的 1/2 时取样；若从顶盖处取样时，可用取样器从中部取样

C. 当沥青罐车卸料过程中取样时，按时间间隔均匀地取至少 3 个规定数量沥青，然后将这些沥青充分混合后取规定数量样品

D. 沥青样品可存放在密封带盖的金属容器中，或灌入塑料袋等密闭容器中存放样品应存放在阴凉干净处，注意防止污染

解析：除液体沥青、乳化沥青外，所有需加热的沥青试样必须存放在密封带盖的金属容器中，严禁灌入纸袋、塑料袋中存放。试样应存放在阴凉干净处，注意防止试样污染。

【2024 真题】

6. 90 号道路石油沥青的技术要求包括（　　）。

A. 0.075mm 筛上残留物　　　　　　B. 蒸发残留分含量

C. 老化后质量变化　　　　　　　　D. 蒸发残留物的溶解度

解析： 道路石油沥青的技术要求包含老化后质量变化，试验方法为薄膜烘箱加热试验或旋转薄膜烘箱加热试验。

道路用乳化沥青的技术要求有筛上残留物（1.18mm 筛）、蒸发残留分含量、蒸发残留物的溶解度。

【2023 真题】

7. 采用燃烧炉法测定 AC-13 沥青混合料的沥青含量及级配筛分时，下列描述正确的是（　　）。

A. 通常情况下网孔的尺寸最大为 2.36mm，最小为 1.18mm

B. 对于路面上钻取的芯样，应用风扇将其吹干，通过加热并辅以锤击处理成干燥状态

C. 对每一种沥青混合料都必须进行标定，且仅需要确定沥青用量的修正系数

D. 如果 482℃与 538℃得到的沥青用量的修正系数差值在 0.1% 以内，则以 538℃的沥青用量的修正系数作为最终的修正系数

解析： A 选项应为：通常情况下网孔的尺寸最大为 2.36mm，最小为 0.6mm。

无论是从拌和场取得试样，还是从路面钻孔或切割取得的试样，都不得用锤击的方法进行分散，以防止造成集料颗粒的破碎，所以 B 选项错误。

对每一种沥青混合料都必须进行标定，以确定沥青含量的修正系数和筛分级配的修正系数，所以 C 选项错误。

【2024 真题】

8. 当采用沥青结合料类稳定材料作为基层时，基层应该满足（　　）。

A. 足够的抗滑性能　　　　　　　　B. 足够的抗永久变形能力

C. 良好的排水性能　　　　　　　　D. 优异的耐磨性能

解析： 依据《公路沥青路面设计规范》基层和底基层应具有足够的承载能力、抗疲劳开裂性能、足够的耐久性和水稳定性。沥青结合料类和粒料类基层尚应具有足够的抗永久变形能力。

【2024 真题】

9. 对 70 号道路石油沥青进行针入度试验时，描述正确的是（　　）。

A. 要求针和针连杆必须在无明显摩擦下垂直运动

B. 针和针连杆组合件，另附砝码一只，试验时总质量为 150g±0.05g

C. 至少用一组 3 支标准针，每组必须附有其中 1 支针的计量部门的检验单

D. 试验时盛样皿应放置在盛有水的平底玻璃皿中，水温偏差控制在±0.5℃

解析： B 应该为（100±0.05）g。C 要求每根针必须附有计量部门的检验单，并定期进行检验。D 恒温水槽控温的准确度为 0.1℃。

【2023 真题】

10. 根据《公路沥青路面施工技术规范》(JTG F40—2004)，Ⅱ类聚合物改性沥青是指（　　）。

　　A. SBS 改性沥青　　　　　　　　　　B. SBR 改性沥青

　　C. EVA 或 PE 改性沥青　　　　　　　D. 橡胶改性沥青

解析：改性沥青按照改性剂不同，现行标准分为 SBS 类（Ⅰ类）、SBR 类（Ⅱ类）和 EVA、PE 类（Ⅲ类）三大类。

【2024 真题】

11. 关于沥青闪点试验（克利夫兰开口杯法），描述正确的是（　　）。

　　A. 适用于测定闪点在 60℃ 以上的液体石油沥青的闪点

　　B. 可以评定沥青施工的和易性

　　C. 闪点测试结果与试验时当地当时的大气压有关

　　D. 全部装置应置于室内，注意保持空气流通，并用防风屏三面围护

解析：克利夫兰开口杯法适用于克利夫兰开口杯（简称 COC）测定黏稠石油沥青、聚合物改性沥青及闪点在 79℃ 以上的液体石油沥青的闪点和燃点，以评定施工的安全性，A、B 错误。

当试验时大气压在 95.3kPa（715mmHg）以下时，应对闪点或燃点的试验结果进行修正，C 正确。

全部装置应置于室内光线较暗且无显著空气流通的地方，并用防风屏三面围护，D 错误。

【2024 真题】

12. 关于沥青旋转薄膜加热试验，表述正确的是（　　）。

　　A. 可以评价道路石油沥青、改性乳化沥青的老化性能

　　B. 通常使用耐热玻璃制成的盛样瓶

　　C. 试验温度控制在 160℃±0.5℃

　　D. 从放置试样开始至试验结束的总时间，不超过 5.25h

解析：沥青旋转薄膜加热试验适用于测定道路石油沥青、聚合物改性沥青旋转薄膜烘箱加热（简称 RTFOT）后的质量变化，并根据需要测定旋转薄膜加热后，沥青残留物的针入度、黏度、延度及脆点等性质的变化，以评定沥青的老化性能。A 错误。

试验用盛样瓶：耐热玻璃制。B 正确。

试样在 (163±0.5)℃ 温度下受热时间不少于 75min。总的持续时间为 85min。若 10min 内达不到试验温度，则试验不得继续进行。C 错误、D 错误。

【2023 真题】

13. 关于沥青与集料黏附性试验的表述正确的是（　　）。

　　A. 偏粗的颗粒采用水浸法　　　　　　B. 偏细的颗粒采用水煮法

　　C. 试验结果采用定量方法表达　　　　D. 1 级黏附性最差，5 级黏附性最好

解析：根据沥青混合料中矿料的最大粒径，对于大于13.2mm及小于（或等于13.2mm）13.2mm的集料分别选用水煮法和水浸法进行试验；沥青与集料的黏附性试验结果通常是采用定性方法来表达的，如根据观察到的现象将其分为不同的等级。

沥青与集料黏附性的等级评定

试验后石料表面上沥青膜剥离情况	黏附等级
沥青膜完全保存，剥离面积百分率接近于0	5
沥青膜少部分被水所移动，厚度不均匀，剥离面积百分率少于10%	4
沥青膜局部明显地被水所移动，基本保留在石料表面，剥离面积百分率少于30%	3
沥青膜大部分被水所移动，局部保留在石料表面，剥离面积百分率大于30%	2
沥青膜完全被水所移动，石料基本裸露，沥青全部浮在水面	1

【2023真题】

14. 关于马歇尔稳定度试验结果的表述不正确的是（　　）。

A. 当室内成型的用于测定马歇尔稳定度的试件高度不在标准范围内时，不可修正

B. 为了保证试验精度，标准马歇尔、大型马歇尔的一组试件数量应分别不少于4个和6个

C. 混合料击实成型时温度偏高、试件水槽中保温时温度偏低，很可能导致测定的稳定度偏高

D. 当一组试件中某一个测定值与平均值之差大于平均值的k倍时，该测定值应予以舍弃，当试件数量不同时，k取值不同

解析：当一组试件中某一个测定值与平均值之差大于标准差的k倍时，该测定值应予以舍弃，并以其余测定值的平均值作为试验结果。当试件数目n为3、4、5、6个时，k值分别为1.15、1.46、1.67、1.82。

【2023真题】

15. 进行70号道路石油沥青延度试验时，发现沥青细丝浮于水面，正确的做法是（　　）。

A. 在水中加入蒸馏水，调整水的密度至与试样相近

B. 在水中加入酒精，调整水的密度至与试样相近

C. 在水中加入食盐，调整水的密度至与试样相近

D. 没有影响，继续试验

解析：在试验中，如发现沥青细丝浮于水面或沉入槽底时，则应在水中加入酒精或食盐，调整水的密度与沥青试样的密度相近后，重新试验。

【2023真题】

16. 进行沥青与粗集料的黏附性试验时，关于黏附性等级评定正确的是（　　）。

A. 沥青膜基本保存，剥离面积百分率少于5%，评定为五级

B. 沥青膜少部为水所移动，厚度不均匀，剥离面积百分率少于10%，评定为4级

C. 沥青膜大部为水所移动，局部保留在集料表面上，剥离面积百分率大于20%，评定为2级

D. 沥青膜完全为水所移动，基料基本裸露，沥青全浮于水面上，评定为0级

解析：

沥青与集料黏附性的等级评定

试验后石料表面上沥青膜剥落情况	黏附等级
沥青膜完全保存，剥离面积百分率接近于0	5
沥青膜少部分被水所移动，厚度不均匀，剥离面积百分率少于10%	4
沥青膜局部明显地被水所移动，基本保留在石料表面，剥离面积百分率少于30%	3
沥青膜大部分被水所移动，局部保留在石料表面，剥离面积百分率大于30%	2
沥青膜完全被水所移动，石料基本裸露，沥青全部浮在水面	1

【2023 真题】

17. 适用于体积法检测沥青混合料密度的条件是（　　　）

A. 吸水率小于2%的密级配沥青混凝土

B. SMA 沥青混合料

C. 吸水率小于2%的沥青稳定碎石

D. 开级配沥青混合料（OGFC）

解析： 体积法用于测定空隙率很高（往往在18%以上）的沥青混合料毛体积相对密度及毛体积密度，只有D选项开级配沥青混合料（OGFC）的设计空隙率大于18%。

【2023 真题】

18. 影响沥青与集料黏附效果的主要因素是（　　　）。

A. 集料表面棱角性 B. 集料的破碎面

C. 集料的化学性质 D. 集料的碱活性

解析： 影响沥青与集料黏附效果的主要因素是集料的化学性质。集料的化学性质决定了其与沥青之间的相互作用和黏附能力。例如，碱性集料与沥青的黏附性较好，而酸性集料与沥青的黏附性较差。这是因为碱性集料表面通常含有较多的钙、镁等金属离子，这些离子可以与沥青中的酸性物质发生化学反应，形成化学键合，从而增强黏附性。相反，酸性集料表面含有较多的硅酸盐等酸性物质，与沥青中的酸性物质不易发生化学反应，导致黏附性较差。虽然集料的表面棱角性、破碎面和碱活性也会对沥青与集料的黏附效果产生影响，但它们并不是最主要的因素。因此，正确答案是C集料的化学性质。

【2024 真题】

19. 用蜡封法测定沥青混合料密度时，表述正确的是（　　　）。

A. 可用于测定吸水率大于2%的沥青混合料试件的表观相对密度

B. 试验标准温度为20℃±0.5℃

C. 将干燥后的试件放置于冰箱中，在4℃~5℃条件下冷却不少于30min

D. 试件表面被石蜡封住后迅速取出试件，在常温下放置20min后称取蜡封试件的空中质量

解析：蜡封法适用于测定吸水率大于2%的沥青混凝土或沥青碎石混合料试件的毛体积相对密度或毛体积密度。标准温度为（25±0.5）℃。A、B错误。

将试件置于冰箱中，在4~5℃条件下冷却不少于30min。将石蜡熔化至其熔点以上(5.5±0.5)℃。从冰箱中取出试件立即浸入石蜡液中，至全部表面被石蜡封住后迅速取出试件，在常温下放置30min，称取蜡封试件的空中质量。C正确，D错误。

【2024 真题】

20. 在 AC-16 沥青混合料高温性能检验时，描述正确的是（　　）。
A. 采用车辙试验，只可用于室内拌和的沥青混合料的高温稳定性检验
B. 采用车辙试验，可用于现场沥青混合料的高温稳定性检验
C. 可以采用二次加热的沥青混合料进行车辙试验
D. 只需要对沥青混合料最终的车辙变形量提出技术要求

解析：车辙试验适用于测定沥青混合料的高温抗车辙能力，供沥青混合料配合比设计时的高温稳定性检验使用，也可用于现场沥青混合料的高温稳定性检验，A错误，B正确。

热拌热铺的沥青混合料试样需送至中心试验室或质量检测机构做质量评定且二次加热会影响试验结果（如车辙试验）时，必须在取样后趁高温立即装入保温桶内，送试验室立即成型试件，试件成型温度不得低于规定要求。C错误。

沥青混合料车辙试验的最终技术要求是动稳定度（次/mm），D错误。

二、判断题

【2021 真题】

21. 进行 AC-25 车辙试验时，采用轮碾法成型板块试件，其尺寸宜为 300mm（长）×300mm（宽）×60mm（厚）。

A. 正确　　　　　　　　　　　　B. 错误

解析：《公路工程沥青及沥青混合料试验规程》，对于集料公称最大粒径小于或等于19mm 的沥青混合料，宜采用 300mm（长）×300mm（宽）×50mm（厚）的板块试模成型；对于集料公称最大粒径大于或等于 26.5mm 的沥青混合料，宜采用 300mm（长）×300mm（宽）×80~100mm（厚）的板块试模成型。

【2021 真题】

22. 在沥青路面施工中，为测定沥青混合料的沥青含量，可以采用燃烧炉法或离心分离法，在实际工程中宜将两种方法结合起来应用。

A. 正确　　　　　　　　　　　　B. 错误

解析： 离心分离法是现行规范规定的标准试验方法。燃烧炉法既快又比较简单、要求对于每一种沥青混合料都必须进行标定。当混合料的任何一档料的料源变化或者单档集料配合比变化超过 5% 时均需要重新标定。测定沥青混合料的沥青含量，可以采用燃烧炉法或离心分离法，在实际工程中宜将两种方法结合起来应用。

【2021 真题】

23. 破乳试验用于评价乳化沥青的拌和稳定度，鉴别乳液属于快裂、中裂或慢裂型号，试验时需要制备 2 组矿料和乳液试样进行平行试验。

  A. 正确   B. 错误

  解析： 破乳试验用于评价乳化沥青的拌和稳定度，鉴别乳液属于快裂、中裂或慢裂型号，试验时需要制备 2 组矿料（A 组、B 组）和乳液试样（A 组 20g 乳液、B 组 50g 乳液）进行平行试验。

【2020 真题】

24. 沥青针入度试验中同一试样需平行试验至少 2 次，各测试点之间及其与盛样皿边缘的距离应不小于 10mm。

  A. 正确   B. 错误

  解析： 同一试样平行试验至少 3 次，各测试点之间及与盛样皿边缘的距离不应少于 10mm。

【2021 真题】

25. 在进行沥青混合料冻融劈裂试验时，应成型不少于 8 个试件，按照空隙率分为 2 组，每组不少于 4 个试件，测定 2 组试件的劈裂强度，取两组强度的比值作为试验结果。

  A. 正确   B. 错误

  解析： 沥青混合料冻融劈裂试验：按马歇尔试件成型方法成型试件，尺寸为直径 101.6mm，高 63.5mm±1.3mm。成型两组，每组不少于 4 个。成型好的试件随机分组。

【2020 真题】

26. 沥青混合料冻融劈裂采用马歇尔击实法成型圆柱体试件，击实次数为双面各 50 次，试验温度为 60℃。

  A. 正确   B. 错误

  解析： 试验用试件为圆柱形马歇尔试件，击实次数为双面各 50 次，集料最大粒径不超过 26.5mm。冷冻温度为（-18±2）℃，保温为（60±0.5）℃。试验时温度为（25±0.5）℃。

【2020 真题】

27. 沥青混合料中沥青含量试验，可以采用离心分离法和燃烧炉法，离心分离法可以直接得出试验结果，但是操作复杂、溶剂会影响环境；燃烧炉法效率高、但事前必须标定。

  A. 正确   B. 错误

解析：沥青混合料中沥青含量试验，可以采用离心分离法和燃烧炉法。离心分离法可以直接得出试验结果，但是操作复杂、溶剂会影响环境；燃烧炉法效率高、但事前必须标定。

【2021真题】

28. 聚合物改性沥青的软化点一定高于道路石油沥青的软化点。

A. 正确　　　　　　　　　　　　　　　　B. 错误

解析：根据道路石油沥青技术要求与聚合物改性沥青技术要求，例如，SBS类（I类）I-A聚合物改性沥青的软化点要求不小于45℃，而30号A级道路石油沥青软化点要求不小于55℃，这两种沥青比较的话，该题的说法就错误了。

【2024真题】

29. AC-13沥青混合料如需设计为粗型混合料，用于分类的关键性筛孔是2.36mm。

A. 正确　　　　　　　　　　　　　　　　B. 错误

解析：

粗型和细型密级配沥青混凝土的关键筛孔通过率

分类	公称粒径/mm	用以分类的关键性筛孔/mm	粗型密级配（C型）		细型密级配（F型）	
			名称	关键筛孔通过率/%	名称	关键筛孔通过率/%
AC-25	26.5	4.75	AC-25C	<40	AC-25F	>40
AC-20	19	4.75	AC-20C	<45	AC-20F	>45
AC-16	16	2.36	AC-16C	<38	AC-16F	>38
AC-13	13.2	2.36	AC-13C	<40	AC-13F	>40
AC-10	9.5	2.36	AC-10C	<45	AC-10F	>45

【2023真题】

30. AC-16如果采用粗型的沥青混合料，用于分类的关键性筛孔是2.36mm。

A. 正确　　　　　　　　　　　　　　　　B. 错误

解析：

粗型和细型密级配沥青混凝土的关键筛孔通过率

分类	公称粒径/mm	用以分类的关键性筛孔/mm	粗型密级配（C型）		细型密级配（F型）	
			名称	关键筛孔通过率/%	名称	关键筛孔通过率/%
AC-25	26.5	4.75	AC-29C	<40	AC-25F	>40
AC-20	19	4.75	AC-20C	<45	AC-20F	>45
AC-16	16	2.36	AC-16C	<38	AC-16F	>38
AC-13	13.2	2.36	AC-13C	<40	AC-13F	>40
AC-10	9.5	2.36	AC-10C	<45	AC-10F	>45

【2023 真题】

31. SMA 混合料如果掺加纤维，可以有效改善混合料拌和物的和易性。

    A. 正确   B. 错误

解析： 纤维的加入可以增强混合料的抗变形能力，使其在受到外力作用时能够更好地保持形状和稳定性。这种抗变形能力的提高有助于减少混合料在运输、铺设和压实过程中的变形和开裂现象，从而提高混合料的和易性。

【2023 真题】

32. 对冬季寒冷的地区或交通量小的公路、旅游公路宜选用稠度和针入度较小的沥青。

    A. 正确   B. 错误

解析： 对冬季寒冷的地区或交通量小的公路、旅游公路宜选用稠度小，低温延度大的沥青，延度越大对应的针入度越大，所以针入度并非越小越好，针入度较大有助于沥青混合料低温变形能力。

【2024 真题】

33. 进行乳化沥青稀浆混合料的拌和试验时，在乳化沥青倒入后的最初 3~8s 内用力快速拌和，然后用拌和匙沿杯壁顺时针均匀拌和，一般速度采用 60~70r/min。

    A. 正确   B. 错误

解析： 在乳化沥青或改性乳化沥青倒入后的最初 3~8s 内用力快速拌和，然后用拌和匙沿杯壁顺时针均匀拌和，速度一般为 60~70r/min，注意观察混合料的拌和状态。

【2023 真题】

34. 进行针入度指数仲裁时，应在 10~30℃ 范围内，选择至少 4 个温度条件分别测定沥青的针入度。

    A. 正确   B. 错误

解析： 测定针入度指数 PI 时，在 15℃、25℃、30℃（或 5℃）3 个或 3 个以上（必要时增加 10℃、20℃等）温度条件下分别测定沥青的针入度，但用于仲裁试验的温度条件应为 5 个。

【2023 真题】

35. 浸水马歇尔试验与标准马歇尔试验操作的不同之处在于试件在恒温水槽中规定温度下保温时间不同。

    A. 正确   B. 错误

解析： 浸水马歇尔试验方法与标准马歇尔试验方法的不同之处在于，试件在已达规定温度恒温水槽中的保温时间为 48h，其余均与标准马歇尔试验方法相同。

保温时间对标准马歇尔试件需 30~40min，对大型马歇尔试件需 45~60min。

【2023 真题】

36. 沥青混合料的空隙率越高，沥青混合料越容易老化，沥青路面容易产生渗水，因此沥青混合料空隙率越低越好。

A. 正确　　　　　　　　　　　　　　　　B. 错误

解析：沥青混合料中的空隙率小，环境中易造成老化的因素介入的机会就少，所以从耐久性考虑，希望沥青混合料空隙率尽可能小一些。但沥青混合料中还必须留有一定的空隙，以备夏季沥青材料的膨胀变形之用。

【2023 真题】

37. 沥青属于感温性材料，延度、脆点和低温弯曲蠕变 BBR 试验都是评价沥青的低温性能的试验方法。

A. 正确　　　　　　　　　　　　　　　　B. 错误

解析：各体系的低温性能指标如下：①针入度体系和黏度体系，是以经验为基础的指标体系，主要指标如下：低温性能：延度或脆点。②性能体系是基于流变性能的指标体系，习惯上称为 PG 体系，主要指标如下：低温性能：低温弯曲蠕变 BBR 试验测定的劲度 S 值和斜率值，低温直接拉伸 DT 试验断裂变形。

【2024 真题】

38. 软化点大于等于 80℃ 以上的沥青进行软化点试验时，需要在试验用的烧杯内注入加热至 32℃ 的甘油。

A. 正确　　　　　　　　　　　　　　　　B. 错误

解析：软化点在 80℃ 以下的沥青，使用加热至 5℃ 的水。
软化点在 80℃ 以上的沥青，使用加热至 32℃ 的甘油。

【2023 真题】

39. 通常情况下，沥青的软化点越高，黏度也越高，针入度越小。

A. 正确　　　　　　　　　　　　　　　　B. 错误

解析：软化点是沥青达到规定条件黏度时所对应的温度。也就是通过规定的试验方法和试验条件，测得沥青伴随温度升高，其状态由固态变为可流动的液态时所对应的温度，以此作为评价沥青高温稳定性的指标。同时还可作为"等黏温度"指标，看作沥青黏稠性的一种度量。所以软化点越高，黏度也越高，可以通过沥青技术要求看出软化点要求越高，对应的针入度越小。

【2023 真题】

40. 液体石油沥青根据使用目的与场所不同，可选用快裂、中裂、慢裂三类。

A. 正确　　　　　　　　　　　　　　　　B. 错误

解析：稀释沥青，也称液体沥青，根据使用目的及场所，可选用快凝、中凝、慢凝的液体石油沥青。乳化沥青和改性乳化沥青按照破乳速度分为快裂、中裂和慢裂。

【2023 真题】

41. 液体石油沥青是煤油等稀释剂与沥青的混合物，可用于透层油或冷补料等。

A. 正确　　　　　　　　　　　　　　　　B. 错误

解析：稀释沥青也称液体沥青，适用于透层、黏层及拌制冷拌沥青混合料。根据使用目的与场所，可选用快凝、中凝、慢凝的液体石油沥青。

【2024 真题】

42. 用水煮法评价沥青与粗集料的黏附性时，先将集料过 13.2mm 和 16mm 标准筛，取粒径 13.2mm~16mm 形状接近立方体的规则集料 5 颗，用洁净水洗净备用。

A. 正确　　　　　　　　　　　　　　　　B. 错误

解析：水煮法：将集料过 13.2mm、19mm 的筛，取存留在 13.2mm 筛上的颗粒 5 个，要求试样表面规整、接近立方体。

【2024 真题】

43. 在进行沥青溶解度试验时，需要使用分析天平，感量不大于 0.1mg。

A. 正确　　　　　　　　　　　　　　　　B. 错误

解析：沥青溶解度试验使用分析天平：感量不大于 0.1mg。

【2024 真题】

44. 在进行沥青与粗集料的黏附性试验时，同一试样应平行试验 5 个集料颗粒，并由一名经验丰富的试验人员进行评定，取 5 个集料的平均等级作为试验结果。

A. 正确　　　　　　　　　　　　　　　　B. 错误

解析：水煮法，同一试样平行试验 5 个颗粒，并由两名以上经验丰富的试验人员分别评定后，取平均等级作为试验结果。

水浸法，试样 20 个颗粒，由两名以上的经验丰富的试验人员分别目测，评定剥离面积的百分率，评定后取平均值表示。

【2024 真题】

45. 在沥青软化点试验中，试样软化点大于等于 60℃ 以上者，必须在试验用的烧杯内注入加热至 32℃ 的甘油。

A. 正确　　　　　　　　　　　　　　　　B. 错误

解析：软化点在 80℃ 以下的沥青，使用加热至 5℃ 的水。软化点在 80℃ 以上的沥青，使用加热至 32℃ 的甘油。

【2024 真题】

46. 在确定乳化沥青稀浆混合料的可拌和时间时，在乳化沥青倒入后，需要用拌和匙沿杯壁顺时针均匀拌和，一般速度采用 80~90r/min。

A. 正确　　　　　　　　　　　　　　　　B. 错误

解析：在乳化沥青或改性乳化沥青倒入后的最初3~8s内用力快速拌和，然后用拌和匙沿杯壁顺时针均匀拌和，速度一般为60~70r/min，注意观察混合料的拌和状态。

三、多项选择题

【2021真题】

47. 以下关于90号A级道路石油沥青评价指标表述不正确的有（　　）。
    A. 软化点主要是评价沥青混合料的高温性能
    B. 闪点主要是反映沥青混合料的施工安全性，闪点越高，施工安全性越好
    C. 离析试验的软化点差主要反映沥青混合料贮存稳定性，软化点差越大说明贮存稳定性越高
    D. 质量变化主要反映沥青短期抗老化性能，质量变化只能出现正值，不会出现负值，且越大抗老化性能越好

解析：A不正确，软化点是反映沥青材料热稳定性的指标。B正确，闪点主要是反映沥青混合料的施工安全性，闪点越高，施工安全性越好。C不正确，离析试验的软化点差主要反映沥青混合料贮存稳定性，软化点差越大说明贮存稳定性越差。D不正确，试验过程中，蒸发损失试验的计算结果可正可负，正值表明加热时沥青试样不仅没有损失，而且还有一定增加，原因在于加热过程中沥青与空气中某些成分发生了反应。

【2021真题】

48. 谢伦堡沥青析漏试验方法适合检验（　　）沥青混合料的最大沥青用量。
    A. 沥青玛琋脂碎石混合料SMA　　　　B. 大空隙率沥青混合料OGFC
    C. 粗型密级配沥青混凝土　　　　　　D. 细型密级配沥青混凝土

解析：谢伦堡沥青析漏试验用以检测沥青结合料在高温状态下从沥青混合料中析出多余的自由沥青数量，供检验沥青玛蹄脂碎石混合料（SMA）、排水式大空隙沥青混合料（OGFC）或沥青碎石类混合料的最大沥青用量使用。

【2021真题】

49. 针对AC-25和AC-13沥青混合料（均采用70号A级沥青）的集料黏附性试验，以下说法错误的有（　　）。
    A. 两种沥青混合料的集料既可以采用水煮法，也可以采用水浸法评价黏附性
    B. 水煮法试验时，集料浸入沥青之前，应加热至沥青混合料的拌和温度
    C. 水浸法试验时，集料与沥青拌和之前，应加热至沥青混合料的拌和温度以上5℃
    D. 无论是水煮法还是水浸法，都要求两名以上经验丰富的试验人员分别操作，各制备1份试样分别测定，取平均等级作为试验结果

解析：A错误，AC-25属于粗粒式沥青混合料最大达到31.5mm，应用水煮法，AC-13属于细粒式沥青混合料，对细粒式沥青混合料应以水浸法试验为标准。B错误，集料浸入沥青之前，应加热至（105±5）℃。D错误，同样试样平行试验5个颗粒，并由两名以上经验

丰富的试验人员分别评定后，取平均等级作为试验结果。

【2023 真题】

50. 测定沥青混合料试件密度的方法有（　　）
   A. 水中重法　　　　　B. 表干法　　　　　C. 蜡封法　　　　　D. 体积法

   解析：压实沥青混合料密度的四种试验方法。

【2023 真题】

51. 改性乳化沥青的技术要求包括（　　）。
   A. 25℃针入度
   B. 1.18mm 筛上剩余量
   C. 蒸发残留物 25℃针入度
   D. 48h 贮存稳定性

   解析：储存稳定性是 1d 和 5d。

【2024 真题】

52. 根据《公路工程沥青及沥青混合料试验规程》(JTG E20—2011)，对改性沥青进行弹性恢复试验时，表述正确的是（　　）。

   A. 非经注明，试验温度为 15℃，拉伸速率为 5cm/min±0.25cm/min
   B. 非经注明，试验温度为 25℃，拉伸速率为 5cm/min±0.25cm/min
   C. 以规定的速率拉伸试样达 10cm±0.25cm 时停止拉伸
   D. 以规定的速率拉伸试样达 20cm±0.25cm 时停止拉伸

   解析：沥青弹性恢复试验适用于评价热塑性橡胶类聚合物改性沥青的弹性恢复性能，即测定用延度试验仪拉长一定长度后可恢复变形的百分率。非经注明，试验温度为 25℃，拉伸速率为 (5±0.25) cm/min。将试样安装在滑板上，按延度试验方法以规定的 5cm/min 的速率拉伸试样达 (10±0.25) cm 时停止拉伸。

【2024 真题】

53. 根据《公路沥青路面施工技术规范》(JTG F40—2004)，可以作为沥青层压实度计算使用的沥青混合料标准密度有（　　）。

   A. 试验室标准密度
   B. 配合比设计用标准密度
   C. 最大理论密度
   D. 试验路段密度

   解析：计算压实度的标准密度可采用每天试验室实测的马歇尔击实试件密度或试验路段钻孔取样密度，也可采用最大理论密度。

【2023 真题】

54. 关于沥青薄膜加热试验，叙述正确的是（　　）。

   A. 适用于评价道路石油沥青、改性沥青、乳化沥青的老化性能
   B. 需要把烘箱调整水平，转盘与水平倾斜角不大于 3°
   C. 烘箱达到 163℃后，迅速将盛样皿放入转盘上，关闭烘箱门和开动转盘架，烘箱内

温度回升至163℃是开始计时

D. 测定试样的质量变化时，盛样皿质量称量应准确至1mg

解析：A选项应为道路石油沥青、聚合物改性沥青。C选项应为烘箱内温度回升至162℃时开始计时。

【2024真题】

55. 进行沥青混合料马歇尔配合比设计时，（　　）的技术要求包括肯塔堡飞散试验。

A. SMA-16沥青混合料　　　　　　B. AC-20沥青混合料

C. ATB-25沥青混合料　　　　　　D. OGFC-16沥青混合料

解析：依据《公路沥青路面施工技术规范》，SMA混合料和OGFC混合料技术要求包括肯特堡飞散损失。

【2023真题】

56. 可以用来区分道路石油沥青等级的技术要求有（　　）。

A. 软化点　　　　B. 蜡含量　　　　C. 残留针入度比　　　　D. 闪点

解析：软化点、蜡含量、残留针入度比的技术要求等级分为A、B、C三级；闪点的技术要求不分等级。

【2024真题】

57. 沥青混合料是沥青路面的重要筑路材料，其中AC-16沥青混合料主要由（　　）组成。

A. 沥青　　　　B. 粗集料　　　　C. 细集料　　　　D. 矿粉

解析：沥青混合料是矿料（包括碎石、细集料和填料）与沥青结合料经拌和而成的混合料的总称。

填料是指在沥青混合料中起填充作用的粒径小于0.075mm的矿物质粉末。通常是石灰岩等碱性料加工磨细得到的矿粉，水泥、消石灰、粉煤灰等矿物质有时也可作为填料使用。

【2023真题】

58. 沥青混合料由（　　）等组成。

A. 沥青　　　　B. 外加剂　　　　C. 粗集料　　　　D. 矿粉

解析：沥青混合料是矿料（包括碎石、细集料和填料）与沥青结合料经拌和而成的混合料总称。

【2023真题】

59. 沥青玛碲脂碎石混合料在工程中得到广泛应用，关于配合比设计的表述正确的有（　　）。

A. 需要测定混合料级配中粗集料捣实骨架间隙率

B. 需要对粗集料振捣空隙率与马歇尔试件粗骨料骨架间隙率比较

C. 为评价自由沥青数量需进行析漏试验

D. 为评价高温性能需要进行肯塔堡飞散试验

解析：通过沥青混合料飞散试验，评价沥青混合料中沥青用量及沥青黏结效果。

SMA 混合料马歇尔试验配合比设计技术要求

试验项目	单位	技术要求		试验方法
		不使用改性沥青	使用改性沥青	
马歇尔试件尺寸	mm	$\phi 101.6mm \times 63.5mm$		T 0702
马歇尔试件击实次数[1]	—	两面击实 50 次		T 0702
空隙率 VV^2	%	3~4		T 0705
矿料间隙率 VMA^2，不小于	%	17.0		T 0705
粗集料骨架间隙率 VCA_{min}^3，不大于	—	VCA_{DRC}		T 0705
沥青饱和度 VFA	%	75~85		T 0705
稳定度[4]，不小于	kN	5.5	6.0	T 0709
流值	mm	2~5	—	T 0709
谢伦堡沥青析漏试验的结合料损失	%	不大于 0.2	不大于 0.1	T 0732
肯塔堡飞散试验的混合料损失或浸水飞散试验	%	不大于 20	不大于 15	T 0733

1. 对集料坚硬不易击碎，通行重载交通的路段，也可将击实次数增加为双面 75 次。
2. 对高温稳定性要求较高的重交通路段或炎热地区，设计空隙率允许放宽到 4.5%，VMA 允许放宽到 16.5%（SMA-16）或 16%（SMA-19），VFA 允许放宽到 70%。
3. 试验粗集料骨架间隙率 VCA 的关键性筛孔，对 SMA-19、SMA-16 是指 4.75mm，对 SMA-13、SMA-10 是指 2.36mm。
4. 稳定度难以达到要求时，容许放宽到 5.0kN（非改性）或 5.5kN（改性），但动稳定度检验必须合格。

【2023 真题】

60. 某试验室需要绘制 70 号 A 级道路石油沥青的黏温曲线，拟测定 135℃和 175℃两个温度的旋转黏度，下列操作正确的有（ ）。

A. 可制备 2 个试样，在烘箱中按照要求的温度加热、保温

B. 试验时采用同一个试样测定两个温度的黏度，先测定 175℃的黏度，然后测定 135℃的黏度

C. 在旋转黏度测定过程中，发现扭矩读数不在要求的范围内时，可更换转子或调整转子转速重新试验

D. 在绘制黏温曲线时，黏度一般采用对数坐标

解析：B 错误，待测样品在要求的试验温度下重复进行试验，并在不同温度下完成操作。注意不同温度下的操作要从低到高进行，每个温度下的操作待测样品都要提前在烘箱中恒温时间不小于 1.5h，并在仪器的恒温控制器中控温不小于 15min。

【2024 真题】

61. 评价沥青与粗集料的黏附性试验方法有（ ）。

A. 水浸法　　　　　B. 水泡法　　　　　C. 水封法　　　　　D. 水煮法

解析：评价沥青与粗集料的黏附性试验方法根据沥青混合料中矿料的最大粒径分为水煮法和水浸法。

【2023 真题】

62. 微表处和稀浆封层均需要检验的技术指标有（　　）。

A. 可拌和时间
B. 负荷轮碾压试验的黏附砂量
C. 浸水 1h 的湿轮磨耗试验的磨耗值
D. 浸水 6d 的湿轮磨耗试验的磨耗值

解析：

稀浆封层和微表处混合料技术要求

项目	单位	微表处	稀浆封层	试验方法
可拌和时间	s		>120	手工拌和
稠度	cm	—	2~3	T 0751
黏聚力试验			（仅适用于快开放交通的稀浆封层）	T 0754
30min（初凝时间）	N·m	≥1.2	≥1.2	
60min（开放交通时间）	N·m	≥2.0	≥2.0	
负荷轮碾压试验（LWT）			（仅适用于重交通道路表层时）	T 0755
黏附砂量	g/m²	<450	<450	
轮迹宽度变化率①	%	<5	—	
湿轮磨耗试验的磨耗值（WTAT）				T 0752
浸水 1h	g/m²	<540	<800	
浸水 6d	g/m²	<800	—	

注：① 适用于需要修补车辙的情况。

【2023 真题】

63. 为了增强沥青与集料的黏结力，可以掺加一部分（　　）。

A. 消石灰粉
B. 黏土
C. 水泥
D. 洁净的天然砂

解析：为了满足沥青与集料的黏附性等级要求，工程中常用的抗剥落方法包括使用高黏度沥青；在沥青中掺加抗剥落剂；用干燥的生石灰、消石灰粉或水泥作为填料的一部分；或将粗集料用石灰浆裹覆处理后使用等。

【2024 真题】

64. 无机结合料稳定基层应满足的性能有（　　）。

A. 足够的承载能力
B. 耐久性
C. 水稳定性
D. 抗永久变形能力

解析：依据《公路沥青路面设计规范》基层和底基层应具有足够的承载能力、抗疲劳开裂性能、足够的耐久性和水稳定性。沥青结合料类和粒料类基层尚应具有足够的抗永久变形能力。

【2023 真题】

65. 液体石油沥青可适用于（　　）。

A. 拌制微表处　　　　　　　　　　　　B. 水泥稳定碎石基层顶面透层
C. 拌制沥青稳定碎石　　　　　　　　　D. 拌制冷拌沥青混合料

解析：稀释沥青也称液体沥青，适用于透层、黏层及拌制冷拌沥青混合料等。

【2024 真题】

66. 在公路工程中，乳化沥青适用于（　　）。

A. 水稳碎石基层顶面透层油　　　　　　B. 修补裂缝
C. 铺筑沥青贯入式路面　　　　　　　　D. 拌制沥青玛蹄脂碎石混合料

解析：乳化沥青适用于沥青表面处治路面、沥青贯入式路面、冷拌沥青混合料路面，修补裂缝、喷洒透层、黏层与封层等。

四、综合题

【2020 真题】

67. 某试验室从拌和楼取沥青、纤维和沥青混合料进行相关试验，沥青为 SBS 改性沥青，沥青混合料为 SMA-13，其中掺加 0.3% 木质素纤维，请完成下列题目。

1) 以下关于材料取样正确的有（　　）。

A. 沥青宜采用金属容器作为盛样容器
B. 沥青混合料宜采用搪瓷盘或金属盛样容器
C. 纤维样品宜现场密封，防止受潮
D. 沥青和沥青混合料取样时应采取必要的防护措施

解析：盛样器：根据沥青的品种选择。液体或黏稠沥青采用广口、密封带盖的金属容器（如锅、桶等）；乳化沥青也可使用广口、带盖的聚氯乙烯塑料桶；固体沥青可用塑料袋，但需有外包装，以便携运；除液体沥青、乳化沥青外，所有需加热的沥青试样必须存放在密封带盖的金属容器中，严禁灌入纸袋、塑料袋中存放。试样应存放在阴凉干净处，注意防止试样污染。沥青混合料取样采用搪瓷盘或其他金属盛样容器、塑料编织袋。

2) 采用击实法双面击实 50 次成型试件后测定 SMA-13 试件毛体积相对密度，主要试验步骤包括：①将溢流水箱水温保持在 25℃，挂上网篮，浸入溢流水箱中，调节水位，将天平调平并复零，把试件置于网篮中浸水中 3~5min，称取水中质量；②除去试件表面的浮粒，称取干燥试件的空中质量；③从水中称取试件，用洁净柔软的拧干湿毛巾轻轻擦去试件的表面水，称取试件的表干质量，从试件拿出水面到擦拭结束不宜超过 5s；④选择适宜的浸水天平，最大称量应满足试件质量的要求。正确的试验步骤排序为（　　）。

A. ④②①③　　　　B. ①②④③　　　　C. ④③①②　　　　D. ②④③①

解析：表干法试验步骤。

3）采用轮碾法成型板块式试件进行 SMA-13 车辙试验，以下表述正确的有（   ）。
   A. 该板块试件厚度一般为 50mm
   B. 车辙试验时温度一般为 50℃
   C. 成型的试件需要按照要求放置一定时间才能进行车辙试验
   D. 车辙试验时，试件不脱模，试件连同试模一起放入恒温室内

解析：沥青混合料车辙试验用于测定沥青混合料的高温抗车辙能力，供沥青混合料配合比设计的高温稳定性检验使用。试验基本要求是在规定温度条件下（通常为 60℃），用一块碾压成型的板块式试件（通常尺寸为 300mm×300mm×50mm），以轮压 0.7MPa 的实心橡胶轮胎在其上往复碾压行走，测定试件在变形稳定期时，每增加 1mm 变形需要碾压行走的次数，以此作为沥青混合料车辙试验结果，称为动稳定度，以次/mm 表示。试件成型后，连同试模一起在常温条件下放置的时间不得少于 12h。对于聚合物改性沥青混合料试件，放置时间以 48h 为宜，使聚合物改性沥青充分固化后再进行车辙试验，但在室温中放置时间不得长于一周。

【2020 真题】

68. 某试验室从拌和楼取木质素纤维、SBS 改性沥青及 SMA-16 沥青混合料进行相关试验，请根据试验要求完成下列各题。

1）预估所取 SBS 改性沥青软化点高于 81℃，则关于该样品的软化点试验表述正确的有（   ）。
   A. 将准备好的沥青试样徐徐注入试样环内至略高出环面为止，试样在室温冷却一定时间后，刮除环面上的试样，应使其与环面齐平
   B. 将装有试样的试样环连同试样底板置于装甘油的恒温槽中，按照要求时间进行恒温；同时将金属支架、钢球、钢球定位环等亦置于甘油中
   C. 在烧杯内注入预先加热的甘油，其液面略低于立杆上的深度标记
   D. 若两个试样软化点测定值平均值为 82.6℃，则该样品软化点试验结果为 83.0℃

解析：软化点试验结果要求准确至 0.5℃，82.6 修约至最近的 82.5，所以 D 错误。

2）采用真空减压毛细管法测定沥青的动力黏度，其试验内容包括：①将真空系统与黏度计连接，关闭活塞或阀门。②将装好试样的毛细管黏度计放入电烘箱（135℃±5.5℃）中，保温 10min±2min，以使管中试样所产生气泡逸出。③开动真空泵，使真空度达到 40kPa±66.5Pa。④从烘箱中取出毛细管黏度计，在室温条件下冷却 2min 后，安装在保持试验温度的恒温水槽中。自烘箱中取出黏度计，至装好放入恒温水槽的操作时间应控制在 5min 之内。⑤将加热的黏度计置于容器中，然后将热沥青试样自装料管 A 注入毛细管黏度计，试样应不致粘在管壁上，并使试样液面在 E 标线处 2mm 之内。⑥黏度计在恒温水槽中保持 30min 后，打开连接减压系统阀门，当试样吸到第一标线时同时开动两个秒表，测定通过连续的一对标线间隔时间，记录第一个超过 60s 的标线符号及间隔时间。则正确的试验顺序是（   ）。
   A.⑤②④①③⑥　　　　　　　　　　B.⑤②④③①⑥
   C.⑤②①③④⑥　　　　　　　　　　D.⑤②③④①⑥

解析：A 选项为真空减压毛细管法测沥青黏度试验步骤。

3) 该 SMA-16 沥青混合料车辙试验，4 个平行试件的动稳定度测定值分别为 2872 次/mm、3190 次/mm、3310 次/mm 和 2276 次 mm，其平均值为 2912 次/mm，变异系数为 15.9%，则该混合料车辙试验结果评价正确的是（　　）。

　　A. 该 SMA-16 车辙试验结果为 2900 次/mm

　　B. 该 SMA-16 车辙试验结果为 2912 次 mm

　　C. 该 SMA-16 车试验测定值误差偏大，试验结果为无效，需要重新进行试验

　　D. 该 SMA-16 车试验测定值误差偏大，试验结果为无效，需要分析原因，追加试验

解析：变异系数不大于 20%，取平均值为试验结果，变异系数大于 20% 时应分析原因，并追加试验。

4) 若该 SMA16 混合料车辙试验时动稳定度检验不合格，则可能的原因有（　　）。

　　A. 油石比偏高　　　　　　　　　　　　B. 沥青动力黏度偏低

　　C. 软化点偏低　　　　　　　　　　　　D. 混合料级配不合理

解析：动稳定度不合格，简单理解为沥青混合料强度不足，则可能是级配不合理或者沥青太多了，或沥青偏软、软化点低、黏度偏低。

【2021 真题】

69. 某试验室需进行 AC-13 沥青混合料生产配合比检验，已知沥青为 70 号道路石油沥青，现取样在室内拌制沥青混合料，成型马歇尔试件，测定沥青混合料理论最大相对密度，同时计算空隙率等指标。目标配合比设计的结果：沥青的相对密度为 1.003；矿料合成毛体积相对密度为 2.735；最佳沥青用量 5.0%、油石比 5.2%；马歇尔试件毛体积相对密度为 2.472（毛体积密度为 2.465g/cm³），吸水率为 0.2%。按双面击实 75 次成型 4 个试件，经测定试件高度完全满足规定要求，采用蜡封法测定马歇尔试件毛体积相对密度分别为 2.459、2.473、2.475、2.484，平均值为 2.473，标准差为 0.010；含水率分别为 0.4%、0.2%、0.2% 和 0.1%，平均值为 0.2%，标准差为 0.16%。25℃ 水的密度为 0.9971g/cm³。一个马歇尔试件的体积按 515cm³ 计算，一个理论最大相对密度试样质量为 1500g。请完成下列题目。

1) 一个马歇尔试件和一个理论最大相对密度试样所需沥青的质量分别为（　　）。

　　A. 66.0g、78.0g　　　　　　　　　　　B. 63.5g、75.0g

　　C. 66.2g、78.0g　　　　　　　　　　　D. 63.7g、75.0g

解析：进行生产配合比时，沥青混合料的密度不是已知的，所以计算用量不需要乘以 1.03，一个马歇尔试件的沥青质量 = 毛体积相对密度 × 25℃ 水的密度 × 试件的体积 × 沥青用量 = 2.473 × 0.9971 × 515 × 0.05 = 63.5g；一个理论最大相对密度试验需要沥青质量 = 最大相对密度试样质量 × 沥青用量 = 1500 × 0.05 = 75g。

2) 在进行最大理论密度试验时，由于试验人员疏忽导致拌制的热沥青混合料在拌和机保温 93min 后才开始冷却、分散，这导致空隙率、VMA 和 VFA 指标的变化趋势是（　　）。

　　A. 空隙率增大，VMA 和 VFA 降低　　　　B. 空隙率降低，VMA 和 VFA 增大

　　C. 空隙率增大，VMA 不变，VFA 降低　　　D. 空隙率降低，VMA 不变，VFA 增大

解析：沥青混合料理论最大（相对）密度是假设沥青混合料被压实至完全密实，没有任何空隙的理想状态下的最大密度，即压实沥青混合料试件全部被矿料（包括矿料内部孔隙）和沥青所占有，且空隙率为零的（相对）密度。如果保温时间过长，裹覆在集料表面的沥青更多的被开口孔隙吸收，开口孔隙中沥青含量变多，但沥青混合料总体积变小，混合料的理论最大密度增大，所以根据三个体积指标计算公式。空隙率增大，VMA 不变，VFA 降低，所以正确答案 C。

3）击实试验时发现第一个试件高度为 62.1mm，则以下操作正确的有（　　）。
A. 无须调整，继续进行马歇尔击实成型所有试件
B. 降低拌和温度 5~10℃，同时增加试样质量继续成型试件
C. 第一个试件应废弃，并重新进行击实试验
D. 适当增加试样质量，重新马歇尔击实成型试件，再次判断试件高度是否满足要求

解析：试件高度要求（63.5±1.3）mm，即 62.2~64.8mm 满足要求。第一个试件高度 62.1mm 不满足要求，所以 C、D 正确。

4）下面对马歇尔试件毛体积相对密度试验结果分析正确的是（　　）。
A. 采用的试验方法正确，且毛体积相对密度误差符合要求，数据有效
B. 采用的试验方法正确，但毛体积相对密度误差不符合要求，数据无效
C. 采用的试验方法不正确，且毛体积相对密度误差不符合要求，数据无效
D. 毛体积相对密度误差符合要求，但采用的试验方法不正确，数据无效

解析：马歇尔试件吸水率为 0.2%，所以应采用表干法。注意，配合比设计不能采用水中重法。试件毛体积相对密度试验重复性的允许误差为 0.020，2.484－2.459＝0.025＞0.020，重复性误差不符合要求。

【2024 真题】

70. 某高速公路项目采用了沥青路面结构形式，在进行沥青路面的生产施工时，为保证路面施工质量，试验人员需要进行相关原材料和混合料的质量检测。请完成下列题目。

1）对使用的乳化沥青材料进行恩格拉黏度试验，表述正确的是（　　）。
A. 采用恩格拉黏度计测定，非经注明，测定温度为 20℃
B. 采用恩格拉黏度计测定，非经注明，测定温度为 25℃
C. 恩格拉黏度用"Pa·s"表示
D. 可直接测定蒸馏水在规定温度时从黏度计流出 50mL 所的时间（s），作为黏度计的水值

解析：① 恩格拉黏度试验采用恩格拉黏度计测定乳化沥青及煤沥青的恩格拉黏度，用恩格拉度"E_v"表示，非经注明测定温度为 25℃。A 错误，B 正确。
② 黏度计的水值采用下列两种方法之一测定：
a. 直接测定蒸馏水在 25℃ 时从黏度计流出 50mL 所需的时间（s），作为水值。D 正确。
b. 测定蒸馏水在 20℃ 时从黏度计流出 200mL 所需的时间（s）乘以换算系数 F 得到。

③ 恩格拉黏度是两个时间（s）的比值，所以没有单位。真空减压毛细管法测得的动力黏度的单位为"Pa·s"。C 错误。

2) 关于道路石油沥青加工及沥青混合料施工温度的表述正确的是（　　）。
A. 应根据沥青软化点和气候条件确定
B. 应根据沥青标号及黏度、气候条件、铺装层的厚度确定
C. 普通沥青结合料的施工温度宜通过在 60℃ 及 135℃ 条件下测定的黏度-温度曲线确定
D. 普通沥青结合料的施工温度宜通过在 135℃ 及 175℃ 条件下测定的黏度-温度曲线确定

解析： 依据《公路沥青路面施工技术规范》：石油沥青加工及沥青混合料施工温度应根据沥青标号及黏度、气候条件、铺装层的厚度确定。

普通沥青结合料的施工温度宜通过在 135℃ 及 175℃ 条件下测定的黏度-温度曲线按规范的规定确定。缺乏黏温曲线数据时，可参照该规范中表 5.2.2-2 的热拌沥青混合料的施工温度范围选择，并根据实际情况确定使用高值或低值。当表中温度不符合实际情况时，容许进行适当调整。

3) 对 90 号道路石油沥青进行 15℃ 延度试验，做法正确的有（　　）。
A. 试样灌模时，最后应略高出试模，在冷却前尽快用热刮刀刮除高出试模的沥青
B. 试验过程中发现沥青细丝浮于水面，如沥青细丝未互相干扰，可以继续试验
C. 在试验过程中，当水槽采用循环水时，应暂时中断循环
D. 当试验结果小于 100cm 时，重复性试验的允许误差为平均值的 20%

解析： A 选项应为试件在室温中冷却不少于 1.5h，然后用热刮刀刮除高出试模的沥青。
B 选项应为当发现沥青细丝浮于水面或沉入槽底时，应在水中加入酒精或食盐，调整水的密度至与试样相近后，重新试验。

4) 采用击实法成型沥青混合料马歇尔试验用试件时，做法正确的有（　　）。
A. 对于 AC-13 沥青混合料，可采用标准击实法
B. 当集料公称最大粒径大于等于 19mm 时，宜采用大型击实法
C. 采用大型击实法时，击实次数为双面各 75 次或双面各 112 次
D. 将试模、套筒及击实座等置于与热拌混合料拌和温度相同的烘箱中加热备用

解析： 集料公称最大粒径小于或等于 26.5mm 时，采用直径 ϕ101.6mm 试模成型试件，一组试件数量不少于 4 个。当集料粒径大于 26.5mm 时，宜采用大型马歇尔试模成型试件，该方法一组试件不少于 6 个。AC-13 的公称最大粒径为 13.2mm，可采用标准击实法。B 错误，A 正确。

对大型马歇尔试件，击实次数为 75 次（相应于标准击实 50 次的情况）或 112 次（相应于标准击实 75 次的情况），完成一面的击实操作后，取下套筒，将试模颠倒，装上套筒，然后以同样的方法和次数击实另一面。C 正确。

用沾有少许机油的棉纱擦净试模、套筒及击实座等，置于 100℃ 左右烘箱中加热 1h 备用。常温沥青混合料用试模不加热。D 错误。

5) 检测从现场取样的 AC-13 沥青混合料的沥青含量时，做法正确的有（　　）。
A. 使用离心抽提仪，其中离心分离器的转速不小于 3000r/min
B. 抽提的沥青溶液可用于回收沥青，但是不能用于评定沥青的老化性质
C. 抽提试验后，圆环形滤纸在烘干称重前，滤纸表面石粉有散失，沥青含量试验结果会偏高
D. 向装有试样的烧杯中注入三氯乙烯溶剂，将其浸泡至少 15min

解析： 该试验既可用于热拌热铺沥青混合料路面施工时的沥青用量检测，以评定拌和厂产品质量，也适用于旧路调查时检测沥青混合料的沥青用量，用此法抽提的沥青溶液可用于回收沥青，以评定沥青的老化程度。B 错误。向装有试样的烧杯中注入三氯乙烯溶剂，将其浸没，浸泡 30min，D 错误。开动离心机，转速逐渐增至 3000r/min，A 正确。

C 选项滤纸表面石粉有散失会导致矿料部分的总质量偏小，依据沥青含量的公式，

$$沥青含量 = \frac{(沥青混合料总质量 - 矿料质量)}{沥青混合料总质量} \times 100$$

【2023 真题】

71. 试验室取 90 号 A 级沥青、粗细集料和矿粉，进行原材料试验，在室内拌制 AC-20C 沥青混合料进行马歇尔和车辙试验。已知沥青的软化点两个实测值为 61.3℃、62.1℃，25℃ 相对密度为 1.030；沥青混合料最佳沥青用量为 4.5%，粗集料、细集料和矿粉的比例分别为 62%、35% 和 3%，25℃ 时粗、细集料毛体积相对密度为 2.718、2.705，25℃ 时矿粉的表观相对密度为 2.752，合成毛体积相对密度为 2.714。沥青用量 4.6%、油石比为 4.8%；沥青混合料理论最大相对密度计算值为 2.498，实测值为 2.507；4 个马歇尔试件的毛体积相对密度平均值为 2.328。车辙试验时，三个平行试件的动稳定度测定值（单位：次/mm）分别为 801、834、829，平均值为 821，标准差为 18，变异系数为 2.2%。请完成下列题目。

1) 沥青软化点试验结果正确的是（　　）℃。
A. 61.3　　　　　　B. 61.5　　　　　　C. 61.7　　　　　　D. 62.1

解析： 同一试样平行试验两次，当两次测定值的差值符合重复性试验精密度（1℃）要求时，取其平均值作为软化点试验结果，准确至 0.5℃。(61.3℃+62.1℃)/2=61.7℃，准确至 0.5℃ 为 61.5℃。

2) 马歇尔击实成型试件时，一个试件所需沥青混合料总质量约为（　　）。
A. 1200g　　　　　B. 1230g　　　　　C. 1248g　　　　　D. 1294g

解析： 沥青混合料总质量
$m = \gamma_b \times \rho_w \times \pi r^2 \times h \times 1.03 = 2.328 \times 0.9971 \times 3.14 \times 5.08^2 \times 6.35 \times 1.03 = 1230g$；
γ_b 为沥青混合料的毛体积相对密度；
ρ_w 为 25℃ 水的密度，取 0.9971g/cm³。
$\gamma_b \times \rho_w$ 为毛体积密度 g/cm³。

3）该混合料的空隙率为（ ）。
A. 0.065   B. 0.068   C. 0.071   D. 0.075

解析：（1-2.328/2.507）×100=7.1%；空隙率计算公式：

$$VV = \left(1 - \frac{\gamma_b}{\gamma_t}\right) \times 100$$

式中　VV——沥青混合料试件空隙率（%）；

　　　γ_b——沥青混合料试件的毛体积相对密度，无量纲；

　　　γ_t——沥青混合料试件理论最大相对密度，无量纲。

4）该混合料的矿料间隙率为（ ）。
A. 0.119   B. 0.121   C. 0.182   D. 0.183

解析：

$$\left[1 - \frac{2.328}{2.714} \times (100 - 4.6) \times 0.01\right] \times 100 = 18.2\%$$

$$VMA = \left(1 - \frac{\gamma_b}{\gamma_{sb}} \times P_s\right) \times 100$$

式中　VMA——沥青混合料试件的矿料间隙率（%）；

　　　γ_b——沥青混合料试件的毛体积相对密度，无量纲；

　　　P_s——各种矿料占沥青混合料总质量的百分率之和（%），即沥青混合料总量减去沥青含量（%）；

　　　γ_{sb}——矿料混合料的合成毛体积相对密度，无量纲。

5）关于本次试验结果分析正确的有（ ）
A. 所有试验结果均正常
B. 软化点试验结果与标号不相符
C. 动稳定度试验结果为821次/mm，但是动稳定度试验结果与沥青软化点值不相符
D. 当沥青软化点试验结果出现异常时，应排查原因，暂停后续试验

解析：90号A级沥青的软化点技术要求为44℃~45℃，正常情况可能达不到60以上，所以认为试验结果与标号不相符，B正确，A错误。出现异常时，应排查原因，暂停后续试验，D正确。车辙试验结果判定：同一沥青混合料或同一路段的路面，至少平行试验3个试件，当3个试件动稳定度变异系数小于20%时，取其平均值作为试验结果。变异系数大于20%时应分析原因，并追加试验。变异系数为2.2%满足要求。虽然软化点和动稳定度都是评估沥青高温性能的指标，但它们之间没有直接的数值对应关系。动稳定度是通过车辙试验得出的，而软化点是通过环球法试验得出的。因此，仅凭这两个数值，我们不能直接断定它们是否相符。C错误。

【2024真题】

72. 某高速公路项目采用了沥青路面结构形式，在施工过程中，试验人员按照规范要求开展路面用沥青混合料的配合比设计，并进行原材料相关试验。请根据实际情况完成下列题目。

1) 在进行沥青混合料配合比设计时，下列表述正确的是（ ）。

A. 本地区其他高速公路的配合比设计和材料使用情况不能作为本项目的参考

B. 对于上面层用沥青混合料，只可采用马歇尔试验配合比设计方法

C. 需要对公称最大粒径小于等于19mm的沥青混合料进行各项性能检验

D. 当采用马歇尔试验以外的配合比设计方法时，应按规定进行马歇尔试验及各项配合比设计检验

解析： 依据《公路沥青路面施工技术规范》：

a. 沥青混合料必须在对同类公路配合比设计和使用情况调查研究的基础上，充分借鉴成功的经验，选用符合要求的材料，进行配合比设计。A 错误。

b. 本规范采用马歇尔试验配合比设计方法，沥青混合料技术要求应符合规定，并有良好的施工性能。当采用其他方法设计沥青混合料时，应按本规范规定进行马歇尔试验及各项配合比设计检验，并报告不同设计方法的试验结果。B 错误。D 正确

c. 对用于高速公路和一级公路的公称最大粒径等于或小于19mm的密级配沥青混合料（AC），及SMA、OGFC混合料，需在配合比设计的基础上按相应步骤进行各种使用性能检验。不符合要求的沥青混合料，必须更换材料或重新进行配合比设计。C 正确。

2) 本项目沥青混合料使用了SBS改性沥青，关于改性沥青加工及沥青混合料的施工温度，下列表述正确的是（ ）。

A. 可根据实践经验并参考相关规范推荐选择

B. 应根据基质沥青标号确定

C. 通常较普通沥青混合料的施工温度提高10℃~20℃

D. 施工温度宜通过在135℃及175℃条件下测定的黏度-温度曲线确定

解析： 依据《公路沥青路面施工技术规范》表格上面文字内容，A、C 正确。

石油沥青加工及沥青混合料施工温度的确定依据包含沥青标号，并不是改性沥青的确定依据，B 错误。

通过表格下面的内容，除 SBS；SBR；EVA、PE 类以外的其他种类是由试验得出的黏温曲线确定，题干为 SBS 改性沥青，直接按照规范列出的施工温度范围，所以 D 错误。

① 聚合物改性沥青混合料的施工温度根据实践经验并参照下表选择。通常宜较普通沥青混合料的施工温度提高 10~20℃。对采用冷态胶乳直接喷入法制作的改性沥青混合料，集料烘干温度应进一步提高。

聚合物改性沥青混合料的正常施工温度范围（℃）

工 序	聚合物改性沥青品种		
	SBS 类	SBR 胶乳类	EVA、PE 类
沥青加热温度	160~165		
改性沥青现场制作温度	165~170	—	165~170
成品改性沥青加热温度，不大于	175	—	175
集料加热温度	190~220	200~210	185~195

续表

工 序	聚合物改性沥青品种		
	SBS 类	SBR 胶乳类	EVA、PE 类
改性沥青 SMA 混合料出厂温度	170~185	160~180	165~180
混合料最高温度（废弃温度）	195		
混合料贮存温度	拌和出料后降低不超过 10		
摊铺温度，不低于	160		
初压开始温度，不低于	150		
碾压终了的表面温度，不低于	90		
开放交通时的路表温度，不高于	50		

注：当采用表列以外的聚合物或天然沥青改性沥青时，施工温度由试验确定。

② SMA 混合料的施工温度应视纤维品种和数量、矿粉用量的不同，在改性沥青混合料的基础上作适当提高。

3) 在选择确定沥青混合料的设计级配范围时，下列表述正确的是（　　）。

A. 对于 AC-13 沥青混合料，需要根据公路等级，气候及交通条件等因素，选择采用粗型或细型混合料

B. 对于 AC-20 沥青混合料，需要根据公路等级，气候及交通条件等因素，选择连续级配或者间断级配沥青混合料

C. 对于 AC-13 沥青混合料，可直接以公路沥青路面施工技术规范推荐的矿料级配范围作为工程设计级配范围

D. 对于 AC-20 沥青混合料，需要在公路沥青路面施工技术规范推荐的矿料级配范围基础上确定工程设计级配范围

解析： 依据《公路沥青路面施工技术规范》5.3.2 沥青混合料的矿料级配应符合工程设计规定的级配范围。密级配沥青混合料宜根据公路等级、气候及交通条件按表 5.3.2-1 选择采用粗型（C型）或细型（F型）混合料，并在表 5.3.2-2 范围内确定工程设计级配范围，通常情况下工程设计级配范围不宜超出表 5.3.2-2 的要求。

表 5.3.2-1 粗型和细型密级配沥青混凝土的关键性筛孔通过率

混合料类型	公称最大粒径 /mm	用以分类的关键性筛孔 /mm	粗型密级配		细型密级配	
			名称	关键性筛孔通过率 /%	名称	关键性筛孔通过率 /%
AC-25	26.5	4.75	AC-25C	<40	AC-25F	>40
AC-20	19	4.75	AC-20C	<45	AC-20F	>45
AC-16	16	2.36	AC-16C	<38	AC-16F	>38
AC-13	13.2	2.36	AC-13C	<40	AC-13F	>40
AC-10	9.5	2.36	AC-10C	<45	AC-10F	>45

表 5.3.2-2　密级配沥青混凝土混合料矿料级配范围

级配类型		通过下列筛孔（mm）的质量百分率/%										
		31.5	26.5	19	16	13.2	9.5	4.75	2.36	1.18	0.6	0.3	0.15	0.075
粗粒式	AC-25	100	90~100	75~90	65~83	57~76	45~65	24~52	16~42	12~33	8~24	5~17	4~13	3~7
中粒式	AC-20		100	90~100	78~92	62~80	50~72	26~56	16~44	12~33	8~24	5~17	4~13	3~7
	AC-16			100	90~100	76~92	60~80	34~62	20~48	13~36	9~26	7~18	5~14	4~8
细粒式	AC-13				100	90~100	68~85	38~68	24~50	15~38	10~28	7~20	5~15	4~8
	AC-10					100	90~100	45~75	30~58	20~44	13~32	9~23	6~16	4~8
砂粒式	AC-5						100	90~100	55~75	35~55	20~40	12~28	7~18	5~10

4）用马歇尔方法进行热拌沥青混合料目标配合比设计时，需要开展的工作有（　　）。

A. 确定工程设计级配范围

B. 对各种原材料进行试验

C. 对选择的设计级配，初选 3 组沥青用量，拌和混合料制作马歇尔试件

D. 经技术经济分析确定 1 组设计级配及最佳沥青用量

解析：依据《公路沥青路面施工技术规范》：

a. 目标配合比设计阶段。用工程实际使用的材料按附录的方法优选矿料级配、确定最佳沥青用量，符合配合比设计技术标准和配合比设计检验要求，以此作为目标配合比，供拌和机确定各冷料仓的供料比例、进料速度及试拌使用。A、D 正确。

b. 配合比设计的各种矿料必须按现行《公路工程集料试验规程》规定的方法，从工程实际使用的材料中取代表性样品。质量应符合规范要求，B 正确。

c. 生产配合比是取目标配合比设计的最佳沥青用量 OAC、OAC±0.3% 等 3 个沥青用量进行马歇尔试验和试拌，所以 C 错误。

5）对使用的乳化沥青材料进行恩格拉黏度试验，下列表述正确的是（　　）。

A. 采用恩格拉黏度计测定，非经注明，测定时温度为 15℃

B. 恩格拉黏度计的外容器用于水浴或油浴，内容器用于盛样

C. 准备的乳化沥青试样需要用 1.18mm 筛网过滤

D. 测定蒸馏水在规定温度时从黏度计流出 200mL 所需的时间（s），直接作为黏度计的水值

解析：恩格拉黏度试验采用恩格拉黏度计测定乳化沥青及煤沥青的恩格拉黏度，用恩格拉度（E_v）表示。非经注明，测定温度为 25℃。A 错误。

恩格拉黏度计：符合现行 GB266 标准，包括盛样用的内容器和作为水或油浴用的外容器、堵塞流出管用的硬木塞、金属三脚架和接受瓶等。B 正确。

将准备的乳化沥青试样用 1.18mm 筛网过滤。C 正确。

直接测定蒸馏水在 25℃ 时从黏度计流出 50mL 所需的时间（s），作为水值。D 错误。

答案：1. C　2. A　3. B　4. C　5. D　6. C　7. D　8. B　9. A　10. B　11. C　12. B　13. D　14. D　15. B　16. B　17. D　18. C　19. C　20. B　21. B　22. A

23. A 24. B 25. B 26. B 27. A 28. B 29. A 30. A 31. A 32. B 33. A 34. B 35. A 36. B 37. A 38. A 39. A 40. B 41. A 42. B 43. A 44. B 45. B 46. B 47. A、C、D 48. A、B 49. A、B、D 50. A、B、C、D 51. B、C 52. B、C 53. A、C、D 54. B、D 55. A、D 56. A、B、C 57. A、B、C、D 58. A、C、D 59. A、B、C 60. A、C、D 61. A、D 62. A、B、C 63. A、C 64. A、B、C 65. B、D 66. A、B、C 67. 1) A、B、C、D, 2) A, 3) A、C、D 68. 1) A、B、C, 2) A, 3) B, 4) A、B、C、D 69. 1) B, 2) C, 3) C、D, 4) C 70. 1) B、D, 2) B、D, 3) C、D, 4) A、C, 5) A、C 71. 1) B, 2) B, 3) C, 4) C, 5) B、D 72. 1) C、D, 2) A、C, 3) A、D, 4) A、B、D, 5) B、C

第七章 路基路面现场测试

一、单项选择题

【2020 真题】

1. 摆式仪测试路面摩擦系数,当路面温度为(　　)℃时,测值可以不进行温度修正。
A. 13　　　　　B. 20　　　　　C. 26　　　　　D. 32

解析: 当路面温度为20℃时,测值可以不进行温度修正。

【2021 真题】

2. 路面平整度自动化检测设备中车载式颠簸累积仪属于(　　)检测设备。
A. 反应类　　　B. 断面类　　　C. 标准差类　　　D. 平均值类

解析: 平整度的测试设备分为断面类及反应类两大类:断面类检测设备是测定路面表面凸凹情况的一种仪器,如最常用的3m直尺及连续式平整度仪,国际平整度指数便是以此为基准建立的,如激光路面平整度测定仪;反应类检测设备是测定由于路面凹凸不平引起车辆颠簸的情况,是人直接感受到的平整度指标,如车载式颠簸累积仪。

【2021 真题】

3. 在钻芯法取样测压实度时,通常选择直径大于集料最大粒径(　　)倍的钻头。
A. 1　　　　　B. 2　　　　　C. 3　　　　　D. 4

解析: 宜选择直径大于集料最大粒径3倍的钻头。

【2020 真题】

4. 以下关于铺砂法测试路面构造深度的描述,正确的试验顺序为(　　)。①同一处平行测试不少于3次,测点间距3m~5m。②用小铲向圆筒中缓缓注入准备好的量砂至高出量筒成尖顶状,手提圆筒上部,用钢尺轻轻叩打圆筒中部3次,并用刮尺边沿筒口一次刮平。③用扫帚或毛刷子将测点附近的路面清扫干净,面积不少于30cm×30cm。④用钢板尺测量所构成圆的两个垂直方向的直径,取其平均值,准确至1mm。也可用专用尺直接测量构造深度。⑤将砂倒在路面上,用推平板由里向外重复作摊铺运动,稍稍用力将砂向外均匀摊开,使砂填入路表面的空隙中,尽可能将砂摊成圆形,并不得在表面上留有浮动余砂。
A. ③②④⑤①　　B. ③②⑤④①　　C. ②③⑤④①　　D. ②③④⑤①

解析: ①用扫帚或毛刷子将测点附近的路面清扫干净,面积不少于30cm×30cm。

②用小铲向圆筒中缓缓注入准备好的量砂至高出量筒成尖顶状,手提圆筒上部,用钢尺轻轻叩打圆筒中部3次,并用刮尺边沿筒口一次刮平。

注:不可直接用量砂筒装砂,以免影响量砂密度的均匀性。

③将砂倒在路面上,用底面粘有橡胶片的推平板,由里向外重复做旋转摊铺运动,稍稍用力将砂细心地尽可能地向外摊开,使砂填入凹凸不平的路表面的空隙中,尽可能将砂摊成圆形,并不得在表面上留有浮动余砂。注意,摊铺时不可用力过大或向外推挤。

④用钢板尺测量所构成圆的两个垂直方向的直径,取其平均值,准确至1mm。

⑤按以上方法,同一处平行测定不小于3次,3个测点均位于轮迹带上,测点间距3~5m。对同一处,应该由同一个试验员进行测定。该处的测定位置以中间测点的位置表示。

【2021 真题】

5. 检测人员现场检测沥青路面渗水系数,以下试验步骤描述不正确的是（　　）

A. 用密封材料对环状密封区域进行密封处理,注意不要使密封材料进入内圈

B. 向量筒中注水超过100mL刻度处,然后打开开关和排气孔,使量筒中的水下流排出渗水仪底部内的空气

C. 打开开关,待水面下降至100mL刻度时,立即开动秒表开始计时,计时5min后立即记录水量

D. 测试过程中,如水从底座与密封材料间渗出,则底座与路面间密封不好,此试验结果无效

解析：C选项不正确,打开开关,待水面下降至100mL刻度时,立即开动秒表开始计时,计时3min后立即记录水量。

【2020 真题】

6. 《公路路基路面现场测试规程》(JTG 3450—2019)中,承载板法测土基回弹模量试验所用承载板的直径为（　　）。

A. 50mm　　　B. 150mm　　　C. 300mm　　　D. 800mm

解析：刚性承载板直径为30cm,直径两端设有立柱和可以调整高度的支座,供安放弯沉仪测头用。路面弯沉仪两台,由贝克曼梁、百分表及其支架组成。液压千斤顶一台,80~100kN,装有经过标定的压力表或测力环。

【2020 真题】

7. 在路基施工过程控制或质量评定中,用环刀法测压实度时应该用锤将环刀打入层中且环刀中部处于压实度层厚的（　　）深度。

A. 1/4　　　B. 1/3　　　C. 1/2　　　D. 2/3

解析：将导杆保持垂直状态,用取土器落锤将环刀打入压实层中。在施工过程控制或质量评定时,环刀中部处于压实层厚的1/2深度;用于其他需要的测试时,可按其要求深度取样。

【2020 真题】

8. 落锤式弯沉仪测量弯沉时,每个测点一般重复测试不少于( )次。

A. 2　　　　　B. 3　　　　　C. 4　　　　　D. 5

解析:测定步骤:承载板中心位置对准测点,承载板自动落下,放下弯沉装置的各个传感器启动落锤装置,落锤瞬即自由落下,冲击力作用于承载板上,又立即自动提升至原来位置固定。同时,各个传感器检测结构层表面变形,记录系统将位移信号输入计算机,并得到峰值,即路面弯沉,同时得到弯沉盆。每一测点重复测定应不少于 3 次,除去第一个测定值,取以后几次测定值的平均值作为计算依据。提起传感器及承载板,牵引车向前移动至下一个测点,重复上述步骤,进行测定。

【2020 真题】

9. 根据《公路路基路面现场测试规程》(JTG 3450—2019) 要求,路面激光车辙仪的最小测量度宽度为( )。

A. 3.0m　　　　B. 3.2m　　　　C. 3.5m　　　　D. 3.75m

解析:有效测试宽度≥3.5m,测点不少于 13 点,测试精度 0.1mm,横向采样间距≤300mm。

【2019 真题】

10. 交工验收时,当高速公路沥青路面面层厚度为 17cm 时,可以用于测量路面厚度的雷达天线主频( )。

A. 100MHz　　　B. 900MHz　　　C. 1GHz　　　D. 1.5GHz

解析:《公路路基路面现场测试规程》中短脉冲雷达测定路面厚度试验方法:建议测试路面厚度小于 10cm 时,宜选用频率大于 2GHz 的雷达天线;路面厚度为 10~25cm 时,宜选用频率大于 1.5GHz 的雷达天线;路面厚度大于 25cm 时,宜选用频率大于 1GHz 的雷达天线。

【2020 真题】

11. 路基路面中线偏位检测中,中线偏位 ΔCL 的测量结果应准确至( )。

A. 1mm　　　　B. 5mm　　　　C. 10mm　　　　D. 50mm

解析:中线偏位 ΔCL,以 mm 计,准确至 1mm。

【2021 真题】

12. 某工地试验人员采用灌砂法测土的压实度,已知该材料室内标准击实试验确定的最大干密度为 $2.25g/cm^3$,现场测得试坑材料湿密度为 $2.30g/cm^3$,计算得到压实度为 97.30%,则该测点实测含水率为( )。

A. 2.2%　　　　B. 2.7%　　　　C. 4.2%　　　　D. 5.1%

解析:设含水率为 w,依据公式:干密度 = 湿密度/(1+0.01×含水率) = 2.30/(1+0.01w),压实度 = (干密度/最大干密度)×100 = (2.30/(1+0.01w)/2.25)×100 = 97.30,则 w = 5.1%。

【2020 真题】

13. 路面渗水试验是以 3 个测点试验结果的（　　）作为该测试位置的结果。

A. 最小值　　　　B. 最大值　　　　C. 中值　　　　D. 平均值

解析：路面渗水系数以 3 个测点渗水系数的平均值作为该测试位置的结果，准确至 1mL/min。

【2021 真题】

14. 下面关于横向力系数测试车的检测结果受温度影响的说法中正确的是（　　）。

A. 横向力系数检测结果不需要进行温度修正

B. 路面温度越高，检测结果越小

C. 空气温度为 20℃时，检测结果不需要修正

D. 路面温度低于 20℃时，检测结果无效

解析：A、C、D 选项错误：横向力系数检测时，测试系统的标准现场测试地面温度范围为（20±5）℃，其他地面温度条件下测试的 SFC 值必须转换至标准温度下的等效 SFC 值。系统测试要求控制在 8~60℃的地面温度范围内。B 选项正确，根据 SFC 值温度修正值，可知路面温度越高，检测结果越小。

【2021 真题】

15. 《公路路基路面现场测试规程》（JTG 3450—2019）中描述了（　　）种路面车辙形式。

A. 3　　　　B. 5　　　　C. 7　　　　D. 9

解析：

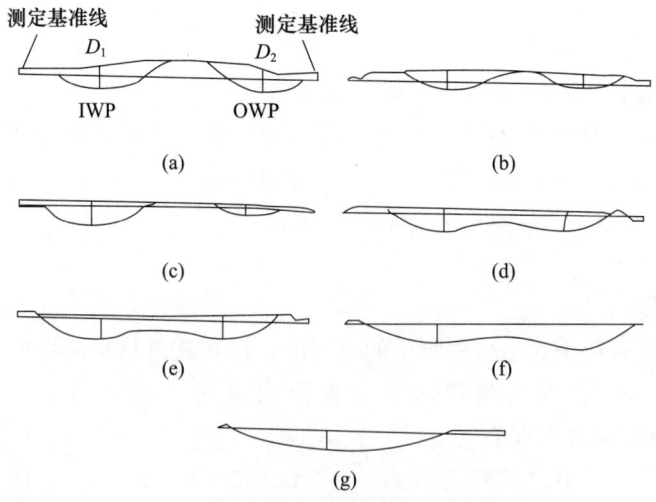

不同形状、不同程度的路面车辙示意图

注：IWP、OWP 分别表示内侧轮迹带及外侧轮迹带。

【2021 真题】

16. 在贝克曼梁法测试路面弯沉试验中，贝克曼梁的测头应放在加载车（　　）处测点上。

　　A. 轮隙中心后方 30mm～50mm　　　　B. 轮隙中心前方 30mm～50mm

　　C. 轮隙中心后方 50mm～100mm　　　D. 轮隙中心前方 50mm～100mm

　　解析：贝克曼梁测头置于轮隙中心前方 30～50mm 处测点上。

【2020 真题】

17. 以下在测量错台工作中不会用到的器具是（　　）。

　　A. 水准仪　　　　B. 温度计　　　　C. 塞尺　　　　D. 基准尺

　　解析：（1）基准尺：3m 直尺或 2m 直尺。（2）量尺：①深度尺，分辨率不大于 0.5mm；②钢直尺，量程不小于 200mm；③钢卷尺，量程不小于 5m；④塞尺，分度值不大于 0.5mm。（3）水准仪或全站仪：①水准仪，精度 DS_3。②全站仪，测角精度 2″，测距精度 $\pm[2mm+2\times10^{-6}s$（s 为测距）]。

【2019 真题】

18. 某试验员采用灌砂法测量路基压实度，试验得出试坑材料的湿密度为 $2.35g/cm^3$，含水率为 5.2%，该材料的室内标准击实试验得到最大干密度为 $2.27g/cm^3$，则该测点的压实度为（　　）。

　　A. 98.2%　　　　B. 96.6%　　　　C. 96.9%　　　　D. 103.5%

　　解析：干密度＝湿密度/（1+0.01×含水率）＝ 2.35/（1+0.01×5.2）＝ $2.23g/cm^3$，压实度＝（干密度/最大干密度）×100＝（2.23/2.27）×100＝98.2%。

【2020 真题】

19. 为监控沥青混合料温度，在摊铺现场采用插入式温度计检测温度，温度计插入摊铺机一侧螺旋布料器前方混合料的深度不小于（　　）。

　　A. 50mm　　　　B. 75mm　　　　C. 100mm　　　　D. 150mm

　　解析：混合料摊铺温度宜在摊铺机的一侧拨料器前方的混合料堆上测试。在测试位置将温度计插入混合料堆内 150mm 以上，并跟着向前走，如料堆向前滚，拔出后重新插入，注视温度变化直至不再继续上升为止，读记温度，准确至 1℃。

【2021 真题】

20. 环刀法中用人工取土器测试路基压实度时，应取代表性试样不少于（　　）用于测定含水率。

　　A. 50g　　　　B. 100g　　　　C. 150g　　　　D. 200g

　　解析：根据环刀测试压实度方法：用人工取土器测试砂性土或砂层密度的步骤：自环刀中取出试样，取具有代表性的试样（不少于 100g），测试其含水率（w）。

【2020 真题】

21. 以下关于激光平整度仪测定平整度的试验步骤说法中不正确的是（　　）。

A. 正式测试之前应让承载车以测试速度行驶 5~10km

B. 承载车停在测试起点前 50~100m 处，启动平整度测试系统并按照测试路段的现场技术要求设置所需的测试状态

C. 正常测试时，承载车的车速可以由测试人员随意选择

D. 测试完成后，测试人员停止数据采集和记录并恢复仪器各部分至初始状态

解析：①测试开始之前应让测试车以测试速度行驶 5~10km，按照设备使用说明规定的预热时间对测试系统进行预热。②测试车停在测试起点前 50~100m 处，启动平整度测试系统程序，按照设备操作手册的规定和测试路段的现场技术要求设置完毕所需的测试状态。③驾驶员应按照设备操作手册要求的测试速度范围驾驶测试车，宜在 50~80km/h，避免急加速和急减速，急弯路段应放慢车速，沿正常行车轨迹驶入测试路段。④进入测试路段后，测试人员启动系统的采集和记录程序，在测试过程中必须及时准确地将测试路段的起终点和其他需要特殊标记的位置输入测试数据记录中。⑤当测试车辆驶出测试路段后，测试人员停止数据采集和记录，并恢复仪器各部分至初始状态。⑥检查测试数据文件，文件应完整，内容应正常，否则需要重新测试。⑦关闭测试系统电源，结束测试。

【2019 真题】

22. 二级公路路面宽度测量的数据准确至（　　）。

A. 0.001m　　　B. 0.005m　　　C. 0.01m　　　D. 0.05m

解析：用钢尺沿中心线垂直方向水平量取路基路面各部分的宽度，准确至 0.001m。测量时钢尺应保持水平，不得将尺紧贴路面量取，也不得使用皮尺。

【2020 真题】

23. 车载式路面激光车辙仪的测点数不应少于（　　）点。

A. 7　　　B. 9　　　C. 13　　　D. 17

解析：激光车辙仪有效测试宽度不小于 3.5m，测点不少于 13 点。

【2021 真题】

24. 挖坑灌砂法测定路基压实度时，以下关于标定灌砂设备下面锥体内砂质量的描述不正确的是（　　）。

A. 在储砂筒口高度上，向储砂筒内装砂至距筒顶距离为 15mm±5mm，称取装入筒内砂的质量 m_1，准确至 1g

B. 将开关打开，让砂自由流出，并使流出砂的体积与标定罐的容积相当。然后关上开关

C. 不晃动储砂筒，轻轻地将灌砂筒移至玻璃板上，将开关打开，让砂流出，直到筒内砂不再下流时，将开关关上，取走灌砂筒

D. 称量留在玻璃板上的砂或称量储砂筒内砂的质量，准确至 1g。玻璃板上的砂质量就是圆锥体内砂的质量 m_2。平行试验 2 次，取其平均值作为最终结果

解析：D选项错误：称量留在玻璃板上的砂或称量储砂筒内砂的质量，准确至1g。玻璃板上的砂质量就是圆锥体内砂的质量m_2。平行试验3次，取其平均值作为最终结果。

【2020 真题】

25. 当采用落锤式弯沉仪法测试水泥混凝土路面板底脱空时，如果用截距值法判定脱空与否，则线性回归公式的截距值b大于（　　）时可判定为板底脱空。

　　A. 10μm　　　　B. 20μm　　　　C. 50μm　　　　D. 100μm

解析：采用截距法时，测点的线性回归截距值大于50μm时可判定为脱空。

【2023 真题】

26. 半刚性基层沥青路面弯沉测定时，若未经支点修正，用5.4m贝克曼梁测得的回弹弯沉值与用3.6m贝克曼梁测得的结果相比（　　）。

　　A. 偏大　　　　B. 偏小　　　　C. 相同　　　　D. 不确定

解析：熟悉3.6m贝克曼梁支点修正公式及含义。3.6m贝克曼梁支点修正公式是需要加上检验用弯沉仪的弯沉值，所以3.6m测得结果偏小，5.4m测的结果偏大。

【2023 真题】

27. 贝克曼梁是测量路基路面结构强度的重要仪器，基于其工作原理分析，它测量的数值为（　　）。

　　A. 总弯沉　　　B. 滚动弯沉　　C. 动态弯沉　　D. 回弹弯沉

解析：贝克曼梁适用于测定静止加载时或非常慢的速度加载时各类路基路面的回弹弯沉值，并能良好地反映出路基路面的总体强度。

【2023 真题】

28. 采用贝克曼梁弯沉法单点弯沉测值进行脱空判定时，当弯沉值大于（　　）mm可判定为该处脱空。

　　A. 0.02　　　　B. 0.1　　　　C. 0.15　　　　D. 0.2

解析：《公路路基路面现场测试规程》，采用单点弯沉测值进行脱空判定时，当弯沉值大于0.2mm可判定为该处脱空。

【2023 真题】

29. 采用中型灌砂筒测定粗粒土的现场压实度时，需要测定土的含水率，取样的数量（　　）。

　　A. 不少于100g　B. 不少于500g　C. 不少于1000g　D. 不少于2000g

解析：从挖出的全部材料中取有代表性的试样，放在铝盒或洁净的搪瓷盘中，按照《公路土工试验规程》的有关规定测试其含水率。单组取样数量如下：

用小灌砂筒测试时，对于细粒土，不少于100g；对于各种中粒土，不少于500g。

用中灌砂筒测试时，对于细粒土，不少于200g；对于各种中粒土，不少于1000g。对于粗粒土或水泥、石灰、粉煤灰等无机结合料稳定材料，宜将取出的材料全部烘干，且不少于2000g。用大型灌砂筒测试时，宜将取出的材料全部烘干。

【2023 真题】

30. 超声回弹法测定路面水泥混凝土抗弯强度时要求水泥混凝土路面板厚度不低于100mm，且龄期不小于（　　）。

　　A. 7d　　　　　　B. 14d　　　　　　C. 28d　　　　　　D. 180d

　　解析：超声回弹法适用于视密度为 1.9~2.5t/m³，板厚大于 100mm，龄期大于 14d，强度已达到设计抗压强度 80%以上的水泥混凝土。

【2023 真题】

31. 当采用弯沉法测试水泥混凝土路面脱空时，若用落锤弯沉仪测试板角弯沉，对同一点需要分（　　）级施加荷载测试。

　　A. 3　　　　　　B. 5　　　　　　C. 7　　　　　　D. 9

　　解析：落锤式弯沉仪法检测测试位置的弯沉，采用截距值判定板底脱空时，应测试板角弯沉，并对同一测点施加 3 级荷载进行测试。

【2023 真题】

32. 当沥青面层集料的最大粒径为 31.5mm 时，下列满足钻孔取样的芯样直径为（　　）mm。

　　A. 25　　　　　　B. 50　　　　　　C. 75　　　　　　D. 100

　　解析：钻孔采取芯样的直径不宜小于最大集料粒径的 3 倍。

【2023 真题】

33. 颠簸累积仪测值与国际平整度指数 IRI 的相关性试验时，回归分析建立相关性关系式的相关系数 R 应不小于（　　）。

　　A. 0.9　　　　　　B. 0.95　　　　　　C. 0.97　　　　　　D. 0.99

　　解析：当测试车辆在正常状态下行驶超过 2000km，或者标定的时间间隔超过 1 年，或者减振器、轮胎等发生更换、维修时，都应进行仪器测值与国际平整度指数 IRI 的相关性标定，相关系数 R 应不低于 0.99。

【2024 真题】

34. 对设有中央分隔带公路的路面测定横坡时，水准仪架设在路面平顺处调平，将水准尺分别竖立在（　　）及路面与路肩交界位置，两个测点应在同一横断面上，并分别记录读数。

　　A. 道路中心　　　　　　　　　　B. 路拱曲线与直线部分的交界位置
　　C. 路面与中央分隔带分界的路缘带边缘　　D. 外侧路缘石边缘

　　解析：公路施工质量检验评定时通常采用水准仪测定路基路面的横坡。

将精密水准仪架设在路面平顺处调平，在设有中央分隔带的路面上将塔尺分别竖立在路面与中央分隔带分界的路缘带边缘处及路面与路肩交界位置（或外侧路缘石边缘）处。

【2024 真题】

35. 根据《公路路基路面现场测试规程》(JTG 3450—2019)，当采用 3 米直尺法测定平整度进行二级公路路面的路况评定时，每处应连续测量（　　）尺。

A. 1　　　　　　B. 5　　　　　　C. 10　　　　　　D. 20

解析：当测试沥青路面施工过程中的质量时，应以单尺方式测试，且测试位置应选在接缝处；其他情况一般以连续 10 尺方式测试。

【2024 真题】

36. 根据《公路路基路面现场测试规程》(JTG 3450—2019)，关于承载板测定土基回弹模量试验方法的测试步骤描述不正确的是（　　）。

A. 用千斤顶加载至预压值 0.05MPa，稳压 1min
B. 采用逐级加载卸载法，每级增加 0.025MPa，加载至预定荷载后稳压 1min
C. 读取两台弯沉仪百分表数值，当差值不超过平均值 30% 时，取平均值
D. 在试验点取样，测定材料含水率

解析：主要测试步骤：

① 预压。用千斤顶开始加载，预压 0.05MPa，稳压 1min，使承载板与土基紧密接触，同时检查百分表的工作情况应正常，然后放松千斤顶油门卸载，稳压 1min 后，将指针对零，或记录初始读数。

② 逐级加载卸载测变形。用千斤顶加载，采用逐级加载卸载法，用压力表或测力环控制加载量，荷载小于 0.1MPa 时，每级增加 0.02MPa，以后每级增加 0.04MPa 左右。为了使加载和计算方便，加载数值可适当调整为整数。每次加载至预定荷载 P 后，稳定 1min，立即读记两台弯沉仪百分表数值，然后轻轻放开千斤顶油门卸载至 0，待卸载稳定 1min 后，再次读数，每次卸载后百分表不再对零。当两台弯沉仪百分表读数之差不超过平均值的 30% 时，取平均值。如超过 30%，则应重测。当回弹变形值超过 1mm 时，即可停止加载。各级荷载的回弹变形=（加载后读数平均值-卸载后读数平均值）×贝克曼梁杠杆比

③ 测定总影响量。总影响量是指汽车自重对土基变形的影响大小。最后一次加载卸载循环结束后，取走千斤顶，重新读取百分表初读数，然后将汽车开出 10m 以外，读取终读数。按以下方法计算总影响量：总影响量（a）=（百分表初读数平均值-百分表终读数平均值）×贝克曼梁杠杆比

④ 在试验点下取样，测试材料含水率。取样数量如下：

最大粒径不大于 4.75mm，试样数量约 120g；
最大粒径不大于 19.0mm，试样数量约 250g；
最大粒径不大于 31.5mm，试样数量约 500g。

⑤ 在紧靠试验点旁边的适当位置，用灌砂法或环刀法测试土基的密度。

【2023 真题】

37. 根据《公路路基路面现场测试规程》(JTG 3450—2019)，当采用三米直尺法检测沥青路面平整度时，一般应连续测（　　）尺。

A. 3　　　　B. 5　　　　C. 10　　　　D. 20

解析： 当测试沥青路面施工过程中的质量时，应以单尺方式测试，且测试位置应选在接缝处；其他情况一般以连续10尺方式测试。

【2023 真题】

38. 关于路基路面几何尺寸检测的描述不正确的是（　　）。

A. 路基路面宽度可用皮尺检测　　　　B. 纵断高程可用水准仪检测

C. 中线偏位可用经纬仪检测　　　　D. 路面横坡可用水准仪检测

解析： 用钢尺沿中心线垂直方向水平量取路基路面各部分的宽度，准确至0.001m。

【2023 真题】

39. 关于铺砂法测试路面构造深度的描述，正确的试验顺序选项为（　　）。

① 用扫帚或毛刷子将测点附近的路面清扫干净，面积不少于30cm×30cm。

② 用小铲向圆筒中缓缓注入准备好的量砂至高出量筒成尖顶状，手提圆筒上部，用钢尺轻轻叩打圆筒中部3次，并用刮尺沿筒口一次刮平。

③ 用钢板尺测量所构成圆的两个垂直方向的直径，取其平均值。准确至1mm。也可用专用尺直接测量构造深度。

④ 将砂倒在路面上，用推平板由里向外重复作摊铺运动，稍稍用力将砂向外均匀摊开，使砂填入路表面的空隙中，尽可能将砂摊成圆形，并不得在表面上留有浮动余砂。

⑤ 同一处平行测试不少于3次，测点间距3~5m。

A. ①②③④⑤　　B. ①②④③⑤　　C. ②①④③⑤　　D. ②①③④⑤

解析： 铺砂法步骤：

(1) 准备工作

① 量砂准备：取洁净的细砂，晾干过筛，取0.15~0.3mm的砂置于适当的容器中备用。量砂只能在路面上使用一次，不宜重复使用；

② 对测试路段按随机取样选点的方法，决定测点所在横断面位置。测点应选在车道的轮迹带上，距路面边缘不应小于1m。

(2) 测试步骤

① 用扫帚或毛刷子将测点附近的路面清扫干净，面积不少于30cm×30cm。

② 用小铲向圆筒中缓缓注入准备好的量砂至高出量筒成尖顶状，手提圆筒上部，用钢尺轻轻叩打圆筒中部3次，并用刮尺边沿筒口一次刮平。

注：不可直接用量砂筒装砂，以免影响量砂密度的均匀性。

③ 将砂倒在路面上，用底面粘有橡胶片的推平板，由里向外重复做旋转摊铺运动，稍稍用力将砂细心地尽可能地向外摊开，使砂填入凹凸不平的路表面的空隙中，尽可能将砂摊成圆形，并不得在表面上留有浮动余砂。注意，摊铺时不可用力过大或向外推挤。

④ 用钢板尺测量所构成圆的两个垂直方向的直径，取其平均值，准确至 1mm。
⑤ 按以上方法，同一处平行测定不小于 3 次，3 个测点均位于轮迹带上，测点间距 3~5m。对同一处，应该由同一个试验员进行测定。该处的测定位置以中间测点的位置表示。

【2024 真题】

40. 关于土基现场 CBR 值试验方法的表述不正确的是（　　）。

A. 该方法不适用于填料粒径超过 31.5mm 的土基
B. 试验需要使用的载重汽车后轴重应不小于 100kN
C. 试验前应将测试地点直径约 300mm 范围的表面找平
D. 卸载完成后应在试验点旁边的适当位置用灌砂法或环刀法测试土基密度

解析：反力装置：载重汽车后轴重不小于 60kN，在汽车大梁的后轴之后设有一加劲横梁作反力架用。

【2023 真题】

41. 关于自动弯沉仪测定路面弯沉值的说法中不正确的是（　　）。

A. 检测原理与杠杆原理无关
B. 承载车必须满足标准车 BZZ-100 的参数要求
C. 测量结果为路面总弯沉
D. 所测弯沉值不能直接用于路面承载能力评定

解析：自动弯沉仪的测试原理与贝克曼梁的工作方式基本类似，不同的是采用位移传感器替代了百分表，能够自动进行数据采集、传输、记录和处理；

自动弯沉仪测定的是路面结构总弯沉，与贝克曼梁测定的回弹弯沉的性质有所不同，可通过对比试验，建立两者相关关系式，将自动弯沉仪测定的总弯沉换算为回弹弯沉后，用于我国路面承载能力评定或路面结构设计。

【2023 真题】

42. 灌砂法测定路基压实度，在灌砂过程中若标准砂尚在下流时关闭开关，则压实度结果与正常值相比（　　）。

A. 偏大　　　　B. 偏小　　　　C. 无变化　　　　D. 无规律

解析：灌砂过程中标准砂尚在下流时关闭开关导致填满试坑的砂的质量变少，湿密度变大，干密度变大，压实度比正常值偏大。

【2024 真题】

43. 连续式平整度仪检测时可以采用的速度是（　　）。

A. 10km/h　　　　B. 15km/h　　　　C. 20km/h　　　　D. 25km/h

解析：牵引连续式平整度仪的速度应保持匀速，速度宜为 5km/h，最大不得超过 12km/h。

【2024 真题】

44. 取芯法测试水泥混凝土路面强度试验需要用到的仪具或材料是（　　）。

A. 回弹仪　　　　B. 碳化深度测量仪　　C. 劈裂夹具　　　　D. 换能器

解析：仪具与材料技术要求如下。

（1）路面取芯机：手推式或车载式。采用Φ150mm的钻头，配有淋水冷却装置。

（2）游标卡尺：量程不小于200mm，分度值为0.02mm。

（3）钢卷尺：量程不小于5m，分度值为1mm。

（4）万能角度尺：分度值2′。

（5）塞尺：最小分度值0.02mm。

（6）钢板尺：长度不小于300mm。

（7）压力试验机：符合《公路工程水泥及水泥混凝土试验规程》中T 0551的规定。

（8）劈裂夹具：符合《公路工程水泥及水泥混凝土试验规程》中T 0561的规定。

（9）其他：岩石切割机，岩石磨平机、铁锹、毛刷等。

【2023 真题】

45. 用摆式仪测定路面抗滑性能时，需测试路面温度进行温度修正，不需要修正的标准温度为（　　）℃。

A. 15　　　　　B. 20　　　　　C. 22　　　　　D. 25

解析：标准温度20℃。

当路面温度为t（℃）时，测得的摆值为BPN_t必须按下式换算成标准温度20℃的摆值BPN_{20}。

$$BPN_{20} = BPN_t + \Delta BPN$$

式中　BPN_{20}——换算成标准温度20℃时的摆值；

　　　BPN_t——路面温度t时测得的摆值；

　　　ΔBPN——温度修正值按下表采用。

温度修正值

温度/℃	0	5	10	15	20	25	30	35	40
温度修正值 ΔBPN	-6	-4	-3	-1	0	+2	+3	+5	+7

【2024 真题】

46. 用贝克曼梁法测定半刚性基层路面回弹弯沉时，下列描述不正确的是（　　）。

A. 半刚性基层路面不能采用3.6m的弯沉仪开展检测工作

B. 即可以单侧布置测定，也可以根据需要双侧布置并同时测定

C. 试验车停好后，将弯沉仪插入汽车后轮之间的缝隙处，测头置于轮系中心前方3~5cm处

D. 试验车缓缓前进，读取表针转动的最大值，试验车离开影响区，表针若出现反向回转，应待表针稳定后再次读取百分表读数

解析：当在半刚性基层沥青路面或水泥混凝土路面上测定时，应采用长度为5.4m的贝克曼梁弯沉仪；对柔性基层或混合式结构沥青路面可采用长度为3.6m的贝克曼梁弯沉仪测定。A选项说法太绝对。

【2024真题】

47. 在半刚性路面基层透层油渗透深度的检测中，检测人员用钢板尺对一个芯样量测（   ）个渗透深度值，并对数据进行处理。

A. 2 B. 4 C. 6 D. 8

解析：用钢板尺或量角器将芯样顶面圆周平均分成8等分，分别量测圆周上各等分点处透层油渗透的深度，估读至0.5mm。

【2024真题】

48. 在路面工程施工质量检验评定中，不能用于沥青混凝土面层压实度计算的标准密度是（   ）。

A. 配合比密度
B. 试验室标准密度
C. 最大理论密度
D. 试验段密度

解析：计算压实度的标准密度可采用每天试验室实测的马歇尔击实试件密度或试验路段钻孔取样密度，也可采用最大理论密度。

二、判断题

【2019真题】

49. 摆式仪测试路面摩擦系数，当空气温度为20℃时，测试结果不进行温度修正。

A. 正确 B. 错误

解析：是路面温度，不是空气温度。

【2020真题】

50. 落锤式弯沉仪检测路面弯沉时，一般舍去单个测点的首次测值，取其后几次测值的平均值作为该点的弯沉值。

A. 正确 B. 错误

解析：每一测点重复测定应不少于3次，除去第一个测定值，取以后几次测定值的平均值作为计算依据。

【2019真题】

51. 连续式平整度仪输出的测量结果是IRI。

A. 正确 B. 错误

解析：连续式平整度仪指标是标准差σ，激光平整度仪的指标是国际平整度指数IRI。

【2020 真题】

52. 无机结合料稳定细粒土不适合用环刀法测试密度。

A. 正确　　　　　　　　　　　　　　B. 错误

解析： 环刀法适用于测定细粒土及无机结合料稳定细粒土的密度。但对无机结合料稳定细粒土，其龄期不宜超过 2d，且宜用于施工过程中的压实度检验。

【2021 真题】

53. 钻芯法测定路面厚度时，钻孔深度可以超过测试层的底面。

A. 正确　　　　　　　　　　　　　　B. 错误

解析：《公路路基路面现场测试规程》，钻孔深度应超过测试层的底面。

【2020 真题】

54. 可以采用受样盘法测试沥青表面处治、透层、粘层等采用喷洒法施工的沥青用量。

A. 正确　　　　　　　　　　　　　　B. 错误

解析： 本方法适用于检测沥青表面处治、沥青贯入式、透层、黏层等采用喷洒法施工的沥青材料喷洒数量，供施工质量检验和控制使用。

【2020 真题】

55. 路面横坡测量时，横断面宽度的测量应用钢卷尺测量两测点的水平距离。

A. 正确　　　　　　　　　　　　　　B. 错误

解析： 用钢卷尺测量两测点的水平距离，以 m 计，准确至 0.005m。

【2021 真题】

56. 横向力系数测试车测试的路面横向力系数不需要进行温度修正，可以直接用于评价路面抗滑性能。

A. 正确　　　　　　　　　　　　　　B. 错误

解析： 横向力系数检测时，测试系统的标准现场测试地面温度范围为（20±5）℃，其他地面温度条件下测试的 SFC 值必须转换至标准温度下的等效 SFC 值。系统测试要求控制在 8~60℃ 的地面温度范围内。

【2020 真题】

57. 贝克曼梁可以用于测试水泥混凝土路面的板底脱空。

A. 正确　　　　　　　　　　　　　　B. 错误

解析： 弯沉法测试水泥混凝土路面脱空方法：落锤式弯沉仪法和贝克曼梁弯沉仪法。

【2020 真题】

58. 短脉冲雷达法检测路面厚度时，芯样标定工作可以在检测完成后进行。

A. 正确　　　　　　　　　　　　　　B. 错误

解析：检测完成后，才在对应位置处取芯并测量实际高度。

【2020 真题】

59. 摆值是摆式摩擦系数测定仪测试路面在潮湿条件下的路面摩擦系数表征值，简称 BPN。

A. 正确　　　　　　　　　　　　　　B. 错误

解析：《公路路基路面现场测试规程》，术语"摆值"：用摆式摩擦系数测定仪测试路面在潮湿条件下的摩擦系数表征值，为摩擦系数的 100 倍，简称 BPN，无量纲。

【2021 真题】

60. 为了节约量砂，挖坑灌砂法测定路基压实度后，取出的量砂过筛后可直接用于后续压实度检测。

A. 正确　　　　　　　　　　　　　　B. 错误

解析：回收的量砂烘干、过筛，并放置 24h 以上，使其与空气的湿度达到平衡后可以继续使用。若量砂中混有杂质，则应废弃。试坑内回收的量砂未经处理不得重复使用，因此量砂宜事先多准备，切勿到试验时临时找砂。

【2019 真题】

61. 横向力系数测试车更换测试轮胎后可以直接开展测量工作。

A. 正确　　　　　　　　　　　　　　B. 错误

解析：更换的新轮胎在正式测试前应试测 2km。

【2021 真题】

62. 贝克曼梁法测路面弯沉时，当沥青面层厚度大于 50mm 时，回弹弯沉值可以不用进行温度修正。

A. 正确　　　　　　　　　　　　　　B. 错误

解析：沥青路面的弯沉检测以沥青面层平均温度 20℃ 时为准，当面层平均温度在 20℃ ± 2℃ 以内可不修正，在其他温度测试时，对沥青层厚度大于 5cm 的沥青路面，弯沉值应予温度修正。

【2019 真题】

63. 承载比（CBR）试验有室内和现场两种形式，室内 CBR 试验应结合击实试验进行，而现场 CBR 试验不做击实试验。

A. 正确　　　　　　　　　　　　　　B. 错误

解析：土基的现场 CBR 值是指在公路土基现场条件下按规定方法进行贯入试验，得到荷载压强—贯入量曲线，读取规定贯入量的荷载压强与标准压强的比值，以百分数表示。现场 CBR 试验不做击实试验，说法正确。

【2021 真题】

64. 新建沥青路面面层的渗水系数应在路面成型后立即测定。

A. 正确　　　　　　　　　　　　　　　B. 错误

解析： 按我国有关规定，沥青混合料配合比设计需要对试件进行渗水试验，其渗水系数应满足要求；在沥青路面成型后应立即测定路面表层渗水系数，以检验沥青混合料面层的施工质量。新建沥青路面的渗水试验宜在沥青路面碾压成型后12h内完成。

【2020 真题】

65. 贝克曼梁法测弯沉，测试前应使试验车后轮轮隙中心对准点前3~5cm位置。

A. 正确　　　　　　　　　　　　　　　B. 错误

解析： ①在测试路段布置测点，其距离随测试需要而定。测点应在路面行车车道的轮迹带上，并用白油漆或粉笔画上标记。②将试验车后轮轮隙对准测点后3~5cm处的位置上。

【2020 真题】

66. 当气温为20℃时，贝克曼梁法测路面弯沉的结果可以不进行温度修正。

A. 正确　　　　　　　　　　　　　　　B. 错误

解析： 沥青路面的弯沉检测以沥青面层平均温度20℃时为准，当路面平均温度在20℃±2℃以内可不修正，在其他温度测试时，对沥青层厚度大于5cm的沥青路面，弯沉值应予温度修正。

【2020 真题】

67. 土基现场CBR试验的贯入量应以两个百分表的平均值计，当两个百分表读数差值超过其平均值的50%时，应停止试验，检查原因。

A. 正确　　　　　　　　　　　　　　　B. 错误

解析： 用千斤顶连续加载，使贯入杆以1mm/min的速度压入土基，分别记录贯入量为0.5mm、1.0mm、1.5mm、2.0mm、2.5mm、3.0mm、4.0mm、50mm、7.5mm、100mm及12.5mm时的测力计和百分表读数，每级贯入量测力计和百分表的读数应保持同步。贯入量以两个百分表读数的平均值计，当两个百分表读数差值超过其平均值的30%时，应停止测试，并检查原因。根据情况，也可在贯入量达7.5mm时结束试验。

【2019 真题】

68. 用环刀法检测压实度时，如环刀打入深度较浅，则检测结果会偏大。

A. 正确　　　　　　　　　　　　　　　B. 错误

解析： 由于每层土压实度上下并不均匀，上面层次比下面层次相对更密实，所以检测结果偏大。所以要求使环刀打下后，能达到要求的取土深度，以代表其平均密度。

【2020 真题】

69. 回弹仪测定的水泥混凝土路面板强度结果可以作为工程验收使用。

A. 正确　　　　　　　　　　　　　　　B. 错误

解析：回弹仪法测试水泥混凝土强度可作为试块强度的参考，但不得用于代替混凝土的强度评定，不适于作为仲裁试验或工程验收的最终依据。

【2021 真题】

70. 用连续式平整度仪检测有车辙路面的平整度时，应取车道中心线作为测点位置。
    A. 正确　　　　　　　　　　　　　　　　B. 错误

解析：连续式平整度仪检测时，当进行路面工程质量检查验收或路况评定时，通常以行车道一侧车轮轮迹带作为连续测试的标准位置；对已形成车辙的路面，取一侧车辙中间位置为测点位置。

【2020 真题】

71. 铺砂法测试路面构造深度后收集回的量砂必须经晾干过筛后方可以继续使用。
    A. 正确　　　　　　　　　　　　　　　　B. 错误

解析：量砂准备：取洁净的细砂，晾干过筛，取 0.15~0.3mm 的砂置于适当的容器中备用。量砂只能在路面上使用一次，不宜重复使用。

【2019 真题】

72. 在测定半刚性基层沥青路面的弯沉时，用 3.6m 贝克曼梁测得的回弹弯沉比用 5.4m 贝克曼梁测得的结果偏大。
    A. 正确　　　　　　　　　　　　　　　　B. 错误

解析：从公式计算可以看出，弯沉仪支点变形修正是把修正值加回来，说明原来测值偏小了。

【2023 真题】

73. 采用沉降差法评定土石路堤或填石路堤压实质量时，一般沿道路纵向每隔 20m 作为一个观测断面，每个观测断面沿横断面方向每隔 5~10m 均匀布设沉降观测点。
    A. 正确　　　　　　　　　　　　　　　　B. 错误

解析：沿道路纵向每隔 20m 作为一个观测断面，每个观测断面沿横断面方向每隔 5~10m 均匀布设沉降观测点，每个沉降观测点位上埋放一固定物（一般为钢球），确保施工和测试过程中水平方向位置不变。

【2024 真题】

74. 采用落锤式弯沉仪测试水泥混凝土路面板底脱空时，若用截距值法判定板底脱空，则应测试板角弯沉，且对同一测点需要施加 5 级荷载进行测试，按照线性回归统计方法计算。
    A. 正确　　　　　　　　　　　　　　　　B. 错误

解析：落锤式弯沉仪法：检测测试位置的弯沉，采用截距值判定板底脱空时，应测试板角弯沉，并对同一测点施加 3 级荷载进行测试。

【2024 真题】

75. 沉降差法测试土石路堤或填石路堤的压实程度时，需要用到振动压路机、水准仪等仪具。

A. 正确　　　　　　　　　　　　B. 错误

解析：沉降差法仪具与材料技术要求：
(1) 振动压路机：自重 20t 以上。
(2) 水准仪：DS_3。
(3) 钢卷尺：量程 50m，分度值不大于 1mm。
(4) 其他仪具：铁锤、铁铲等。

【2023 真题】

76. 承载板法测定土基回弹模量的刚性承载板直径为 21.3cm。

A. 正确　　　　　　　　　　　　B. 错误

解析：刚性承载板直径为 30cm。

【2023 真题】

77. 当用环刀法检测无机结合料稳定细粒土压实度时，若环刀打入碾压层土体较浅时，密度的检测结果会偏小。

A. 正确　　　　　　　　　　　　B. 错误

解析：偏大，土体较浅位置是与轮胎接触的部分，压实更为紧密，密度偏大。

【2024 真题】

78. 根据《公路沥青路面设计规范》(JTG D50—2017) 设计新建的沥青路面，渗水试验宜在沥青路面碾压成型后 12h 内完成。

A. 正确　　　　　　　　　　　　B. 错误

解析：新建沥青路面的渗水试验宜在沥青路面碾压成型后 12h 内完成。

【2024 真题】

79. 根据《公路沥青路面施工技术规范》(JTG F40—2004)，新建沥青路面渗水系数试验应在施工过程中路面成型后立即测定。

A. 正确　　　　　　　　　　　　B. 错误

解析：路表渗水系数与构造深度宜在施工过程中在路面成型后立即测定，但每一个点为 3 个测点的平均值，计算合格率。

【2024 真题】

80. 根据《公路路基路面现场测试规程》(JTG 3450—2019)，环刀法测试路基压实度试验中，应取不少于 100g 的代表性试样用于测定含水率。

A. 正确　　　　　　　　　　　　B. 错误

解析：自环刀中取出试样，取具有代表性的试样（不少于 100g），测试其含水率（w）。

含水率测试应参照《公路土工试验规程》的有关规定。

【2024 真题】

81. 根据《公路路基路面现场测试规程》(JTG 3450—2019)，用承载板法测土基回弹模量时，试验过程中需要对土基进行逐级加载、卸载。

  A. 正确   B. 错误

  解析： 逐级加载卸载测变形。用千斤顶加载，采用逐级加载卸载法，用压力表或测力环控制加载量，荷载小于 0.1MPa 时，每级增加 0.02MPa，以后每级增加 0.04MPa 左右。

【2024 真题】

82. 根据《公路路基路面现场测试规程》(JTG 3450—2019)，沥青路面渗水系数试验是以两个测点试验结果的平均值作为该测试位置的结果。

  A. 正确   B. 错误

  解析： 路面渗水系数以 3 个测点渗水系数的平均值作为该测试位置的结果，准确至 1mL/min。

【2024 真题】

83. 公路路基横断面的几何尺寸包括路基宽度、边坡坡度和纵坡坡度等。

  A. 正确   B. 错误

  解析： 路基横断面的几何尺寸由宽度、高度和边坡坡度组成。

【2023 真题】

84. 横向力系数测试车测试的路面横向力系数不需要进行温度修正，可以直接用于评价路面抗滑性能。

  A. 正确   B. 错误

  解析： 测试系统的标准现场测试地面温度范围为 (20±5)℃，其他地面温度条件下测试的 SFC 值必须通过转换至标准温度下的等效 SFC 值。

【2023 真题】

85. 回弹仪法测定的水泥混凝土路面板强度结果可以作为工程交工验收使用。

  A. 正确   B. 错误

  解析： 回弹法试验可作为试块强度的参考，不得用于代替混凝土的强度评定，不适于作为仲裁试验或工程验收的最终依据。

【2024 真题】

86. 沥青路面施工质量控制中，压实度是非常重要的指标，重点进行碾压工艺的过程控制，适度钻孔抽检压实度。钻孔取样应在路面完全冷却后进行，对改性沥青及 SMA 路面宜在第二天以后取样。

  A. 正确   B. 错误

解析： 钻孔取样应在路面完全冷却后进行，对普通沥青路面通常在第二天取样，对改性沥青及 SMA 路面宜在第三天以后取样。

【2024 真题】

87. 沥青路面钻芯取样时，一般选择直径大于集料最大粒径 3 倍的钻头。
  A. 正确   B. 错误

解析： 沥青路面钻芯取样宜选择直径大于集料最大粒径 3 倍的钻头。

【2023 真题】

88. 路面横坡测量时，横断面宽度的测量应先拉平皮尺再测量两测点的水平距离。
  A. 正确   B. 错误

解析： 用钢尺测量两测点的水平距离，以 m 计，准确至 0.005m。

【2023 真题】

89. 路面平整度指标 VBI 越大，则路面平整性越好。
  A. 正确   B. 错误

解析： 累积值 VBI 越大，说明路面平整度越差，行车舒适性越不好。

【2023 真题】

90. 路面现场车辙测试结果是左、右轮迹带两个车辙测试值的平均值。
  A. 正确   B. 错误

解析： 取最大值作为断面的最大车辙深度。

【2023 真题】

91. 手工铺砂法测试路面构造深度时，每一测试位置均取 3 次路面构造深度的测试结果的平均值作为试验结果，当平均值小于 0.2mm 时，试验结果以<0.2mm 表示。
  A. 正确   B. 错误

解析： 说法正确，每一处均取 3 次路面构造深度的测定结果的平均值作为试验结果，准确至 0.01mm。当平均值小于 0.2mm 时，试验结果以<0.2mm 表示。

【2023 真题】

92. 由于路基路面工程的体量庞大，为保证现场测试结果的可靠性和代表性，必须采用科学的抽样方法进行选点。
  A. 正确   B. 错误

解析： 路基路面工程体量庞大，现场测试项目只能采取抽样方法确定测试的位置。路基路面现场测试选点方法包括均匀法、随机法、定向法、连续法和综合法。

三、多项选择题

【2019 真题】

93. 对于半刚性基层透层油深度检测，以下说法正确的有（　　）。
A. 检测工作应在透层油基本渗透稳定后进行
B. 钻芯直径应为Φ150mm
C. 测量前需将芯样晾干
D. 将芯样顶面圆周四等分并分别测量等分处透层油渗透深度

解析：芯样直径宜为Φ100mm，也可为Φ150mm，所以B不对。将芯样顶面圆周进行8等分，所以D不对。

【2021 真题】

94. 以下关于手工铺砂法测定路面构造深度的步骤描述正确的有（　　）。
A. 试验前需要做量砂的准备，洁净的细砂晾干过筛，取0.15~0.50mm的砂置于适当的容器中备用
B. 用小铲向圆筒中缓缓注入准备好的量砂至高出量筒成尖顶状，手提圆筒上部，用钢尺轻轻叩打圆筒中部3次，并用刮尺边沿筒口一次刮平
C. 用钢板尺测量所构成圆的两个重直方向的直径，取其平均值，准确至1mm
D. 同一处平行测试不少于2次，测点均位于轮迹带上，测点间距3~5m

解析：A错误，量砂直径为：0.15~0.30mm；D错误，同一处平行测试不少于3次，3个测点均位于轮迹带上，测点间距3~5m。对同一处测试应该由同一个试验员进行测试。该处的测试位置以中间测点的位置表示。

【2020 真题】

95. 下面属于沉降差法测试土石路堤压实程度试验步骤的有（　　）。
A. 路基碾压施工完成后，将振动压路机停放在测试路段前20m处，启动振动压路机，并调至强振挡位
B. 振动压路机以不大于4km/h的速度对测试路段进行碾压，往返一次为一遍
C. 碾压结束后用水准仪逐点测量固定物顶面高程 h_{i1}，h_{i2}，$\cdots$，h_{in}，精确到0.1mm
D. 随机选取有代表性的区域，按照《公路土工试验规程》（JTG 3430—2020）灌水法测试材料干密度

解析：测试步骤：①路基碾压施工完成后，将振动压路机停放在测试路段前20m处，启动振动压路机，并调至强振挡位。②振动压路机以不大于4km/h的速度对测试路段进行碾压，往返一次为一遍。③碾压结束后，用水准仪逐点测量固定物顶面高程，精确到0.1mm。④重复步骤②~③，测得固定物顶面高程，准确至0.1mm。⑤随机选取有代表性的区域，按照《公路土工试验规程》（JTG 3430—2020）灌水法测试材料干密度，按照《公路工程集料试验规程》测试表干密度（视密度）。回收固定物，记录新的工艺参数，用于测试段相同材料回填并进行终压。

【2019 真题】

96. 高速公路竣工验收，路面横向力摩擦系数检测过程描述正确的有（　　）。

A. 检测前不需要对路面进行清扫　　　　B. 检查测试轮胎，调整气压至 0.35MPa

C. 检测时测试速度需采用 50km/h　　　 D. 检测过程中沿正常行车轨迹行驶

解析： 检测前需要对路面进行清扫，所以 A 选项错误。《公路路基路面现场测试规程》（JTG 3450—2019）修订的一个较大变化是不再规定标准测试速度，因为测试结果用于不同目的时，所采用的速度可能不同，既然有速度换算公式，完全可以根据实际需要将所希望使用的速度作为标准速度而将其他速度下的测试值进行换算。测试速度无须固定采用 50km/h，C 错误。

【2021 真题】

97. 沉降差法测试土石路堤或填石路堤的压实程度时，需要用到的仪器有（　　）。

A. 胶轮压路机　　　B. 水准仪　　　　C. 钢卷尺　　　　D. 灌砂筒

解析： 沉降差法测试土石路堤或填石路堤的压实程度的仪具与材料技术要求：（1）振动压路机：自重 20t 以上。（2）水准仪：DS_3。（3）钢卷尺：量程 50m，分度值不大于 1mm。（4）其他仪具：铁锤、铁铲等。

【2021 真题】

98. 灌砂法测定路基压实度前应先标定（　　）。

A. 量砂的松方密度　　　　　　　　B. 灌砂筒下部圆锥体内砂的质量

C. 灌砂筒下部圆锥体内砂的体积　　D. 灌砂筒内所装砂的质量

解析： 灌砂法测定路基压实度前应先标定灌砂设备下部圆锥体内砂的质量，标定量砂的松方密度。

【2020 真题】

99. 以下方法可以用于路基路面现场试验选点的有（　　）。

A. 均匀法　　　　B. 随机法　　　　C. 连续法　　　　D. 综合法

解析： 可以用于路基路面现场试验选点的有均匀法、随机法、定向法、连续法、综合法。

【2020 真题】

100. 以下属于挖坑灌砂法测试基层压实度所需要的仪具和材料有（　　）。

A. 电子秤　　　　B. 烘箱　　　　C. 量砂　　　　D. 铝盒

解析：（1）仪具与材料技术要求：灌砂仪包括灌砂筒、金属标定罐和基板。（2）玻璃板：边长 500~600mm 的方形板。（3）试样盘：小筒挖出的试样可用饭盒存放，大筒挖出的试样可用 300mm×500mm×40mm 的搪瓷盘存放。（4）天平或台秤：称量 10~15kg，感量不大于 1g。用于含水率测定的天平精度，对细粒土中粒土、粗粒土宜分别为 0.01g、0.1g、1.0g。（5）含水率测定器具：如铝盒、烘箱等。（6）量砂：粒径 0.30~0.60m 清洁干燥的

砂，取 20~40kg。使用前须洗净烘干，并放置足够的时间，使其与空气的湿度达到平衡。（7）盛砂的容器：塑料桶等。（8）其他：凿子、螺丝刀、铁锤、长把勺、长把小簸箕、毛刷等。

【2020 真题】

101. 现场评价沥青路面的层间粘结强度的试验用具包括（　　）。

A. 拉拔仪　　　　B. 扭剪试验仪　　　　C. 温度计　　　　D. 游标卡尺

解析：现场评价沥青路面的层间粘结强度的试验用具包括（1）拉拔仪。（2）扭剪试验仪。（3）温度计：分辨力为 0.1℃（4）量尺：钢尺，游标卡尺等。（5）秒表：精确到 1s。（6）黏结剂：将拉头等黏结在测试路面或试件表面，如快凝性环氧树脂等。（7）钻芯机：直径为 100mm 或 200mm。

【2020 真题】

102. 连续式平整度仪检测时可以采用的速度有（　　）。

A. 5km/h　　　　B. 10km/h　　　　C. 15km/h　　　　D. 20km/h

解析：牵引连续式平整度仪的速度应保持匀速，速度宜为 5km/h，最大不得超过 12km/h。

【2020 真题】

103. 贝克曼梁按长度分为（　　）的梁。

A. 2.4m　　　　B. 3.6m　　　　C. 5.4m　　　　D. 7.2m

解析：路面弯沉仪：由贝克曼梁、百分表及表架组成。贝克曼梁的前臂（接触路面）与后臂（装百分表）长度比为 2:1。弯沉仪长度有两种 3.6m 和 5.4m。当在半刚性基层沥青路面或水泥混凝土路面上测定时，应采用长度为 5.4m 的贝克曼梁弯沉仪；对柔性基层或混合式结构沥青路面可采用长度为 3.6m 的贝克曼梁弯沉仪测定。弯沉一般采用百分表量得。

【2020 真题】

104. 以下关于结合料稳定材料透层油渗透深度试验描述正确的有（　　）。

A. 用钻机取样，芯样直径为 100mm 或 150mm，芯样高度不宜小于 50mm

B. 芯样清洁后晾干，以便可以观察出芯样侧立面透层油的下渗情况

C. 用钢板尺或量角器将芯样顶面圆周平均分成 8 等份，分别量测圆周上各等分点处透层油渗透的深度

D. 去掉渗透深度测试值中 1 个最小值，计算其余渗透深度测试值的算术平均值，作为单个测点的渗透深度结果

解析：单个芯样渗透深度的计算去掉 3 个最小值，计算其他 5 点渗透深度的算术平均值。

【2024 真题】

105. 当半刚性基层沥青路面的面层厚度为 10cm，路面平均温度为 30℃时，若采用 3.6m 贝克曼梁检测路面弯沉，需要做（　　）修正。

　　A. 温度　　　　　　B. 支点　　　　　　C. 臂长　　　　　　D. 杠杆比

解析：当采用长度为 3.6m 的弯沉仪进行弯沉测定时，有可能引起弯沉仪支座处变形，若有变形应进行修正，B 正确。

沥青路面的弯沉检测以沥青面层平均温度 20℃时为准，当路面平均温度在（20±2）℃以内可不修正，在其他温度测试时，对沥青层厚度大于 5cm 的沥青路面，弯沉值应予温度修正。A 正确。

【2024 真题】

106. 根据《公路路基路面现场测试规程》(JTG 3450—2019)，符合用超声回弹法测试水泥混凝土路面抗弯强度的路面板厚度有（　　）。

　　A. 75mm　　　　　B. 100mm　　　　　C. 200mm　　　　　D. 250mm

解析：本方法适用于视密度为 1.9～2.5t/m³，板厚大于 100mm，龄期大于 14d，强度已达到设计抗压强度 80% 以上的水泥混凝土。

【2023 真题】

107. 关于半刚性基层透层油渗透深度检测的说法正确的有（　　）。

　　A. 检测工作需在透层油喷洒 24h 后进行

　　B. 芯样直径宜为 100mm

　　C. 测量前需将芯样晾干，使其能分辨出芯样侧立面透层油的下渗情况

　　D. 将芯样顶面圆周分成 8 等份并分别测量等分处透层油渗透深度

解析：基本渗透或喷洒 48h 后钻取芯样，钻头直径为 φ100mm 或 φ150mm。

【2023 真题】

108. 关于车载式颠簸累积仪测定平整度的表述正确的有（　　）。

　　A. 直接检测的指标是测量车后轴与车厢之间的单向位移累积值 VBI

　　B. 车载式颠簸累积仪属于反应类平整度仪

　　C. 需要对检测值进行温度修正

　　D. 测试车上载重、人数以及分布情况不会影响检测结果

解析：不需要进行温度修正；检查测试车轮胎气压，应达到车辆轮胎规定的标准气压，车胎应清洁，不得黏附杂物。车上载重、人数以及分布应与仪器相关性标定试验时一致。

【2023 真题】

109. 关于横向力系数描述正确的有（　　）。

　　A. 与摆式仪测量的摆值一样，用于评价路面抗滑性能

　　B. 交工验收时，检测了横向力系数就不用检测构造深度了

C. 交工验收时，以测试车速 50km/h 的检测结果作为评定数据

D. 横向力系数测试车的检测速度越快，检测结果越小

解析：1.《公路路基路面现场测试规程》路面表面的构造深度（TD）也称纹理深度，是表征路面粗糙度的一种形式，它和路面摩擦系数都是评价路表抗滑性能的专业技术指标，但是构造深度和摩擦系数所表征的作用不同，两者不能互相代替，所以 B 答案错误。

2. 参见以下《公路沥青路面设计规范》内容，C 答案错误。

3.0.7 高速公路、一级公路以及山岭重丘区二级和三级公路的路面在交工验收时，其抗滑技术指标应满足表 3.0.7 的技术要求。

表 3.0.7 抗滑技术要求

年平均降雨量/mm	交工检测指标值	
	横向力系数 SFC_{60}^{a}	构造深度 TD^{b}/mm
>1000	≥54	≥0.55
500~1000	≥50	≥0.50
250~500	≥45	≥0.45

a 横向力系数 SFC_{60}——用横向力系数测试车，在 (60±1) km/h 车速下测定。
b 构造深度 TD——用铺砂法测定。

3. 根据速度修正公式：$SFC_{标} = SFC_{测} - 0.22(v_{标} - v_{测})$，若检测速度越快，如测试速度为 70km/h，标准速度为 60km/h，则修正部分值为 -0.22(60-70) = +2.2，负负得正，需要加回来，说明原来的检测结果偏小。D 正确。

【2024 真题】

110. 关于激光平整度仪测定平整度试验的表述正确的是（　　）。

A. 正式测试之前，试验人员应让承载车以测试速度行驶 5km~10km

B. 承载车停在测试起点前 50m~100m 处，启动测试系统并设置所需测试状态

C. 正常测试时，承载车一般应保持稳定的速度，不应随意改变车速

D. 测试完成后，测试人员停止数据采集和记录并恢复仪器各部分至初始状态

解析：依据激光平整度仪测定平整度测试步骤，A、B、C、D 都正确。

① 测试开始之前应让测试车以测试速度行驶 5~10km，按照设备使用说明规定的预热时间对测试系统进行预热。

② 测试车停在测试起点前 50~100m 处，启动平整度测试系统程序，按照设备操作手册的规定和测试路段的现场技术要求设置完毕所需的测试状态。

③ 驾驶员应按照设备操作手册要求的测试速度范围驾驶测试车，宜在 50~80km/h，避免急加速和急减速，急弯路段应放慢车速，沿正常行车轨迹驶入测试路段。

④ 进入测试路段后，测试人员启动系统的采集和记录程序，在测试过程中必须及时准确地将测试路段的起终点和其他需要特殊标记的位置输入测试数据记录中。

⑤ 当测试车辆驶出测试路段后，测试人员停止数据采集和记录，并恢复仪器各部分至初始状态。

⑥ 检查测试数据文件，文件应完整，内容应正常，否则需要重新测试。

⑦ 关闭测试系统电源，结束测试。

【2024 真题】

111. 关于用落锤式弯沉仪测试水泥混凝土路面脱空的表述正确的是（　　）。

A. 测试宜选择在早晚板块上下表面温差较小的时段进行

B. 测试板角或板边位置时，承载板边缘应距纵、横缝不大于200mm

C. 采用截距值判定板底脱空时，应测试板角弯沉，并对同一测点施加3级荷载进行测试

D. 采用弯沉比值判定板底脱空时，应采用同一恒定荷载对板角、板中和板边进行弯沉测试

解析：依据落锤式弯沉仪法测试水泥混凝土路面脱空试验步骤，A、B、C、D 都正确。

① 收集水泥路面材料、结构、厚度等路面资料信息。

② 确定测试桩号，并标识测点位置。当测试板角或板边位置时，承载板边缘应距纵、横缝不大于200mm。当测试板中位置时，承载板中心与板中距离偏差应不大于200mm。

③ 清扫水泥路面，使测试点位置无明显砂粒、积泥。

④ 脱空测试应避开晴天正午前后温度较高及显著负温度梯度（夜晚或清晨）时段，宜选择在早晚板块上下表面温差较小时段，或者凉爽多云、阴天温差变化不大的天气进行测试。

⑤ 检测测试位置的弯沉，采用截距值判定板底脱空时，应测试板角弯沉，并对同一测点施加3级荷载进行测试。采用弯沉比值判定板底脱空时，应采用同一恒定荷载对板角、板中和板边进行弯沉测试。

【2024 真题】

112. 沥青路面渗水系数测试方法需要用到的仪具有（　　）。

A. 秒表　　　　B. 密封材料　　　　C. 套环　　　　D. 温度计

解析：保守可选 A、C，B 属于材料。

主要仪具与材料：路面渗水仪、水筒及大漏斗、秒表、密封材料、套环。

【2023 真题】

113. 属于用摆式仪摩擦系数仪测试路面摩擦系数的步骤有（　　）。

A. 安放挡风板

B. 校核滑动长度

C. 向路面喷水并测试摩擦系数

D. 测试干燥路面的温度

解析：挡风板是手工铺砂法试验中用到的。D 选项应为测记潮湿路表温度，准确至1℃。

四、综合题

【2019 真题】

114. 某普通公路交工验收，路面为沥青混凝土。试验人员用摆式摩擦系数仪测定路面摩擦系数，请依据上述条件完成下面题目。

1）摆式摩擦系数仪测量值的单位是（　　）。
A. BPN　　　　　B. 无量纲　　　　　C. N　　　　　D. MPa

解析：摆值（BPN）是摆式仪的刻度值，为摩擦系数的 100 倍。摩擦系数是两个力的比值，没有单位的。

2）温度对摆式摩擦系数仪的测值有影响，当现场测量喷水后的路面温度为 13℃时，测量值与修正后的结果相比（　　）。
A. 测量值小　　　　　　　　B. 测量值大
C. 测量值与修正后的结果相等　　D. 不好说

解析：温度修正值，以 20℃为标准，低于 20℃，温度修正值为负值，说明测量值偏大，需要减回去。

3）测量过程中，每一个点测（　　）次，测量值的最大值与最小值的差值不超过（　　）。
A. 5，2　　　　　B. 3，2　　　　　C. 5，3　　　　　D. 3，3

解析：单点测定的 5 个值中最大值与最小值的差值不得大于 3。

4）以下属于摆式摩擦系数仪测定路面摩擦系数的步骤有（　　）。
A. 安放挡风板　　　　　　B. 仪器调平
C. 校核滑动长度　　　　　D. 向路面喷水并测量

解析：安放挡风板是手工铺砂法测试构造深度的步骤。其他步骤都是正确的。

【2020 真题】

115. 某在建公路工程，路面为 AC-16 沥青混凝土路面，检测人员计划开展现场渗水试验，请根据相关规程完成下面题目。

1）下面关于新建沥青混凝土路面渗水系数试验的描述正确的有（　　）。
A. 渗水系数应在路面铺筑成型后未遭行车污染的情况下检测
B. 渗水试验宜在沥青路面碾压成型后 12h 内完成
C. 渗水试验在工程交工验收前完成即可
D. 渗水试验在工程竣工验收前完成即可

解析：准备工作：（1）每个测试位置，按照规定的方法，随机选择 3 个测点，并用粉笔画上测试标记。（2）试验前，首先用扫帚清扫表面，并用刷子将路面表面的杂物刷去。（3）新建沥青路面的渗水试验宜在沥青路面碾压成型后 12h 内完成。

2) 根据《公路沥青路面施工技术规范》(JTG F40—2004)，以下关于渗水系数检查频率和检验评价描述正确的有（　　）。

A. 每 1km 按照随机取样的方法不少于 3 点
B. 每 1km 按照随机取样的方法不少于 5 点
C. 每点测 3 处，以平均值评价该点渗水性能
D. 每点测 2 处，以平均值评价该点渗水性能

解析： 路面渗水系数以 3 个测点渗水系数的平均值作为该测试位置的结果，准确至 1mL/min。

3) 以下属于渗水试验需要用到的器具有（　　）。

A. 路面渗水仪　　B. 秒表　　C. 温度计　　D. 气压计

解析： ①路面渗水仪：上部盛水量筒由透明有机玻璃制成，容积 600mL，上有刻度，在 100mL 及 500mL 处有粗标线，下方通过 10mm 的细管与底座相接，中间有一开关。量筒通过支架联结，底座下方开口内径 150mm，外径 220mm，仪器附不锈钢圈压重两个，每个质量约 5kg，内径中 160mm。②水筒及大漏斗。③秒表。④密封材料：防水腻子、油灰或橡皮泥。⑤套环：金属圆环，宽度 5mm，内径 145mm，主要防止密封材料进入测试面而导致渗水面积不一致。

4) 以下描述中属于渗水试验步骤的有（　　）。

A. 用密封材料对环状密封区域进行密封处理，注意不要使密封材料进入内圈
B. 向量筒中注水超过 100mL 刻度，然后打开开关和排气孔，使量筒中的水下流排除渗水仪底部内的空气
C. 打开开关，待水面下降至 100mL 刻度时，立即开动秒表开始计时，计时 3min 后立即记录水量
D. 记录路面温度及气压计读数

解析： 无 D 选项。

5) 渗水系数的单位是（　　）。

A. mL/s　　B. L/s　　C. mL/min　　D. L/min

解析： 路面渗水系数单位为 mL/min。

【2021 真题】

116. 某市建设完成一条技术等级为三级的公路，路面宽度的设计值为 9.0m，沥青路面面层的设计总厚度为 10cm。检测机构受委托开展交工验收检测工作，请结合工程实际完成以下题目。

1) 路面宽度测量时，检测人员用钢卷尺沿道路中线垂直方向水平量取路面宽度，读数应准确至（　　）。

A. 1mm　　B. 5mm　　C. 10mm　　D. 50mm

解析： 用钢尺沿中心线垂直方向水平量取路基路面各部分的宽度，准确至 0.001m（1mm）。测量时钢尺应保持水平，不得将尺紧贴路面量取，也不得使用皮尺。

2）如果采用短脉冲雷达法检测路面厚度，（　　）的天线适合检测该公路。
A. 400MHz　　　　B. 900MHz　　　　C. 2.0GHz　　　　D. 2.5GHz

解析： 依据《公路路基路面现场测试规程》，建议根据被测路面的标称厚度选择适当频率的天线。一般情况下，当被测路面标称厚度小于 10cm 时，通常选用频率不小于 2GHz 的雷达天线；标称厚度为 10~25cm 时，通常选用频率不小于 1.5GHz 的雷达天线；标称厚度大于 25cm 时，通常选用频率不小于 1GHz 的雷达天线。

3）路面平整度检测时采用了三米直尺法，下面描述正确的有（　　）。
A. 检测前，应清扫测试位置表面的碎石、杂物
B. 测试位置选择时，除特殊需要外，应以车道一侧车轮轮迹作为连续测试的位置
C. 测试时，应将三米直尺沿道路纵向摆在测试位置的路面上
D. 检测人员应将具有高度标线的塞尺塞进直尺与路面间隙处，测试最大间隙的高度

解析： 3m 直尺方法与步骤如下。准备工作：①确定测试方式。当测试沥青路面施工过程中的质量时，应以单尺方式测试，且测试位置应选在接缝处；其他情况一般以连续 10 尺方式测试。②选择测试位置。除特殊需要者外，应以行车道一侧车轮轮迹（距车道线 0.8~1.0m）作为连续测试的位置。对既有道路已形成车辙的路面，应取车辙中间位置为测试位置。③清扫路面测试位置处的碎石、杂物等。测试步骤：①将三米直尺沿道路纵向摆在测试位置的路面上。②目测三米直尺底面与路表面之间的间隙情况，确定最大间隙的位置。③将具有高度标线的塞尺塞进间隙处，测试其最大间隙的高度；或者用深度尺在最大间隙位置测试直尺上顶面距地面的深度，该深度减去尺高即为测试点的最大间隙的高度。以 mm 计，准确至 0.5mm。

4）采用摆式仪测定路面摩擦系数时，检测前检测人员需要调整摆锤高度使摆在路面上滑动长度为（　　）
A. 124mm±1mm　　　B. 125mm±1mm　　　C. 126mm±1mm　　　D. 127mm±1mm

解析：《公路路基路面现场测试规程》校核滑动长度，直至滑动长度符合（126±1）mm 的要求。

【2023 真题】

117. 某试验室受委托开展新建沥青路面的渗水系数测试试验。检测人员携带设备、记录表格等到达工程现场开展检测工作。请根据试验情况完成下列题目。

1）沥青路面渗水系数测试试验需要（　　）等仪具。
A. 秒表　　　　B. 钢板尺　　　　C. 路面渗水仪　　　　D. 量筒

解析： 主要仪具及材料：路面渗水仪、水筒及大漏斗、秒表、密封材料、套环。

2）新建沥青路面渗水系数测试宜在沥青路面碾压成型后（   ）h 内完成。
A. 6   B. 12   C. 18   D. 24
解析：新建沥青路面渗水系数测试宜在沥青路面碾压成型后 12h 内完成。

3）关于沥青路面渗水系数测试试验的描述正确的有（   ）。
A. 密封过程中，不要使密封材料进入内圈，如果密封材料不小心进入内圈，必须用刮刀将其刮走
B. 在排出渗水仪底部内的空气时，盛水量筒中水面下降速度变慢，用双手轻压渗水仪以便使渗水仪底部的气泡全部排出
C. 测试过程中，如水从底座与密封材料间渗出，说明底座与路面间密封不好，此试验结果为无效
D. 测试过程中，如水从外环圈以外路面中渗出，可以认为试验结果无效
解析：测试过程中，如水从外环圈以外路面中渗出，可以人工将密封材料在外环圈之外 5cm 宽度范围内再次进行密封处理，重新测试，只要密封范围内无水渗出，则认为试验结果为有效。

4）试验开始后，试验人员将开关打开，待水面下降。至 100mL 刻度时，立即开动秒表开始计时。关于可以结束试验的描述正确的有（   ）。
A. 如果 3min 时间内水面无法下降至 500mL 刻度时，则开动秒表计时测试 3min 内渗水量即可结束
B. 如果水面基本不下降，说明试验失败，结束试验
C. 如果水面下降较快，3min 时间内水面已下降至 500mL 时，应立即记录水面下降至 500mL 时的时间即可结束
D. 如果水面下降较快，3min 时间内水面已下降至 500mL 时，应在盛水量筒内水全部排完时立即记录下时间即可结束
解析：水面下降至 500mL 或者计时 3min 停止试验。

5）路面渗水试验应采用三个测点试验结果的（   ）作为该测试位置的结果。
A. 中间值   B. 代表值   C. 最大值   D. 平均值
解析：路面渗水试验应采用三个测点试验结果的平均值作为该测试位置的结果。

【2024 真题】
118. 某高速公路工程施工单位拟开展路面工程施工作业，为保证路面建设质量，工程建设单位委托质量检测机构开展施工质量控制活动。该工程的路面面层为沥青路面，路面基层采用了水泥稳定类材料。请根据实际情况完成下列题目。

1）路面基层施工完成后，需要进行钻芯取样检验完整性。芯样的钻取一般应在（   ）龄期进行。
A. 7d   B. 10~14d   C. 14~20d   D. 20~28d

解析：芯样的钻取应在以下龄期进行：用于基层的水泥稳定中、粗粒材料，龄期7d；用于基层的水泥粉煤灰稳定的中、粗粒材料，龄期10~14d；

用于底基层的水泥稳定材料、水泥粉煤灰稳定材料，龄期10~14d；

用于基层的石灰粉煤灰稳定材料，龄期14~20d；

用于底基层的石灰粉煤灰稳定材料，龄期20~28d。

2) 半刚性路面基层透层油采用喷洒法施工时，沥青洒布量是重要的指标之一，需要做好控制。在测点的布置上，应根据沥青洒布车的沥青用量预计洒布的路段长度，在距两端（　　）长度附近的洒布宽度的任意位置上放置（　　）个受样盘，并躲开车轮轨迹。

A. 1/4, 2　　　　　B. 1/4, 3　　　　　C. 1/3, 2　　　　　D. 1/3, 3

解析：根据沥青洒布车的沥青用量预计洒布的路段长度，在距两端1/3长度附近的洒布宽度的任意位置上，放置2个受样盘，但应躲开车轮轨迹。

3) 半刚性路面基层透层油需要渗透入基层一定深度才能起到固结、稳定、联结和防水的作用。检测人员在透层油喷洒48h后开展了钻芯取样工作，回到试验室后，检测人员对其中一个芯样进行了渗透深度的测量，结果分别为 11.5mm、12.0mm、7.5mm、17.5mm、4.5mm、9.0mm、15.5mm、13.5mm。该芯样渗透深度为（　　）mm。

A. 9　　　　　B. 11.5　　　　　C. 14　　　　　D. 15.5

解析：去掉3个最小值，计算其他5点渗透深度的算术平均值。

4) 路面面层厚度合格与否直接影响路面的使用寿命，在施工过程中加强沥青路面摊铺层的平均压实厚度检测是非常重要的过程控制手段。在计算摊铺层平均压实厚度时，应使用评定周期内（　　）。

A. 试验室标准密度的平均值　　　　　B. 试验室标准密度的代表值

C. 现场压实密度的平均值　　　　　　D. 现场压实密度的代表值

解析：利用一个评定周期的沥青混合料总生产量、施工总面积、沥青混合料密度按下式计算该摊铺层的平均压实厚度。

$$H = \frac{\sum m_i}{A \times d} \times 1000$$

式中　H——该评定周期沥青路面摊铺层的平均施工压实厚度（mm）；

　　　m_i——每一盘沥青混合料的质量（t）；

　　　i——依次记录的盘次；

　　　$\sum m_i$——一个评定周期内沥青混合料的总生产量（t）；

　　　A——该评定周期沥青路面摊铺层的实际总面积（m²）；

　　　d——评定周期内摊铺层的现场压实密度的平均值，由钻孔试件的干燥密度（试验室标准密度乘以压实度）测定得到（t/m³）。

5) 沥青混合料的施工温度直接关系到沥青路面的施工质量管理的重点项目之一，关于温度检测的描述正确的有（   ）。

A. 温度计要求，常温至200℃，最小读数1℃

B. 沥青混合料出厂及运输到达现场均应进行温度检测

C. 测试时，温度计应插入混合料的厚度不小于150mm

D. 压实温度一次检测不得少于3个测点，取平均值作为测试温度

解析：测试所用温度计要求：常温至300℃，最小读数1℃，宜采用有数字显示或度盘指针显示的金属杆插入式热电偶温度计，测杆的长度不小于300mm。A 错误。

混合料出厂温度或运输至现场温度应在运料货车上测试，每车检测一次。在拌和厂检测的为混合料出厂温度，在运输至现场后检测的为现场温度。B 正确。

测试时，温度计插入深度不小于150mm，注视温度变化直至不再继续上升为止，读记温度，准确至1℃。C 正确。

压实温度一次检测不得少于3个测点，取平均值作为测试温度。D 正确。

【2023真题】

119. 某工程用灌砂法测路基压实度，已知：土的最大干密度为 1.91g/cm³，最佳含水率为 11.2%。试样的湿密度为 2.05g/cm³，试样的含水率为 9.2%。请完成下列各题目。

1) 灌砂法所用量砂应保持清洁干燥均匀，其粒径范围是（   ）mm，约（   ）kg。

A. 0.075~0.25；20~40   B. 0.075~0.25；40~60

C. 0.25~0.5；20~40   D. 0.25~0.5；40~60

解析：《公路土工试验规程》灌砂法规定：量砂：粒径 0.25~0.5mm、清洁干燥的均匀砂，为 20~40kg。应先烘干，并放置足够时间，使其与空气的温度达到平衡。

2) 标定罐的体积需要用水测定，需要用到的器具有（   ）。

A. 感量为 0.01g 的天平   B. 直尺

C. 滴管   D. 吸管

解析：用 15~25℃ 水确定标定罐的容积 V，准确至 1mL。

3) 测量挖出土样的含水率时，对于细粒土应取土不少于（   ）g。

A. 100   B. 150   C. 200   D. 250

解析：用小型灌砂筒测定时，对于细粒土，不少于100g；对于各种中粒土，不少于500g。用中型灌砂筒测定时，对于细粒土，不少于200g；可以理解为不少于200g，也满足小型灌砂筒的要求。

4) 本次试验试样干密度是（   ）g/cm³。

A. 1.75   B. 1.88   C. 1.94   D. 2.05

解析：$2.05/(1+0.092) = 1.88$ g/cm³。

5）本次试验测得压实度为（　　）%。
A. 91.6　　　　　B. 98　　　　　C. 98.4　　　　　D. 98.5
解析：（1.88/1.91）×100＝98.4%。

【2024 真题】

120. 某路面工程施工完成后，建设方委托质量检测机构开展路面施工质量检测工作，检测人员进入现场采用手工铺砂法进行路面构造深度检测。请根据实际情况完成下列题目。

1）根据《公路工程质量检验评定标准》（JTG F80/1—2017），构造深度的检查频率为（　　）。
A. 1 处/200m　　　B. 2 处/200m　　　C. 1 处/500m　　　D. 2 处/500m
解析：根据《公路工程质量检验评定标准》，构造深度的检查频率为每200m测1处。

2）手工铺砂法测试路面构造深度适用于（　　）。
A. 沥青路面
B. 刻槽水泥混凝土路面
C. 无刻槽水泥混凝土路面
D. 砂石路面
解析：手工铺砂法适用于测定沥青路面及无刻槽水泥混凝土路面表面构造深度，用以评定路面表面的宏观构造。

3）检测用到的仪具和材料有（　　）。
A. 量砂　　　　　B. 温度计　　　　　C. 钢板尺　　　　　D. 挡风板
解析：仪具与材料技术要求：
人工铺砂仪：由圆筒、推平板组成。
① 量砂筒：一端是封闭的，容积为25mL±0.15mL，可通过称量砂筒中水的质量以确定其容积V，并调整其高度，使其容积符合规定。带一专门的刮尺，可将筒口量砂刮平。
② 推平板：推平板应为木制或铝制，直径50mm，底面粘一层厚1.5mm的橡胶片，上面有圆柱把手。
③ 刮平尺：可用30cm钢板尺代替。
④ 量砂：足够数量的干燥洁净的匀质砂，粒径0.15~0.3mm。
⑤ 量尺：钢板尺、钢卷尺，或采用将直径换算成构造深度作为刻度单位的专用的构造深度尺。
⑥ 其他：装砂容器（小铲），扫帚或毛刷、挡风板等。

4）现场检测时，同一处平行测试不少于（　　）次。
A. 2　　　　　B. 3　　　　　C. 4　　　　　D. 5
解析：同一处平行测定不小于3次，3个测点均位于轮迹带上，测点间距3~5m。对同一处，应该由同一个试验员进行测定。该处的测定位置以中间测点的位置表示。

5）关于人工铺砂法现场测定路面构造深度的表述正确的是（　　）。
A. 清扫测点附近的路面，面积不少于30cm×30cm

B. 用量砂筒从砂桶中装满量砂并用刮尺沿筒口刮平
C. 测量摊铺后形成圆形砂面的两个垂直方向直径并取平均值
D. 计算结果准确至 0.01mm

解析：手工铺砂法测试步骤：

① 用扫帚或毛刷子将测点附近的路面清扫干净，面积不小于 30cm×30cm。A 正确。

② 用小铲向圆筒中缓缓注入准备好的量砂至高出量筒成尖顶状，手提圆筒上部，用钢尺轻轻叩打圆筒中部 3 次，并用刮尺边沿筒口一次刮平，注：不可直接用量砂筒装砂，以免影响量砂密度的均匀性。B 错误。

③ 将砂倒在路面上，用底面粘有橡胶片的推平板，由里向外重复做旋转摊铺运动，稍稍用力将砂细心地尽可能地向外摊开，使砂填入凹凸不平的路表面的空隙中，尽可能将砂摊成圆形，并不得在表面上留有浮动余砂。注意，摊铺时不可用力过大或向外推挤。

④ 用钢板尺测量所构成圆的两个垂直方向的直径，取其平均值，准确至 1mm。C 正确。

⑤ 按以上方法，同一处平行测定不小于 3 次，3 个测点均位于轮迹带上，测点间距 3~5m。对同一处，应该由同一个试验员进行测定。该处的测定位置以中间测点的位置表示。

结果表示：每一处均取 3 次路面构造深度的测定结果的平均值作为试验结果，准确至 0.01mm。当平均值小于 0.2mm 时，试验结果以<0.2mm 表示。D 正确。

答案：1. B 2. A 3. C 4. B 5. C 6. C 7. C 8. B 9. C 10. D 11. A 12. D 13. D 14. B 15. C 16. B 17. B 18. A 19. D 20. B 21. B 22. A 23. C 24. D 25. C 26. A 27. D 28. D 29. D 30. B 31. A 32. D 33. D 34. C 35. C 36. C 37. C 38. A 39. C 40. B 41. A 42. C 43. A 44. C 45. B 46. A 47. D 48. A 49. B 50. A 51. B 52. B 53. C 54. C 55. A 56. B 57. B 58. A 59. C 60. B 61. B 62. B 63. C 64. C 65. B 66. B 67. B 68. A 69. B 70. B 71. B 72. B 73. C 74. B 75. C 76. B 77. B 78. A 79. C 80. B 81. B 82. B 83. B 84. B 85. B 86. B 87. A 88. B 89. B 90. B 91. B 92. A 93. A、C 94. B、C 95. A、B、C、D 96. B、D 97. B、C 98. A、B 99. A、B、D 100. A、B、C 101. A、B、C、D 102. A、B 103. B、C 104. A、B、C 105. B、D 106. C、D 107. C、D 108. A、B 109. A、D 110. A、B、C、D 111. A、B、C、D 112. A、B、C 113. B、C 114. 1) B, 2) B, 3) C, 4) B、C、D 115. 1) A、B, 2) B, 3) C, 4) A、B、C, 5) C 116. 1) A, 2) C、D, 3) A、B、C、D, 4) C 117. 1) A、C, 2) B, 3) A、B、C, 4) A、C, 5) D 118. 1) A, 2) A, 3) C, 4) C, 5) B、C、D 119. 1) C, 2) B、C、D, 3) C, 4) B, 5) C 120. 1) A, 2) A、C, 3) A、C、D, 4) B, 5) A、C、D

模拟卷一

一、单选题（共30题，每题1分，共30分）

1. 根据《公路工程质量检验评定标准》(JTG F80/1—2017)，以下不属于质量保证资料内容的有（　　）。
   A. 混凝土试验报告　　　　　　　　　B. 隐蔽工程施工记录
   C. 施工组织设计　　　　　　　　　　D. 钢筋进场复试报告

2. 依据《公路工程质量检验评定标准　第一册　土建工程》(JTG F80/1—2017)的规定，多车道路段的最低检测频率应（　　）。
   A. 按规定频率的两倍　　　　　　　　B. 按标准规定的频率乘以车道数
   C. 按车道数与双车道之比增加相应的检测数量　D. 按双车道确定检测频率

3. 软土路基处理时，粒料桩实测项目中，属于关键项目的是（　　）。
   A. 桩距　　　　　B. 桩径　　　　　C. 桩长　　　　　D. 粒料灌入率

4. 热拌沥青混合料路面应待摊铺层完全自然冷却，混合料表面温度低于（　　）后，方可开放交通。
   A. 10℃　　　　　B. 20℃　　　　　C. 30℃　　　　　D. 50℃

5. 根据《公路工程质量检验评定标准》，采用3米直尺法检测沥青路面平整度时，应每200m测（　　）。
   A. 1处×5尺　　　B. 2处×10尺　　　C. 2处×5尺　　　D. 1处×10尺

6. 高速公路技术状况评定对路面跳车性能的最低检测频率要求为（　　）。
   A. 1年2次　　　　B. 1年1次　　　　C. 2年1次　　　　D. 5年2次

7. 《公路技术状况评定标准》(JTG 5210—2018)要求路面车辙深度指数RDI应每（　　）计算一个统计值。
   A. 5m　　　　　　B. 10m　　　　　　C. 20m　　　　　　D. 100m

8. 当沥青路面有一条纵向裂缝时，损坏按照实际长度计算，检测结果应用影响宽度（　　）换算成损坏面积。
   A. 0.2m　　　　　B. 0.4m　　　　　C. 1.0m　　　　　D. 1.5m

9. 在进行公路技术状况评定时，当某评定单元的MQI为90时，则该评定单元评定结果说法正确的是（　　）。
   A. 评定单元评价等级为优　　　　　　B. 评定单元评价等级为良
   C. 评定单元评价等级为次　　　　　　D. 评定单元评价等级为差

10. 当进行土的含水率试验时,应进行二次平行测定,当含水率在 5% 以下时,允许平行差值应不大于(　　)%。
   A. 0.3　　　　　　B. 0.5　　　　　　C. 1.0　　　　　　D. 2.0

11. 灌水法测定土密度试验中,要求进行两次平行试验,平行试验差值要求不大于(　　)g/cm³。
   A. 0.01　　　　　B. 0.03　　　　　C. 0.1　　　　　　D. 0.2

12. 对土工织物进行单位面积质量测定时,应将土工织物用切刀或剪刀裁取成(　　)的试样,剪裁和测量精度为 1mm。
   A. 10000mm², 10 块　　　　　　　B. 10000mm², 20 块
   C. 20000mm², 10 块　　　　　　　D. 20000mm², 20 块

13. 某高速公路沥青路面表面层 AC-13,采用 3 种规格石灰岩粗集料,分别为 10～15mm、5～10mm、3～5mm,所取试样质量分别为 500g、400g 和 200g,坚固性试验数据如下表,该集料的坚固性说法正确的是(　　)。

检测项目	10～15mm	5～10mm	3～5mm
坚固性/%	4.7	3.5	8.6

   A. 粗集料的坚固性试验质量损失百分率为 5.4%
   B. 粗集料的坚固性试验质量损失百分率为 5.0%
   C. 粗集料坚固性需要按每档检验均要合格
   D. 该集料坚固性不合格

14. 无机结合料稳定类材料的力学性能主要用无侧限抗压强度、弹性模量和弯拉强度来表征,其中采用(　　)作为配合比设计与施工质量的控制指标。
   A. 无侧限抗压强度　　B. 弹性模量　　C. 弯拉强度　　D. CBR 强度

15. 当采用碾压贫混凝土作为基层材料时,配合比设计时 7d 龄期的无侧限抗压强度符合要求的是(　　)。
   A. 1.0MPa　　　　B. 4.5MPa　　　　C. 8MPa　　　　D. 15MPa

16. 在高湿度环境下或长期处在水下环境,宜优先选用(　　)。
   A. 普通水泥　　　B. 矿渣水泥　　　C. 火山灰水泥　　D. 粉煤灰水泥

17. 水泥胶砂强度试验时,关于试验条件表述不正确的是(　　)。
   A. 试件成型试验室应保持在试验室温度为 (20±2)℃ (包括强度试验室),相对湿度大于 50%
   B. 养护箱或雾室温度为 (20±1)℃,相对湿度大于 90%
   C. 养护水的温度为 (20±2)℃
   D. 试件成型试验室空气温度和相对湿度应在工作期间早晚至少各记录一次,养护箱或雾室温度和相对湿度至少每 4h 记录一次

18. 水泥胶砂强度试验时,关于试件制备表述不正确的是(　　)。
   A. 成型前将试模擦净,四周的模板与底座的接触面上应涂机油,紧密装配,防止漏浆,内壁均匀地刷一薄层黄油

B. 水泥与ISO标准砂的质量比为1:3，水灰比为0.5

C. 胶砂制备时，将水加入锅中再加水泥再加砂，将胶砂装入试模时应分两层装入，每层振实60次

D. 两个龄期以上的试件，编号时应将同一试模中的三条试件分在两个以上的龄期内

19. 已知某水泥混凝土拌和物测得的坍落度分别为102mm、103mm和107mm，则最终水泥混凝土拌和物的坍落度为（　　）。

    A. 102mm   B. 104mm   C. 105mm   D. 107mm

20. 关于水泥混凝土拌和物凝结时间测定，试样步骤描述不正确的是（　　）。

A. 将砂浆试样筒置于贯入阻力仪上，测针端面刚刚接触砂浆表面，然后转动手轮，使测针在（10±2）s内垂直且均匀地插入试样内，深度为（25±2）mm，记录最大贯入阻力值

B. 测定时，每个试样筒每次测1~2个点，各测点的间距不小于10mm，测点与试样筒壁的距离不小于10mm

C. 每个试样的贯入测试不少于6次，直至单位面积贯入阻力大于28MPa为止

D. 凝结时间测定从搅拌加水开始计时

21. 关于水泥混凝土抗压强度试验，描述正确的是（　　）。

A. 压力机或万能试验机量程应选择试件破坏荷载大于压力机全量程的20%且小于压力机全量程的80%

B. 当混凝土强度等级大于或等于C30时，试件周围应设置防崩裂网罩

C. 混凝土强度等级越高，加荷速度越慢

D. 当试件接近破坏而开始迅速变形时，应调整试验机油门，直至试件破坏

22. 采用布氏旋转黏度计测定黏稠沥青的（　　）。

    A. 表观黏度   B. 标准黏度   C. 动力黏度   D. 运动黏度

23. 在进行70号A级沥青的针入度指数仲裁试验时，试验可采用（　　）的温度条件。

A. 25℃、30℃、35℃   B. 15℃、25℃、30℃、35℃

C. 5℃、15℃、25℃、30℃   D. 10℃、15℃、20℃、30℃

24. 沥青试样软化点试验两个检测记录分别为60.3℃、61.9℃，则以下阐述正确的是（　　）。

A. 该试样软化点为61.0℃

B. 该试样软化点为61.1℃

C. 该试样软化点为60.5℃

D. 该软化点试验结果无效，需要重新进行试验

25. 某一试验室需要进行AC—20C沥青混合料马歇尔试验，已知马歇尔试件毛体积密度为2.386g/cm³，则成型一个马歇尔试验所需的混合料总质量约为（　　）。

    A. 1200g   B. 1268g   C. 1248g   D. 1228g

26. 对于水泥混凝土路面板测试相邻板高差时，测量结果应准确至（　　）。

    A. 0.5mm   B. 1mm   C. 0.001mm   D. 0.005m

27. 贝克曼梁测定路基路面回弹弯沉试验方法，用到的试验设备不包括（　　）。

A. 加载车：后轴标准轴载（100±1）kN，单侧双轮组荷载为（50±0.5）kN，轮胎气压（0.7±0.05）MPa

B. 贝克曼梁：按长度分为5.4m和3.6m，前臂与后臂长度比均为2∶1

C. 百分表、表架

D. 空气温度计

28. 关于贝克曼梁测定沥青路面回弹弯沉进行修正的说法正确的是（　　）。

A. 当采用3.6m贝克曼梁测试弯沉时，一般可不进行支点变形修正

B. 当需要对贝克曼梁测试的弯沉进行支点变形修正时，可在同一结构层上测定时，可在不同位置测定5次，求取平均值，以后每次测定时以此作为修正值

C. 当沥青面层厚度大于50mm且气温超出（20±2)℃时，需要对弯沉值进行温度修正

D. 当沥青面层的平均温度越高，测出的回弹弯沉越小

29. 关于手工铺砂法测试构造深度试验与灌砂法测压实度试验描述，错误的有（　　）。

A. 手工铺砂法测试构造深度所用量砂与挖坑灌砂法测定密度试验当中所用量砂是不一致的

B. 手工铺砂法测试构造深度回收的量砂经过处理后可以重复使用

C. 挖坑灌砂法测定密度试验中，回收的量砂可以重复使用

D. 无论手工铺砂法测试构造深度还是挖坑灌砂法测定压实度试验中，量砂均应洁净干燥，并过筛后使用

30. 某新建高速公路交工验收，沥青混凝土路面采用横向力系数测试车检测，已知该路面的抗滑设计标准SFC=49，测值分别为45、55、53、42、49、50、61、56、50、52，$t_{0.95}/\sqrt{10}=0.580$，$t_{0.90}/\sqrt{10}=0.437$，则路段横向力系数代表值的计算结果为（　　）。

A. 47　　　　　　B. 48　　　　　　C. 50　　　　　　D. 52

二、判断题（共30题，每题1分，共30分）

1. 沥青混凝土路面施工质量评定中，面层压实度各测值不得突破极值要求，否则压实度评定不合格。（　　）

2. 高速公路路面验收时，当横向力系数SFC代表值小于设计值或验收标准时，尚需要按单个SFC值计算合格率。（　　）

3. 土方路基和填石路基的实测项目的规定值或允许偏差均按高速公路、一级公路和其他等级公路（指二级及二级以下公路）两档确定。（　　）

4. 土方路基平整度应分层检测，上路床平整度应按平整度评定的规定进行评定。（　　）

5. 高速公路沥青混凝土面层实测项目中，对沥青层厚度不仅做出了总厚度允许偏差的要求，同时对上面层厚度的允许偏差也做出了要求。（　　）

6. 公路技术状况检测与调查时，水泥混凝土路面结构强度为抽样检测指标，抽样检测的路线或路段应按路面养护管理需要确定，最低抽样比例不得低于公路网列养里程的20%。（　　）

7. 根据《公路技术状况评定标准》(JTG 5210—2018)，路基沉降根据沉降的深度可以分为轻度、中度和重度，重度路基沉降指的是深度大于30mm的沉降。（　　）

8. 根据《公路技术状况评定标准》，当对某双向六车道路面损坏进行人工调查时，应每个检测方向应至少检测一个主要行车道。（　　）

9. 结合水是水与土孔隙管壁接触时，由于湿润和静电引力的作用，在毛细管中形成弯液面，同时受到表面张力的作用。（　　）

10. 砂的相对密度试验中，以振动锤击法作为测定最大干密度的标准方法。（　　）

11. 根据《公路土工试验规程》(JTG 3430—2020)，土的烧失量试验测定时，应将已经过烘干的土放入温度已升至950℃的高温炉内，并保温0.5h。（　　）

12. 同一种土用不同的击实功进行击实试验：击实功越大，土的最大干密度也越大，土的最佳含水率也越大。（　　）

13. 当采用击实试验研究土的压实性时，若粒径大于40mm的颗粒含量大于30%时，应对试验结果进行校正。（　　）

14. 有一集料母岩为岩浆岩，其二氧化硅含量为55%，则该集料为酸性。（　　）

15. 一组集料中，集料的最大粒径也就是集料的最大公称粒径。（　　）

16. 集料的含水率和集料的吸水率在定义上是一致的。（　　）

17. 对天然砂进行筛分试验，计算得到平行试验的细度模数分别为3.2和3.6，最终砂的细度模数取平均值为3.4。（　　）

18. 集料压碎值用于衡量石料在逐渐增加的荷载下抵抗压碎的能力，是衡量石料力学性质的指标，压碎值越高，说明力学性质越好。（　　）

19. 洛杉矶磨耗试验的目的是测定标准条件下粗集料抵抗摩擦、撞击的能力，以磨耗损失（%）表示。（　　）

20. 水泥混凝土用粗集料或细集料均可采用干筛法筛分，但沥青混合料及基层用粗集料或细集料既可采用干筛法筛分，也可采用水筛法筛分。（　　）

21. 试验室进行沥青混合料目标配合比设计，取0~5mm细集料进行水洗法筛分试验水洗过程中，可选择上部是2.36mm、下部是1.18mm的试验筛组成套筛。（　　）

22. 无机结合料粒料材料冲刷破坏的程度与水量和材料中细集料含量有关，水量越大、细集料含量越多，冲刷破坏越严重。（　　）

23. 石灰的有效氧化钙和氧化镁含量简易法试验中，若滴定过程持续半小时以上，则结果只作为参考。（　　）

24. 在粉煤灰烧失量试验中，若试样灼烧的温度约850℃，反复灼烧至恒量，则测得的烧失量结果可能偏高。（　　）

25. 一般来说，振动压实试验确定的最佳含水率大于击实试验确定的最佳含水率，最大干密度小于击实试验确定的最大干密度。（　　）

26. 沥青是温感性材料，延度、软化点、60℃动力黏度试验都是评价沥青高温性能的试验方法。（　　）

27. 测定沥青密度的标准温度为25℃，而沥青的相对密度是指15℃时与相同温度下水的密度之比。（　　）

28. 某试验人员对沥青混合料的马歇尔稳定度和流值测定时未进行修正，测得的流值可能会偏小。（　　）

29. 根据《公路路基路面现场测试规程》，水泥路面和沥青路面的平整度检测中，3m直尺要求每200m测2处，每处连续测5尺。（　　）

30. 激光构造深度仪的测值应通过对比试验建立相关关系式,转换为铺砂法构造深度值后,才能进行测试结果的评定。   （   ）

三、多选题（共20题,每题2分,共40分。下列各题备选项中,至少有2个是符合题意的,选项全部正确得满分,选项部分正确按比例得分,出现错误选项该题不得分）

1. 粒料类基层的施工工序包括（   ）。
   A. 摊铺   B. 拌和   C. 碾压   D. 养护
2. 《公路工程质量检验评定标准》(JTG F80/1—2017)是（   ）施工质量的检验评定和验收的依据。
   A. 新建一级公路   B. 高速公路改建
   C. 三级公路扩建   D. 高速公路大修
3. 公路技术状况评价包括（   ）的损坏程度和技术性能。
   A. 路基   B. 路面   C. 桥隧结构物   D. 沿线设施
4. 根据《公路土工试验规程》(JTG 3430—2020),土的含水率的测试方法包括（   ）。
   A. 烘干法   B. 酒精燃烧法   C. 比重法   D. 挖坑灌砂法
5. 土的工程分类中,属于细粒土的是（   ）。
   A. 砂土   B. 粉质土   C. 有机质土   D. 黏质土
6. 粗粒土和巨粒土最大干密度可采用表面振动压实仪法进行测定,其适用条件包括（   ）。
   A. 堆石料
   B. 通过0.075mm标准筛的土颗粒质量百分数不大于15%
   C. 无黏性自由排水粗粒土
   D. 无黏性自由排水巨粒土
7. 用于路面裂缝防治的土工合成材料可采用（   ）。
   A. 玻璃纤维格栅   B. 聚酯玻纤土工织物
   C. 无纺土工织物   D. 复合土工膜
8. 以下关于粗集料针片状颗粒含量试验,说法正确的是（   ）。
A. 规准仪法适用于测定水泥混凝土用粗集料中针、片状颗粒含量
B. 游标卡尺法适用于测定沥青混合料以及基层材料用粗集料针片状颗粒总含量
C. 采用游标卡尺法测定针片状颗粒含量,应当先用标准套筛将试样分成不同的粒级
D. 2.36~4.75mm粒径属于沥青混合料粗集料范围,用游标卡尺测量有困难,可采用规准仪法代替
9. 下列关于细集料干筛法筛分试验,说法不正确的是（   ）。
A. 用9.5mm筛筛除超粒径材料,将样品在风干状态下充分拌匀缩分至每份不少于550g试样两份,在105℃±5℃的烘箱中烘干至恒重,冷却至室温后备用
B. 称取烘干试样约500g,置于套筛最上面一只,即4.75mm筛上,将套筛装入摇筛机,摇筛约10min

C. 取出套筛，按筛孔大小顺序，从最大的筛号开始，在清洁的前盘上逐个进行手筛，直到每分钟的筛出量不超过筛上剩余量的1%为止，将筛除的颗粒并入下一号筛继续过筛

D. 称量各筛筛余试样的质量，所有各筛的分计筛余量和底盘中剩余量的总量与筛分前的试样总量，相差不得超过后者的0.5%

10. 公路路面底基层材料按材料力学特性可以划分为（　　）。
A. 无机结合料稳定类　　B. 级配碎石　　C. 半刚性类　　D. 柔性类

11. 用于水泥稳定基层的普通硅酸盐水泥，强度等级可选择（　　）。
A. 32.5　　B. 42.5　　C. 52.5　　D. 62.5

12. 以下关于无机结合料稳定材料目标配合比设计时，关于性能验证描述正确的是（　　）。
A. 在进行配合比强度试验时，应将试件在标准养护条件下养护7d，然后浸水24h进行无侧限抗压强度试验
B. 强度代表值应不小于强度标准值，同时应验证不同结合料剂量条件下混合料的技术性能，确定必需的或最佳的结合料剂量
C. 验证混合料技术性能，主要指7d龄期无侧限抗压强度、90d或180d龄期的弯拉强度、抗压回弹模量
D. 用于基层的无机结合料稳定材料，强度满足要求时，尚宜检验其抗冲刷和抗裂性能

13. 以下关于无机结合料稳定材料配合比设计强度标准，说法正确的是（　　）。
A. 采用7d龄期无侧限抗压强度作为无机结合料稳定材料配合比设计的主要指标
B. 采用7d龄期无侧限抗压强度作为无机结合料稳定材料施工质量控制指标
C. 高速公路应验证所用材料的7d龄期无侧限抗压强度与90d或180d龄期弯拉强度的关系
D. 一级公路应验证所用材料的7d龄期无侧限抗压强度与90d或180d龄期弯拉强度的关系

14. 简易法测定生石灰有效氧化钙和氧化镁含量时，需要配制1mol/L的盐酸标准溶液，以下关于盐酸标准溶液的配制和标定表述正确的有（　　）。
A. 称取已在180℃烘箱内烘干2h的碳酸钠，置于三角瓶中，加适量蒸馏水使其完全溶解
B. 加入甲基橙指示剂，记录滴定管中待标定的盐酸标准溶液初始体积V_1，用待标定的盐酸标准溶液滴定，至碳酸钠溶液由橙红色变为黄色
C. 将溶液加热至微沸，并保持微沸3min，然后放在冷水中冷却至室温，如此时黄色变为橙红色，再用盐酸标准溶液滴定，至溶液出现稳定黄色时为止
D. 记录滴定管中盐酸标准溶液体积V_2，计算初始体积V_1与V_2的差值即为盐酸标准溶液的消耗量

15. 关于无机结合料稳定材料试件制作方法（圆柱形），试件需要作废的情况有（　　）。
A. 试件的高度误差不满足要求
B. 试件的质量损失不满足要求
C. 石灰稳定类材料，在石灰加入水后，1h内未成型试件
D. 水泥稳定类材料，在水泥加入水后，1h内未成型试件

16. 以下关于水泥标准稠度用水量表述正确的是（　　）。

A. 当采用标准法测试标准稠度用水量时，以试杆停止沉入或释放试杆30s时，记录试杆距底板之间的距离为6mm±1mm为标准稠度用水量

B. 当采用代用法（调整水量法）测试标准稠度用水量时，以试杆停止沉入或释放试杆30s时，试锥下沉深度为28mm±2mm为标准稠度用水量

C. 当采用代用法（固定水量法）测试标准稠度用水量时，以试杆停止沉入或释放试杆30s时，记录试杆距底板之间的距离为30mm±1mm为标准稠度用水量

D. 当采用代用法（固定水量法）测试标准稠度用水量时，若试锥下沉深度小于13mm时，应改用调整水量法测定

17. 乳化沥青根据破乳的速度可分为（　　）。

A. 快裂　　　　　B. 慢裂　　　　　C. 快凝　　　　　D. 慢凝

18. 以下关于沥青与矿料黏附性试验，说法不正确的有（　　）。

A. 无论是水煮法还是水浸法，都要求两名以上经验丰富的试验人员分别操作，各制备1份试样分别测定，取平均等级作为试验结果

B. 该试验评价的是沥青的黏附性能，与集料无关

C. 黏附等级的高低与沥青混合料水稳性有密切关系，1级黏附最好，5级黏附性最差

D. 可以用沥青混合料的黏附试验代替水稳性试验，评价沥青混合料的水稳性的好坏

19. 检测人员现场检测沥青路面渗水系数，以下试验步骤描述正确的是（　　）。

A. 用密封材料对环状密封区域进行密封处理，注意不要使密封材料进入内圈

B. 为排出渗水仪底部空气，打开开关和排气孔，向量筒内注水至100mL，直至量筒内水位不再下降后停止注水

C. 打开开关，待水面下降至100mL刻度时，立即开动秒表开始计时，计时5min后立即记录水量

D. 测试过程中，如水从底座与密封材料间渗出，则底座与路面间密封不好，此试验结果无效

20. 关于挖坑灌砂法测定压实度，说法不正确的是（　　）。

A. 如发现试坑材料与击实试验的材料有较大差异，可用试坑材料做标准击实，求取实际的最大干密度

B. 每换一次量砂，无须重新标定松方密度、圆锥体内砂的质量

C. 若所挖的试坑上大下小，会造成所测试的压实度偏小

D. 回收的量砂不可重复利用

四、综合题（5道大题，每道大题10分，共50分。下列各题备选项中，至少有1个或1个以上是符合题意的，选项全部正确得满分，选项部分正确按比例得分，出现错误选项该题不得分）

1. 一条通车运行多年的双向六车道一级公路根据《公路技术状况评定标准》（JTG 5210—2018）进行公路技术状况的检测与评定工作，该公路单车道宽度5m，路面类型为沥青路面，请根据上述条件完成下面的题目。

1) 从经济高效角度考虑，为满足《公路技术状况评定标准》检测频率的基本要求，路面检测时应选择（　　）检测。

A. 双方向靠近外侧路肩的行车道　　B. 双方向中间行车道
C. 双方向所有车道　　D. 单方向靠近中央分隔带的行车道

2) 根据《公路技术状况评定标准》，沥青混凝土路面损坏分为（　　）大类，并根据损坏程度分为（　　）项。

A. 10，21　　B. 10，20　　C. 11，21　　D. 11，20

3) 根据《公路技术状况评定标准》，公路技术状况评定时应以（　　）m 路段长度作为基本评定单元。

A. 100　　B. 200　　C. 500　　D. 1000

4) 以下不属于路面技术状况指数 PQI 分项指标的有（　　）。

A. RQI　　B. PCI　　C. SCI　　D. TCI

5) 当路面技术状况采用人工调查时，各类路面损坏应以（　　）为单位，按损坏程度，每（　　）计 1 个损坏，每一个调查单元计算（　　）个累计损坏面积。

A. 10m，10m，1 个　　B. 10m，100m，2 个
C. 100m，100m，1 个　　D. 100m，1000m，2 个

2. 通过经验方法得到混凝土的室内初步配合比，水泥：砂：石 = 1：1.73：3.33，W/C = 0.42。但是，该配合比还需进行一系列检验和修正，以确保室内配合比满足设计要求。针对这样的工作内容，回答下列问题。（配合比结果四舍五入取整数，水灰比保留 2 位小数）

1) 不同条件下，当配制 $1m^3$ 混凝土时，各材料用量计算结果正确的选项有（　　）。

A. 如果用水量是 160kg，则配合比是水泥：水：砂：石 = 381：160：659：1269
B. 如果水泥用量是 370kg，则配合比是水泥：水：砂：石 = 370：155：640：1232
C. 如果砂用量是 660kg，则配合比是水泥：水：砂：石 = 382：160：660：1272
D. 如果碎石用量是 1300kg，则配合比是水泥：水：砂：石 = 385：162：674：1300

2) 当采用水泥用量为 $370kg/m^3$ 的配合比进行坍落度试验时，发现测得的坍落度值不满足工作性设计要求，而黏聚性和保水性较好，需要调整 3% 的用水量。则调整后正确的配合比有可能有（　　）。

A. 水泥：水：砂：石 = 370：160：623：1266（kg/m^3）
B. 水泥：水：砂：石 = 381：150：623：1266（kg/m^3）
C. 水泥：水：砂：石 = 370：150：623：1266（kg/m^3）
D. 水泥：水：砂：石 = 381：160：623：1266（kg/m^3）

3) 当对上述符合工作性的配合比进行强度验证时，发现强度偏低，需要适当降低混凝土的水灰比，由原来水灰比降低 0.02，则下述对配合比调整的结果可能有（　　）。

A. 水泥：水：砂：石 = 375：150：623：1266（kg/m^3）
B. 水泥：水：砂：石 = 381：152：623：1266（kg/m^3）
C. 水泥：水：砂：石 = 400：160：623：1266（kg/m^3）
D. 水泥：水：砂：石 = 359：144：623：1266（kg/m^3）

4）若对上述问题3）四个选项分别进行密度修正，假设实测密度均为2450kg/m³，则正确的修正结果可能有（   ）。（密度修正系数四舍五入取小数点后2位）

A. 水泥：水：砂：石＝379：152：629：1279（kg/m³）

B. 水泥：水：砂：石＝385：154：629：1279（kg/m³）

C. 水泥：水：砂：石＝400：160：623：1266（kg/m³）

D. 水泥：水：砂：石＝366：147：635：1291（kg/m³）

5）当砂、石含水率分别是3%和1%时，正确的工地配合比有（   ）。

A. 室内配合比水泥：水：砂：石＝384：154：629：1279（kg/m³），如需拌和0.5m³的混凝土，工地材料组成计算结果（kg）是：水泥：水：砂：石＝192：61：324：646

B. 室内配合比水泥：水：砂：石＝384：154：629：1279（kg/m³）对应的工地相对用量配合比是水泥：砂：石＝1：1.69：3.36；$W/C=0.32$

C. 室内配合比水泥：水：砂：石＝400：160：623：1266（kg/m³）对应的工地配合比是水泥：水：砂：石＝400：123：648：1279（kg/m³）

D. 室内配合比水泥：水：砂：石＝400：160：623：1266（kg/m³）对应的工地相对用量配合比是水泥：砂：石＝1：1.56：3.17；$W/C=0.40$

3. 某高速公路某段的填方路床土方工程压实度检测值为（单位:%）：96.3、92.4、96.4、97.5、99.6、98.5、96.6、94.4、95.7、95.2、97.8、98.9，设计规定值为96%。已知：$Z_{0.99}=2.327$，$Z_{0.95}=1.645$，$Z_{0.90}=1.282$，$t_{0.99}/\sqrt{12}=0.785$，$t_{0.95}/\sqrt{12}=0.518$，$t_{0.90}/\sqrt{12}=0.393$，依照题意回答下列问题。

1）本路段土方路基压实度极值是（   ）。

A. 92%   B. 90%   C. 91%   D. 93%

2）反映该路段压实度总体水平的压实度代表值为（   ）。

A. 93%   B. 95%   C. 95.5%   D. 95.8%

3）该路段土方路基压实度合格率为（   ）。

A. 83.3%   B. 91.7%

C. 100%   D. 无须计算合格率

4）该路段压实度被评为（   ）。

A. 优良   B. 合格   C. 不合格   D. 无法确定

5）压实度与最大干密度有关，以下描述正确的有（   ）。

A. 现场检测压实度值有可能超出100%

B. 现场检测压实度值绝不可能超出100%

C. 最大干密度可由重型击实试验获得

D. 击实试验曲线具有与饱和曲线相交叉的特点

4. 某在建公路工程，路面为AC-16沥青混凝土路面，检测人员计划开展现场渗水试验，请根据相关规程完成下面题目。

1）下面关于新建沥青混凝土路面渗水系数试验的描述正确的有（   ）。

A. 渗水系数应在路面铺筑成型后未遭行车污染的情况下检测

B. 渗水试验宜在沥青路面碾压成型后 12h 内完成

C. 渗水试验在工程交工验收前完成即可

D. 渗水试验在工程竣工验收前完成即可

2）根据《公路沥青路面施工技术规范》(JTG F40—2004)，以下关于渗水系数检查频率和检验评价描述正确的有（　　）。

A. 每 1km 按照随机取样的方法不少于 3 点

B. 每 1km 按照随机取样的方法不少于 5 点

C. 每点测 3 处，以平均值评价该点渗水性能

D. 每点测 2 处，以平均值评价该点渗水性能

3）以下属于渗水试验需要用到的器具有（　　）。

A. 路面渗水仪　　　　B. 秒表　　　　C. 温度计　　　　D. 气压计

4）以下描述中属于渗水试验步骤的有（　　）。

A. 用密封材料对环状密封区域进行密封处理，注意不要使密封材料进入内圈

B. 向量筒中注水超过 100mL 刻度，然后打开开关和排气孔，使量筒中的水下流排除渗水仪底部内的空气

C. 打开开关，待水面下降至 100mL 刻度时，立即开动秒表开始计时，计时 3min 后立即记录水量

D. 记录路面温度及气压计读数

5）渗水系数的单位是（　　）。

A. mL/s　　　　B. L/s　　　　C. mL/min　　　　D. L/min

5. 某公路工程为半刚性基层沥青路面，底基层采用水泥稳定材料，施工单位工地试验室需要进行底基层材料的无侧限抗压强度试验。请完成下列题目。

1）关于试件成型，描述正确的有（　　）。

A. 采用静压法成型试件　　　　B. 采用旋转压实法成型试件

C. 成型的是圆柱体试件　　　　D. 成型的是立方体试件

2）如果材料为粗粒式材料，关于试模的尺寸正确的是（　　）。

A. 试模的高为 50mm　　　　B. 试模的高为 100mm

C. 试模的高为 150mm　　　　D. 试模的高为 200mm

3）关于成型准备工作，内容包括（　　）。

A. 在预定做试验的前一天，需要取有代表性的试料测定其风干含水率

B. 根据工程经验预估最佳含水率和最大干密度，无须再通过击实试验确定

C. 对于粗粒式材料，一次可称取 2 个试件的料

D. 将准备好的试料分别装入塑料袋中备用

4）关于试件成型步骤，内容包括（　　）。

A. 无机结合料稳定粗粒式材料，至少应该制备 9 个试件

B. 在拌和过程中，应将预留的水加入试料中，使混合料达到最佳含水率

C. 拌和均匀的加有水泥的混合料应在 1h 内制成试件，超过 1h 的混合料应该作废

D. 采用 1mm/mim 的加载速率加压，维持压力 3min

5）试件成型完成以后，需要做的工作包括（　　）。
A. 无论哪类水泥稳定材料，解除压力后，均应该立刻放到脱模器上将试件顶出
B. 检查试件的高度，对于粗粒式材料，试件的高度误差范围应为-0.1cm~0.2cm之间
C. 在脱模器上取试件时，为保证试件的完整性，应直接将试件向上捧起
D. 试件称量后应立即放在塑料袋中封闭，并用潮湿的毛巾覆盖，移放至养生室

答案解析

一、单选题（共30题，每题1分，共30分）

1. 【答案】C

质量保证资料包括六个方面的内容：

① 所用原材料、半成品和成品质量检验结果；

② 材料配合比、拌和加工控制检验和试验数据；

③ 地基处理、隐蔽工程施工记录和桥梁、隧道施工监控资料；

④ 质量控制指标的试验记录和质量检验汇总图表；

⑤ 施工过程中遇到的非正常情况记录及其对工程质量影响分析评价资料；

⑥ 发生质量事故经处理补救后的认可证明文件。

2. 【答案】C

分项工程质量检验中，以路段长度规定的检查频率为双车道的最低检查频率，多车道应按车道数与双车道之比相应增加检查数量。

3. 【答案】C

粒料桩实测项目中，桩长属于关键项目，桩距、桩径、粒料灌入率、地基承载力属于一般项目。

4. 【答案】D

《公路沥青路面施工技术规范》（JTG F40—2004）第5.9.1条规定：热拌沥青混合料路面应待摊铺层完全自然冷却，混合料表面温度低于50℃后，方可开放交通。需要早开放交通时，可洒水冷却降低混合料温度。

5. 【答案】C

根据《公路工程质量检验评定标准》，在交工验收中，采用3m直尺法检测沥青路面平整度时，应每200m测2处×5尺；

根据《路基路面现场测试规程》，当测试沥青路面施工过程中的质量时，应以单尺方式测试，且测试位置应选在接缝处；其他情况一般以连续10尺方式测试，未规定每200m测几处。

6. 【答案】B

检测与调查内容		沥青路面		水泥混凝土路面	
		高速、一级公路	二、三、四级公路	高速、一级公路	二、三、四级公路
路面PQI	路面损坏	1年1次	1年1次	1年1次	1年1次
	路面平整度	1年1次	1年1次	1年1次	1年1次
	路面车辙	1年1次			
	路面跳车			1年1次	

续表

检测与调查内容		沥青路面		水泥混凝土路面	
		高速、一级公路	二、三、四级公路	高速、一级公路	二、三、四级公路
路面 PQI	路面磨耗	1年1次		1年1次	
	路面抗滑性能	2年1次		2年1次	
	路面结构强度	抽样检测	抽样检测		
路基 SCI		1年1次			
桥隧构造物 BCI		按现行标准规范的有关规定执行			
沿线设施 TCI		1年1次			

7.【答案】B

公路技术状况检测与调查时,在路面损坏、路面平整度、路面车辙、路面跳车、路面磨耗、路面抗滑性能、路面结构强度共7个检查项目中,仅路面结构强度(测试弯沉)为每20m一个统计值,其余均为每10m一个统计值。

8.【答案】A

①对于水泥混凝土路面,除条状修补的影响宽度为0.2m以外,其余的影响宽度均为1m;②对于沥青路面,除车辙的影响宽度为0.4m以外,其余的影响宽度均为0.2m。

9.【答案】A

评定指标	优	良	中	次	差
MQI	≥90	≥80,<90	≥70,<80	≥60,<70	<60

10.【答案】A

1)含水率测定的允许平行差值

含水率/%	允许平行差值/%
w≤5.0	≤0.3
5.0<w≤40.0	≤1.0
w>40.0	≤2.0

2)试验结果处理:含水率均需进行2次平行测定,允许平行差值符合上表要求后,取其算术平均值,结果精确至0.1%。

11.【答案】B

无论是环刀法、蜡封法、灌砂法还是灌水法测定土的密度,均需进行二次平行测定,取算数平均值,其平行误差不得大于$0.03g/cm^3$,否则重新试验。

12.【答案】A

(1)土工织物:用切刀或剪刀裁取面积为$10000mm^2$的试样10块,剪裁和测量精度为1mm;

(2)土工格栅、土工网:这类孔径较大的材料,试样尺寸应能代表该种材料的全部结构可放大试样尺寸,剪裁时应从肋间对称剪取,剪裁后应测量试样的实际面积。

13.【答案】B

质量损失百分率为 (8.6×200+3.5×400+4.7×500)/1100 = 5.0%，结果精确至0.1%，所以选择B选项。坚固性未做出分档要求，针片状颗粒含量做出了分档要求，所以C选项不正确。高速公路及一级公路表面层要求坚固性不大于12%，现为5%，所以满足要求，所以D选项不正确。

指标		单位	高速公路及一级公路	
			表面层	其他层次
坚固性不大于		%	12	12
针片状颗粒含量（混合料）	不大于	%	15	18
其中粒径大于9.5mm	不大于	%	12	15
其中粒径小于9.5mm	不大于	%	18	20
软石含量不大于		%	3	5

14.【答案】A

无机结合料稳定类材料采用无侧限抗压强度作为配合比设计与施工质量的控制指标，采用弯拉强度和弹性模量作为结构设计参数。

15.【答案】C

碾压贫混凝土的力学性能主要用无侧限抗压强度、弹性模量和弯拉强度来表征。采用无侧限抗压强度作为配合比设计的控制指标，采用弯拉强度和弹性模量作为结构设计参数。碾压贫混凝土刚性基层的7d龄期无侧限抗压强度应不低于7MPa，且不宜高于10MPa。

16.【答案】B

	水泥品种	硅酸盐水泥	普通硅酸盐水泥	矿渣硅酸盐水泥	火山灰质硅酸盐水泥	粉煤灰硅酸盐水泥
环境条件	普通气候环境	可以使用	优先使用	可以使用	可以使用	可以使用
	干燥环境	可以使用	优先使用		不得使用	不得使用
	高湿度环境或水下环境	可以使用	可以使用	优先使用	可以使用	可以使用
	严寒地区露天条件或严寒地区处在水位升降范围内的混凝土	优先使用	优先使用	不得使用	不得使用	不得使用
工程特点	厚大体积混凝土	不宜使用	—	优先使用	优先使用	优先使用
	机场、道路混凝土路面	可以使用	优先使用	不宜使用	不宜使用	不宜使用
	要求快硬的混凝土	优先使用	可以使用	不得使用	不得使用	不得使用
	C40以上的混凝土	优先使用	可以使用	可以使用	可以使用	可以使用
	有抗渗要求的混凝土	可以使用	优先使用	可以使用	优先使用	可以使用
	有耐磨要求的混凝土（强度等级≥42.5）	优先使用	优先使用	可以使用	不得使用	不得使用

17.【答案】C

养护水的温度应当为（20±1）℃，所以C选项错误。

试验条件	1. 成型试验室：温度（20±2）℃，相对湿度>50% 2. 养护箱或养护室：温度（20±1）℃，相对湿度>90% 3. 养护水温：（20±1）℃ 4. 试件成型试验室空气温度和相对湿度应在工作期间早晚至少各记录一次，养护箱或雾室温度和相对湿度至少每4h记录一次

18.【答案】A

成型前将试模擦净，四周的模板与底座的接触面上应涂黄油，紧密装配，防止漏浆，内壁均匀地刷一薄层机油，所以A选项不正确。同样需要掌握的是水泥胶砂强度试验用砂是ISO标准砂，所以B选项不正确。

19.【答案】C

混凝土拌和物坍落度和坍落扩展值以毫米（mm）为单位，测量值精确至1mm，结果修约至5mm。所以（102+103+107）/3＝104mm，修约为105mm。

20.【答案】B

B选项：测定时，每个试样筒每次测1~2个点，各测点的间距不小于15mm，测点与试样筒壁的距离不小于25mm。

21.【答案】A

压力试验机要求：①压力机或万能试验机量程应选择试件破坏荷载大于压力机全量程的20%且小于压力机全量程的80%；②压力机应具有加荷速度指示装置或加荷速度控制装置，上下压板平整并有足够刚度，可均匀地连续加荷卸荷，可保持固定荷载，开机停机均灵活自如，能够满足试件破型吨位要求；③当混凝土强度等级大于或等于C50时，试件周围应设置防崩裂网罩；④压力机或万能试验机的测量精度为±1%；⑤当试件接近破坏而开始迅速变形时，应停止调整试验机油门，直至试件破坏。所以可知A选项正确，B、D选项错误。

抗压强度试验要求：

① 每组为3个同条件制作和养护的混凝土试块。

② 以成型时侧面为上下受力面。

③ 加荷速度：

<C30，加荷速度取0.3~0.5MPa/s；

C30~C60，加荷速度取0.5~0.8MPa/s；

>C60，加荷速度取0.8~1.0MPa/s。

C选项：混凝土强度等级越高，加荷速度越快，所以C选项错误。

22.【答案】A

沥青黏性的衡量指标及测试方法如下：

(1) 真空毛细管法→动力黏度（沥青分级依据）；(2) 毛细管法→运动黏度；(3) 布氏旋转黏度计→表观黏度（确定沥青施工、拌和温度）；(4) 标准黏度计→标准黏度；(5) 针入度（标号划分依据）；(6) 软化点（相当于针入度为800时的"等黏温度"，热稳定性指标）。

23. 【答案】D

（1）测定针入度指数PI，至少3个温度值，如用于仲裁试验应为5个（10℃、15℃、20℃、25℃、30℃）。

（2）15℃、25℃、30℃下得到针入度与温度曲线，从而得到针入度指数、当量软化点、当量脆点；当30℃测得的针入度过大时，可采用5℃的针入度代替。

24. 【答案】D

当软化点小于80℃时，重复性试验的允许误差为1℃。61.9-60.3=1.6℃，精度不满足要求，所以结果无效，重新试验。

25. 【答案】B

马歇尔试验所采用的试件尺寸：

① 集料公称最大粒径≤26.5mm，采用标准马歇尔试件ϕ101.6mm×63.5mm。

② 集料公称最大粒径>26.5mm，采用大型马歇尔试件ϕ152.4mm×95.3mm。

现沥青混合料为AC-20，所以集料的公称最大粒径为19mm，所以采用标准马歇尔试件；但制件过程中考虑到质量损失，需要乘以修正系数1.03，对于轮碾法试件，同样需要乘以该系数。所以3.14×（10.16/2）^{2}×6.35×2.386×1.03=1264g，答案为B。

26. 【答案】A

将水平尺垂直跨越接缝并水平放置于高出的一侧，用塞尺量测接缝处水平尺下基准面与位置较低板块的高差，以高差最大值为该接缝处的相邻板高差H，以mm计，准确至0.5mm。

注意：

路基路面现场测试时：路基路面横坡测试时，水平距离准确到0.005m；相邻板高差准确至0.5mm，其余均准确至0.001m或1mm（数值上是相等的，都是1mm）。

27. 【答案】D

D选项：路表温度计，分辨力不大于1℃。

28. 【答案】B

A选项：当采用3.6m贝克曼梁测试弯沉时，需要进行支点变形修正，因为弯沉的影响半径为3m，而支点距测点的距离为2.4m，所以需要进行支点修正；C选项：① 沥青面层平均温度在（20±2）℃以内或超出（20±2）℃且沥青层厚度≤5cm，可不修正；

② 沥青面层平均温度超出（20±2）℃且沥青层厚度>5cm，弯沉值应进行温度修正。D选项：当沥青面层的平均温度越高，测出的回弹弯沉越大。

29. 【答案】B

挖坑灌砂法量砂要求：粒径0.3~0.6mm清洁干燥的砂，为20~40kg。使用前须洗净、烘干，筛分至符合要求并放置24h以上，使其与空气的湿度达到平衡。回收的量砂烘干、过筛，并放置24h以上，使其与空气的湿度达到平衡后可以继续使用。若量砂中混有杂质，则应废弃。

手工铺砂法量砂要求：取洁净的细砂，晾干过筛，取（0.15~0.30）mm的砂置于适当的容器中备用。试验时，量砂只能一次性使用，不得重复使用。

30. 【答案】B

经计算平均值为51.3，标准差为5.458，代表值=51.3-0.58×5.458=48。

注意：评定路面抗滑性能时，应当计算代表值和合格率，而非平均值。

二、判断题（共30题，每题1分，共30分）

1. 【答案】错误

沥青混凝土面层、沥青碎（砾）石面层压实度评定中，不存在极值的判定。

2. 【答案】错误

① 当 SFC 代表值不小于设计或验收标准时，按单个 SFC 值计算合格率；

② 当 SFC 代表值小于设计或验收标准值时，相应分项工程评为不合格，不再统计合格率。

3. 【答案】错误

土方路基和填石路基的实测项目的规定值或允许偏差按高速公路、一级公路和其他等级公路（指二级及二级以下公路）两档确定，其中土方路基压实度按高速公路和一级公路、二级公路、三级和四级公路三档确定。

4. 【答案】错误

路基压实度应分层检测，上路床压实度应按压实度评定的规定进行评定。路基工程其他检查项目应在上路床进行检查测定。

5. 【答案】正确

沥青混凝土面层和沥青碎石面层实测项目

项次	关键项目		规定值或允许偏差	
			高速公路、一级公路（选2个指标评定）	其他公路
1△	压实度/%		≥最大理论密度的92%（×94%） ≥试验室标准密度的96%（×98%） ≥试验段密度的98%（×99%）	
7△	厚度	代表值	总厚度：−5%H 上面层：−10%H	−8%H
		合格值	总厚度：−10%H 上面层：−20%H	−15%H
12△	矿料级配		满足生产配合比要求	
13△	沥青含量		满足生产配合比要求	

6. 【答案】错误

路面结构强度通过弯沉表示，因此只有沥青路面才有。沥青路面结构强度为抽样检测指标，抽样检测的路线或路段应按路面养护管理需要确定，最低抽样比例不得低于公路网列养里程的20%。

7. 【答案】错误

路基沉降应为深度大于30mm的沉降，按处计算，根据路基沉降的长度分为轻度、中度、重度。

8. 【答案】错误

路面损坏人工调查应包含所有行车道，紧急停车带应按路肩处理。

9.【答案】错误

结合水是通过土颗粒表面静电引力所吸附的表面水,根据所受电场的强弱,分为强结合水和弱结合水。自由水包括毛细水和重力水,毛细水是水与土孔隙管壁接触时,由于湿润和静电引力的作用,在毛细管中形成弯液面,同时受到表面张力的作用。

10.【答案】正确

砂的相对密度=(最大孔隙比-天然孔隙比)/(最大孔隙比-最小孔隙比),根据《公路土工试验规程》(JTG 3430—2020)P121,本试验仍以振动锤击法作为测定最大干密度的标准方法,然后通过最大干密度推算最小孔隙比。

11.【答案】错误

(1)先将空坩埚放入已升温至950℃的高温炉中灼烧0.5h,取出稍冷(0.5~1min),放入干燥器中冷却0.5h,称量。(2)称取通过1mm筛孔的烘干土(在100~105℃烘干8h)1~2g(称准到0.0001g),放入至已灼烧至恒量的坩埚中,把坩埚放入未升温的高温炉内,斜盖上坩埚盖。徐徐升温至950℃,并保温0.5h,取出稍冷,盖上坩埚盖。放入干燥器内,冷却0.5h后称量。重复灼烧称量,至前后两次质量相差小于0.5mg,即为恒量。

12.【答案】错误

击实功:击实功越大,干密度越大,最佳含水率越小,但超过一定限度,击实功增加,干密度增加不明显。

13.【答案】错误

当粒径大于40mm的颗粒含量大于5%且不大于30%时,应对试验结果进行校正。粒径大于40mm的颗粒含量大于30%时,应进行粗粒土和巨粒土最大干密度试验,不是采用击实试验。

14.【答案】错误

根据二氧化硅的含量,可以分为酸性($SiO_2>65\%$)、中性($52\%\leq SiO_2\leq 65\%$)和碱性($SiO_2<52\%$)。

15.【答案】错误

集料的最大粒径:指集料颗粒能够100%通过的最小标准筛筛孔尺寸;集料公称最大粒径:指集料可能全部通过或允许有少量筛余(筛余量不超过10%)的最小标准筛筛孔尺寸。

注意:通常集料最大粒径比公称最大粒径要大一个粒级。

16.【答案】错误

吸水率:集料处于饱和面干状态,开口孔隙中全部充满水时的含水率;含水率:天然状态下的含水率,在含水率试验时,没有饱水的过程,因此开口空隙中不一定充满水。

17.【答案】错误

细集料筛分试验应进行两次平行试验,以试验结果的平均值作为测定值。如两次试验所得的细度模数之差>0.2,应重新进行试验。

18.【答案】错误

压碎值越高,说明加载后通过2.36mm的颗粒越多,说明力学性质越不好。

19.【答案】错误

《公路工程集料试验规程》(JTG 3432—2024)规定:洛杉矶法用于测定粗集料洛杉矶磨

耗值，以评价集料抗破碎能力。计算指标修改为试样的洛杉矶磨耗值 L_A（%）。

20.【答案】错误

① 对于水泥混凝土用粗集料可采用干筛法筛分（亦可采用水洗法，只不过水泥混凝土用粗集料对于小于 0.075mm 颗粒含量没有要求），对沥青混合料及基层用粗集料必须采用水洗法试验。

② 测定细集料（天然砂、人工砂石屑）的颗粒级配及粗细程度。对水泥混凝土用细集料可采用干筛法，如果需要也可采用水洗法筛分，对沥青混合料及基层用细集料必须用水洗法筛分。

21.【答案】错误

用 1.18m 筛及 0.075mm 筛组成套筛，上部是 1.18mm，下部是 0.075mm，不可直接将细集料倒在 0.075mm 筛上，以免集料掉出损坏筛面。

22.【答案】正确

通常混合料的抗压强度越高，其抗冲刷性能越好，因此，可通过适当提高抗压强度的方法来提高半刚性基层的抗冲刷性能。

23.【答案】正确

MgO 分解的作用缓慢，如果 MgO 含量高，到达滴定终点的时间长，从而增加了空气中二氧化碳的作用时间，影响测定结果。因此，本方法适用于氧化镁含量在 5% 以下的低镁钙质石灰。

24.【答案】错误

粉煤灰烧失量试验要求温度为 950~1000℃，温度越低，越烧不透，所以烧失量偏低。注意，烧失量是烧掉的质量。

25.【答案】错误

振动压实试验确定无机结合料稳定材料的最大干密度和最佳含水率试验适用于粗集料含量较大的稳定材料。一般来说，振动压实试验确定的最佳含水率小于击实试验确定的最佳含水率，最大干密度大于击实试验确定的最大干密度。

26.【答案】错误

高温性能：软化点、60℃动力黏度、动态剪切流变 DSR 试验、多重应力蠕变恢复 MSCR 试验。

低温性能：延度、脆点、低温弯曲蠕变 BBR 试验、低温直接拉伸、DT 试验。

施工特性：表观黏度、闪点；闪点主要是反映沥青混合料的施工安全性，闪点越高，施工安全性越好。

储存稳定性：离析。

27.【答案】错误

测定沥青密度的标准温度为 15℃，而沥青的相对密度是指 25℃ 时与相同温度下水的密度之比。

28.【答案】错误

某试验人员对沥青混合料的马歇尔稳定度和流值测定时未进行修正，测得的流值可能会偏大，但稳定度不变。

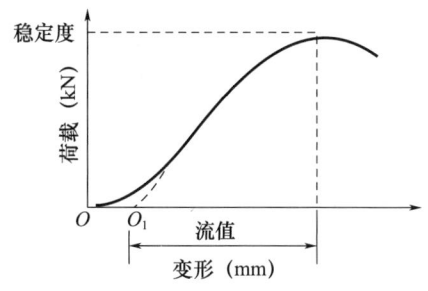

马歇尔试验荷载-变形曲线及结果修正方法

29.【答案】错误

（1）根据《公路路基路面现场测试规程》(JTG 3450—2019) 第 45 页第 3.1 条：当测试沥青路面施工过程中的质量时，应以单尺方式测试，且测试位置应选在接缝处；其他情况一般以连续 10 尺方式测试。

（2）根据《公路工程质量检验评定标准》(JTG F80/1—2017)：水泥路面和沥青路面的平整度检测中，3m 直尺要求每 200m 测 2 处×5 尺。

30.【答案】正确

激光构造深度仪是利用激光测距的原理测量地面材料颗粒表面以及材料颗粒之间的深度变化的情况，其输出的测试结果是沿测线断面一定间距长度内的平均深度数据。

由于测试方法和原理不同，激光构造深度仪与铺砂法的测试结果存在一定的差异。应通过对比试验，建立相关关系式，将激光构造深度仪的测值转换为铺砂法构造深度值后，才能进行测试结果的评定。

三、多选题（共 **20** 题，每题 **2** 分，共 **40** 分。下列各题备选项中，至少有 **2** 个是符合题意的，选项全部正确得满分，选项部分正确按比例得分，出现错误选项该题不得分）

1.【答案】A、B、C

粒料类基层和底基层施工工序包括：拌和+摊铺+碾压。

2.【答案】A、B、C

《公路工程质量检验评定标准》(JTG F80/1—2017) 是各等级公路新建、改扩建工程施工质量的检验评定和验收的依据。

3.【答案】A、B、C、D

公路技术状况评定包括路基技术状况、路面技术状况、桥隧构造物技术状况和沿线设施技术状况四个方面。

4.【答案】A、B

根据《公路土工试验规程》(JTG 3430—2020)，土的含水率的测试方法包括烘干法、酒精燃烧法。

5.【答案】B、C、D

细粒土包括粉质土、黏质土、有机质土。

6.【答案】A、B、C、D

根据《公路土工试验规程》(JTG 3430—2020)，本试验用于测定无黏聚性自由排水粗粒土和巨粒土（粒径小于0.075mm的干土质量百分数不大于15%）的最大干密度。2、根据《道路工程》教材：本试验方法适用于采用表面振动压实仪法测定通过0.075mm标准筛的土颗粒质量百分数不大于15%的无黏性自由排水粗粒土和巨粒土（包括堆石料）的最大干密度。注意：室内击实试验适用范围：适用于细粒土。①当粒径大于40mm的颗粒含量大于5%且不大于30%时，应对试验结果进行校正。②当粒径大于40mm的颗粒含量大于30%时，应按表面振动压实仪法获得最大干密度。

7.【答案】A、B、C

用 途	材 料
路基加筋	土工格栅、高强土工织物、土工格室
路基防排水	无纺土工织物
路基防护	土工格室、平面土工网、土工模袋、土工格栅
路基不均匀沉降	土工格栅、高强土工织物、EPS块（聚苯乙烯泡沫板）、土工格室
路面裂缝防治	玻璃纤维格栅、聚酯玻纤土工织物、无纺土工织物

8.【答案】A、B

A选项：规准仪法用于测定大于4.75mm的碎石或卵石中，针、片状颗粒的总含量，评价混凝土用粗集料的形状优劣，判断粗集料工程适用性，所以A选项正确；

B选项：游标卡尺法用于测定沥青混合料和基层材料的4.75mm以上的粗集料中针状和片状颗粒含量，用于评价粗集料的形状和推测抗压碎能力，以评定其工程中的适用性，所以B选项正确；

C选项：采用规准仪法测定针片状颗粒含量，应当先用标准套筛将试样分成不同的粒级，所以C选项错误；

D选项：2.36~4.75mm粒径属于沥青混合料粗集料范围，用游标卡尺测量有困难，可不做测定，另外不可采用规准仪法代替沥青路面中的"游标卡尺法"，因为沥青路面对针片状颗粒更严格，所以D选项错误。

9.【答案】A、B、C

A、B选项：新规范不再要求筛除9.5mm以上颗粒后再筛分，因为对细度模数没有影响。另外取试样两份，置105℃±5℃烘箱中烘干至恒重，冷却至室温备用；公称最大粒径为4.75mm，一份试样至少500g，公称最大粒径不大于2.36mm，一份试样至少300g。C选项：人工补筛时应筛至每分钟各号筛的分计筛余量变化小于试样总质量的0.1%；D选项：若一份试样的筛分损耗率大于0.5%，其试验结果无效。

注：对于粗集料，所有各筛的分计筛余量和底盘中剩余量的总量与筛分前的试样总量相差不得超过后者的0.5%。

10.【答案】C、D

公路路面底基层按材料力学特性划分为半刚性类、柔性类和刚性类。

11.【答案】A、B

采用强度等级为32.5或42.5的水泥，满足要求的普通硅酸盐水泥等均可使用。

12. 【答案】B、C、D

A 选项：在进行配合比强度试验时，应将试件在标准养护条件下养护 6d，然后浸水 24h 进行无侧限抗压强度试验，所以 A 选项错误。

13. 【答案】A、B、C、D

(1) 采用 7d 龄期无侧限抗压强度作为无机结合料稳定材料配合比设计和施工质量控制的主要指标，所以 A、B 选项正确；(2) 高速公路和一级公路应验证所用材料的 7d 龄期无侧限抗压强度与 90d 或 180d 龄期弯拉强度的关系，所以 C、D 选项正确。

14. 【答案】A、D

B 选项：加入甲基橙指示剂，记录滴定管中待标定的盐酸标准溶液初始体积 V1，用待标定的盐酸标准溶液滴定，至碳酸钠溶液由黄色变为橙红色；

C 选项：将溶液加热至微沸，并保持微沸 3min，然后放在冷水中冷却至室温，如此时橙红色变为黄色，再用盐酸标准溶液滴定，至溶液出现稳定橙红色时为止。

15. 【答案】A、B、D

(1) 高度误差：小试件的高度误差范围应为 0~1.0mm，中试件的高度误差范围应为 0~1.5mm，大试件的高度误差范围应为 0~2.0mm。(2) 质量损失：小试件应不超过标准质量 5g，中试件应不超过 25g，大试件应不超过 50g。(3) 在试件成型前 1h 内，加入预定数量的结合料并拌和均匀。拌和过程中，应将预留的水（对于细粒土为 3%，对于水泥稳定类为 1%~2%）加入土中，使混合料达到最佳含水率。拌和均匀的加有水泥的混合料应在 1h 内按下述方法制成试件，超过 1h 的混合料应该作废。其他结合料稳定材料，混合料虽不受此限，但也应尽快制成试件。(4) 对于水泥稳定类，如果拌和后 1h 内未成型，由于水泥水化和结硬，造成密实度降低，强度下降。

16. 【答案】A、D

试验项目	方法	要点	备注
标准稠度	标准法（试杆法）	30s，距底板（6±1）mm	以标准法为准（1.5min）
	代用法（试锥法）	变水量法：30s，沉入（30±1）mm（国标） 固定用水量：142.5mL 水，$P=33.4-0.185s$（$s<13mm$ 不适用）	

17. 【答案】A、B

乳化沥青和改性乳化沥青按照破乳速度分为快裂、中裂和慢裂。稀释沥青按照凝结速度分为快凝、中凝和慢凝。

18. 【答案】A、B、C、D

A 选项：无论是水煮法还是水浸法，都应当由两名以上经验丰富的试验人员分别评定后，取平均等级作为试验结果，所以 A 选项错误；

B 选项：沥青膜抗剥落的能力取决于沥青和集料两方面，所以该试验既可当作沥青性能指标测定，也可作为集料甚至是沥青混合料性能看待，所以 B 选项错误；

C 选项：黏附等级的高低与沥青混合料水稳性有密切关系，黏附等级分为 5 个等级，1 级黏附最差，5 级黏附性最好，所以 C 选项错误；

D 选项：不能仅以黏附等级作为判定沥青混合料水稳性好坏的唯一依据，不能以黏附等级代替沥青混合料水稳性试验操作，所以 D 选项错误。

19.【答案】A、D

B 选项：将开关及排气孔关闭，向量筒中注水超过 100mL 刻度，然后打开开关和排气孔，使量筒中的水下流排出渗水仪底部内的空气，当量筒中水面下降速度变慢时，用双手轻压渗水仪使渗水仪底部的气泡全部排出，当水自排气孔顺畅排出时，关闭开关和排气孔，并再次向量筒中注水至 100mL 刻度。

C 选项：将开关打开，待水面下降至 100mL 刻度时，立即开动秒表开始计时，以 3min 和 500mL 哪个先到记录哪个。

20.【答案】B、C、D

B 选项：每换一次量砂，须重新标定松方密度、圆锥体内砂的质量；因此事先应准备充足的砂；

C 选项：挖坑：上大下小（密度偏大）；上小下大（密度偏小）；

D 选项：回收的量砂烘干、过筛，并放置 24h 以上，使其与空气的湿度达到平衡后可继续使用。若量砂混有杂质，则应废弃。

注意（1）压实度应反映某测试层整体厚度范围内的压实质量，挖坑应到达测试层的层底；

（2）试验过程中若发现储砂筒内砂不足以填满试坑时，说明灌砂筒尺寸过小，应选择较大尺寸的灌砂筒重新试验，而不应在试验过程中添加量砂。

四、综合题（5 道大题，每道大题 10 分，共 50 分。下列各题备选项中，至少有 1 个或 1 个以上是符合题意的，选项全部正确得满分，选项部分正确按比例得分，出现错误选项该题不得分）

1.

1)【答案】B

根据《公路技术状况评定标准》6.3.3，路面技术状况检测应采用自动化检测设备，每个检测方向应至少检测一个主要行车道。二、三、四级公路的路面技术状况检测宜选择技术状况相对较差的方向。根据《公路技术状况评定标准》条文说明（6.3.3）主要行车道是指单车道全幅路面、双向双车道混合行驶的全幅路面、双向双车道分道行驶的上行或下行车道、双向四车道分道行驶的外侧车道、双向六车道分道行驶的中间车道、双向八车道及以上分道行驶的中间两个或多个车道。

2)【答案】C

《公路技术状况评定标准》：(1) 将沥青混凝土路面损坏分为 11 大类，并根据损坏程度分为 21 项；(2) 将水泥混凝土路面损坏分为 11 大类，并根据损坏程度分为 20 项；(3) 路基损坏分为 7 大类。

3)【答案】D

公路技术状况评定应以 1000m 路段长度为基本评定单元。在路面类型、交通量路面宽度和养管单位等变化处，评定单元的长度可不受此规定限制。

4)【答案】C、D

公路技术状况评定 MQI 包括路基技术状况指数 SCI、路面技术状况指数 PQI、桥隧构造物技术状况指数 BCI、沿线设施技术状况指数 TCI，其余的应付考试而言，可认为都是 PQI

的分项指标。

5)【答案】C

各类路面损坏应以 100m 为单位，按损坏程度，每 100m 计 1 个损坏，每一个调查单元计算 1 个累计损坏面积。

2.

1)【答案】A、B、C

A 选项：水＝160，水泥＝160/0.42＝381，砂＝381×1.73＝659，石＝381×3.33＝1269，答案正确。

B 选项：水泥＝370，水＝370×0.42＝155，砂＝370×1.73＝640，石＝370×3.33＝1232，答案正确。

C 选项：砂＝660，水泥＝660/1.73＝382，水＝382×0.42＝160，石＝382×3.33＝1272，答案正确。

D 选项：石＝1300，水泥＝1300/3.33＝390，水＝390×0.42＝164，砂＝390×1.73＝675，答案错误。

2)【答案】D

当混凝土坍落度不满足工作性要求，但黏聚性和保水性较好时，应保持原有水灰比不变的条件下，同时调整水和水泥用量。题目中没有说明是增加还是减少用水量，所以分两种情况：

① 增加用水量 3%，即水泥用量也要增加 3%，水泥＝370×（1+0.03）＝381，水＝381×0.42＝160，D 答案正确；

② 减少用水量 3%，水泥＝370×（1-0.03）＝359，水＝359×0.42＝151，无此答案，所以选 D。

3)【答案】C

根据上一题符合工作性要求的配合比 381∶160∶623∶1266，水灰比由 0.42 降到 0.4，强度偏低在粗细集料不变的情况下应采用增大水泥用量降低水灰比实现，只有 A 答案中的水泥用量是增加的，所以选 C。

4)【答案】C、D

3) 题的 A 选项计算表观密度为 375+150+623+1266＝2414，（2450-2414）/2414＝1.5%，没有超过计算值的 2%，所以不用调整，没有此答案；3) 题的 B 选项计算表观密度为 381+152+623+1266＝2422，（2450-2422）/2422＝1.2%，也没有超过计算值的 2%，所以不用调整，没有此答案；3) 题的 C 选项计算表观密度为 400+160+623+1266＝2449，与实测表观密度的差没有超过计算值的 2%，所以不用调整，C 答案正确；3) 题的 D 选项计算表观密度为 359+144+623+1266＝2392，（2450-2392）/2392＝2.4%，超过了计算值的 2%，所以要进行密度调整，密度修正系数为 2450/2392＝1.02，所以修正后的配合比为 366∶147∶635∶1291，D 选项正确

5)【答案】A、B

A、B 选项：水泥不变＝384，砂＝629×（1+0.03）＝648，石＝1279×（1+0.01）＝1292，水＝154-629×0.03-1279×0.01＝122，工地配合比应为 384∶122∶648∶1292，0.5m³ 混凝土用量为 192∶61∶324∶646，相对用量配合比为 1∶1.69∶3.36；W/C＝0.32，A、B

选项都正确。

C、D 选项：水泥不变 = 400，砂 = 623×（1+0.03）= 642，石 = 1266×（1+0.01）= 1279，水 = 160-623×0.03-1266×0.01 = 129，工地配合比应为 400：129：642：1279，相对用量配合比为 1：1.61：3.20；W/C = 0.32，C、D 选项都错误；

3.

1) 【答案】C

土方路基的压实度极值为规定值减去 5%，所以极值为 96%-5% = 91%。

2) 【答案】C

压实度的保证率：高速公路，路基，所以采用 95% 保证率，另外压实度代表值计算采用的是 t 分布。

检查项目	公路等级及层位		保证率
压实度	高速公路、一级公路	基层、底基层	99%
		路基、路面面层	95%
	其他公路	基层、底基层	95%
		路基、路面面层	90%

平均值为 96.6%，标准差为 2.03%，K = 96.6%-0.518×2.03% = 95.5%。

3) 【答案】D

根据第（2）小题计算可知，压实度代表值不符合要求，所以无须计算合格率。假设该题的代表值、极值均符合要求，则合格率计算如下：合格值为 96%-2% = 94%，不满足要求的仅有 1 个，所以合格率为 11/12 = 91.7%。

压实度合格率计算

结构类型	规定		合格率
路基、基层、底基层	$K \geq K_0$	$K_i \geq$（规定值-2%）	100%
		存在 $K_i <$（规定值2%）且 $K_i \geq$ 极值	按 $K_i \geq$（规定值-2%）的测点数计算合格率
	$K < K_0$ 或 $K_i <$ 极值		不合格
沥青面层	$K \geq K_0$	$K_i \geq$（规定值-1%）	100%
		存在 $K_i <$（规定值-1%）	按 $K_i \geq$（规定值-1%）的测点数计算合格率
	$K < K_0$		不合格

注：土方路基压实度极值为（规定值-5%），沥青面层压实度不存在极值比较。

4) 【答案】C

因为该路段的压实度代表值 95.5% < 设计规定值 96%，所以不合格。

5) 【答案】A、C

A、B 选项：现场超压的情况下，压实度可能超过室内试验所得到的最大干密度，所以压实度有可能超出 100%。

C 选项：路基和路面基层、底基层的压实度应以重型击实标准为准。

D 选项：击实试验曲线永远位于饱和曲线的下方，不可能相交。

4.

1)【答案】A、B

在沥青路面成型后应立即测定路面表层渗水系数，以检验沥青混合料面层的施工质量。新建沥青路面的渗水试验宜在沥青路面碾压成型后内完成。

2)【答案】B、C

《公路沥青路面施工技术规范》(JTG F40—2024) 每1km5点，每点测3处。

3)【答案】A、B

渗水试验主要的仪具和材料：路面渗水仪、水筒及大漏斗、秒表、密封材料、套环。

4)【答案】A、B、C

详见试验步骤。

5)【答案】

以3个测点渗水系数的平均值作为该测试位置的结果，即 1mL/min。

5.

1)【答案】A、C

采用静压法成型圆柱形试件。

2)【答案】C

《公路工程无机结合料稳定材料试验规程》(JTG 3441—2024) 规定：细粒材料，试件的直径×高=50mm×50mm 或 100mm×100mm；中粒材料，试件的直径×高=100mm×100mm 或 150mm×150mm；粗粒材料，试件的直径×高=150mm×150mm。注：施工质量控制的强度试验中，细粒材料的试件直径应为100mm，中、粗粒材料试件直径应为150mm。

3)【答案】A、D

B 选项应为按照击实法或振动成型法确定无机结合料稳定材料的最佳含水率和最大干密度。

C 选项应为对于粗粒材料，一次只称取一个试件的土。

4)【答案】B、C

细粒材料至少应该制备6个试件，中粒材料或粗粒材料，至少分别制备9个或13个试件。

以 1mm/min 的加载速率加压，直到上下压柱都压入试模为止，维持压力2min。

5)【答案】D

(1) 解除压力后，取下试模，并放到脱模器上将试件脱出。用水泥稳定有黏结性的材料（如黏质土）时，制件后可以立即脱模；用水泥稳定无黏结性细粒土时，最好过2~4h 再脱模；对于中、粗粒土的无机结合料稳定材料，也最好过2~6h 脱模。A 错误。(2) 小试件的高度误差范围应为 0~1.0mm，中试件的高度误差范围应为 0~1.5mm，大试件的高度误差范围应为 0~2.0mm。B 错误。(3) 在脱模器上取试件时，应用双手抱住试件侧面的中下部，然后沿水平方向轻轻旋转，待感到试件移动后，将试件轻轻捧起，放置到试验台上。切勿直接将试件向上捧起。C 错误。

模拟卷二

一、单选题（共 30 题，每题 1 分，共 30 分）

1. 在土方路基交工验收时，平整度的合格率应不低于（　　），否则该检查项目为不合格。
   A. 75%　　　　　　B. 80%　　　　　　C. 85%　　　　　　D. 95%

2. 软土路基处理时，袋装砂井实测项目中，属于关键项目的是（　　）。
   A. 井长　　　　　　B. 井距　　　　　　C. 井径　　　　　　D. 灌砂率

3. 当进行水泥混凝土路面结构设计时，水泥混凝土的设计强度采用（　　）。
   A. 7d 龄期的抗压强度　　　　　　　　B. 7d 龄期的弯拉强度
   C. 28d 龄期的抗压强度　　　　　　　D. 28d 龄期的弯拉强度

4. 根据《公路工程质量检验评定标准》的要求，防护支挡工程中锚杆抗拔力检查项目要求锚杆抗拔力平均值不低于（　　）设计值。
   A. 70%　　　　　　B. 80%　　　　　　C. 100%　　　　　D. 120%

5. 下列检测项目中属于沥青混凝土路面质量评定关键项目的是（　　）。
   A. 厚度　　　　　　B. 平整度　　　　　C. 弯沉值　　　　　D. 摩擦系数

6. 水泥混凝土路面铺筑完成后，检测人员应检测相关参数进行施工质量评定，其中不包括的参数是（　　）。
   A. 弯沉　　　　　　B. 板厚度　　　　　C. 平整度　　　　　D. 弯拉强度

7. 根据《公路技术状况评定标准》(JTG 5210—2018)，公路技术状况评定等级可以划分为（　　）个等级。
   A. 1　　　　　　　B. 3　　　　　　　C. 5　　　　　　　D. 7

8. 根据《公路技术状况评定标准》(JTG 5210—2018)，路面结构强度系数 SSR 指的是（　　）。
   A. 路面实测代表弯沉与容许弯沉之比
   B. 路面实测代表弯沉与路面弯沉标准值之比
   C. 路面容许弯沉与实测代表弯沉之比
   D. 路面弯沉标准值与路面实测代表弯沉之比

9. 水泥混凝土路面行驶质量指数 RQI 评分为 89 时，则水泥混凝土路面行驶质量等级评为（　　）。
   A. 优　　　　　　　B. 良　　　　　　　C. 中　　　　　　　D. 次

10. 当水泥混凝土路面板只有一条裂缝时，损坏按照实际长度计算，检测结果应用影响宽度（　　）换算成损坏面积。

A. 0.2m　　　　　　B. 0.4m　　　　　　C. 1.0m　　　　　　D. 1.5m

11. 干土法击实试验，当土粒最大公称粒径为20mm时，每个试拌需试料（　　）kg。

A. 1　　　　　　　B. 3　　　　　　　C. 6　　　　　　　D. 9

12. 对土工织物进行单位面积质量测定时，仪器设备不包括（　　）。

A. 剪刀或切刀

B. 钢尺（刻度至毫米，精度为0.5mm）

C. 称量天平（感量为0.001g）

D. 称量天平（感量为0.01g）

13. 对天然砂进行筛分试验，计算得到平行试验的细度模数分别为3.6和3.8，最终的试验结果为（　　）。

A. 3.6　　　　　　　　　　　　　　　B. 3.7

C. 3.8　　　　　　　　　　　　　　　D. 重新进行试验

14. 细集料砂当量试验所用冲洗液使用期限不得超过（　　），其工作温度为（　　）。

A. 2周；(20±3)℃　　　　　　　　　　B. 2周；(22±3)℃

C. 4周；(20±3)℃　　　　　　　　　　D. 4周；(22±3)℃

15. 某水泥稳定土击实试验测试结果为：试筒质量6580g，试筒容积2177cm³，试筒与湿试样合计质量为11650g，代表试样含水率5.2%，则混合料干密度为（　　）g/cm³。

A. 2.17　　　　　　B. 2.21　　　　　　C. 2.33　　　　　　D. 2.48

16. 关于无机结合料稳定材料试件制作方法（圆柱形），表述不正确的有（　　）。

A. 根据被稳定材料粒径的不同，试模的尺寸也不相同

B. 试件的径高比一般为1：1，根据需要也可成型1：1.5或1：2的试件

C. 试件的成型根据需要的压实度水平，按照体积标准，采用静压法制备

D. 对于无机结合料稳定细粒土，至少应该制备6个试件；对于无机结合料稳定中粒土和粗粒土，至少应该分别制备9个和13个试件

17. 硅酸盐水泥和普通硅酸盐水泥的细度要求，以下说法正确的是（　　）。

A. 硅酸盐水泥和普通硅酸盐水泥的细度均可采用比表面积表示

B. 硅酸盐水泥的比表面积应不低于300m²/kg且不高于400m²/kg

C. 普通硅酸盐水泥的比表面积应不低于300m²/kg

D. 硅酸盐水泥的细度应满足45μm方孔筛筛余不低于5%

18. 水泥安定性试验只能检测出（　　）引起的水泥体积变化。

A. 游离氧化钙　　　B. 游离氧化镁　　　C. 三氧化硫　　　D. 硫酸钙

19. 石灰有效氧化钙和氧化镁简易测定方法适用于（　　）。

A. 适用于氧化镁含量在5%以下的低镁石灰

B. 适用于测定各种石灰的总氧化镁含量

C. 适用于测定各种石灰的有效氧化钙含量

D. 适用于测定新拌石灰土中石灰的剂量

20. 水泥混凝土拌和物凝结时间试验中，用到的仪器设备不包括（　　）。
   A. 坍落度仪   B. 测针   C. 贯入阻力仪   D. 计时器

21. 以下关于水泥混凝土试件制作描述中正确的是（　　）。
   A. 水泥混凝土抗弯拉强度试验试件标准尺寸为 150mm×150mm×150mm
   B. 非圆柱体试件成型时，坍落度大于 25mm 且小于 70mm 的水泥混凝土可以用人工成型
   C. 用人工成型直径为 200mm 圆柱体试件时，拌和物需分厚度大致相等的三层装入试模，每层插捣 25 下
   D. 试件抹面与试模边缘的高度差不超过 0.5cm

22. 水泥混凝土贯入阻力试验中，终凝时间对应的阻力为（　　）。
   A. 3.5MPa   B. 7MPa   C. 20MPa   D. 28MPa

23. 试验检测人员对强度等级为 C40 的 150mm×150mm×550mm 水泥混凝土标准试件进行弯拉强度试验，表面的试验操作描述不正确的是（　　）。
   A. 试件长向中部 1/3 区段内表面不得有直径超过 5mm、深度超过 2mm 的孔洞
   B. 混凝土弯拉强度试件应以同龄期者为 1 组，每组为 3 根同条件制作和养护的试件
   C. 试件取出后，用湿毛巾覆盖并及时进行试验，保持试件干湿状态不变。在试件中部量出其宽度和高度，精确至 1mm
   D. 调整两个可移动支座，将试件安放在支座上，试件成型时的正面朝上，几何对中后应使支座及承压面与活动船形垫块的接触面平稳、均匀，否则应垫平

24. 水泥混凝土中，粗集料是指粒径大于（　　）的碎石、破碎砾石、筛选砾石和矿渣等。
   A. 1.18mm   B. 2.36mm   C. 4.75mm   D. 9.5mm

25. 一组三个标准水泥混凝土试件进行抗压试验，其极限破坏值分别是 36.56MPa、37.56MPa、43.38MPa，则该组试件抗压强度试验结果是（　　）。
   A. 36.56MPa   B. 37.56MPa   C. 39.17MPa   D. 43.38Mpa

26. 以下关于沥青针入度试验，说法不正确的是（　　）
   A. 同一试样平行试验至少 3 次，各测试点之间及与盛样皿边缘的距离不应少于 10mm
   B. 标准试验条件温度 25℃，荷重 100g，贯入时间 10s
   C. 当量软化点 T_{800} 相当于针入度为 800 时的温度，可以用于评价沥青的高温稳定性
   D. 针入度大于 200 时，至少用 3 支标准针，每次试验后留在试样中，直至试验结束

27. 纵断面高程测试时，连续测试全部测点，并与水准点闭合，闭合差应达到（　　）水准测量要求。
   A. 一等   B. 二等   C. 三等   D. 四等

28. 常见的平整度测试设备分为断面类和反应类两大类，以下不属于断面类设备的是（　　）。
   A. 3m 直尺   B. 连续式平整度仪   C. 颠簸累积仪   D. 激光平整度

29. 以下关于手工铺砂法测试路面构造深度的描述，正确的试验顺序为（　　）。①用扫帚或毛刷子将测点附近的路面清扫干净，面积不少于 30cm×30cm。②用钢板尺测量所构成圆的两个垂直方向的直径，取其平均值，准确至 1mm。也可用专用尺直接测量构造深度。

③同一处平行测试不少于 3 次，测点间距 3m～5m。④用小铲向圆筒中缓缓注入准备好的量砂至高出量筒成尖顶状，手提圆筒上部，用钢尺轻轻叩打圆筒中部 3 次，并用刮尺边沿筒口一次刮平。⑤将砂倒在路面上，用推平板由里向外重复作摊铺运动，稍稍用力将砂向外均匀摊开，使砂填入路表面的空隙中尽可能将砂摊成圆形，并不得在表面上留有浮动余砂。

A. ①④②⑤③ B. ①④⑤②③ C. ④①⑤②③ D. ④①②⑤③

30. 下面关于沉降差法测试土石路堤压实程度试验步骤，描述不正确的是（　　）。
A. 路基碾压施工完成后，将振动压路机停放在测试路段前 20 米处，启动振动压路机，并调至强振档位
B. 振动压路机以不大于 4km/h 的速度对测试路段进行碾压，往返一次为一遍
C. 碾压结束后用水准仪逐点测量固定物顶面高程 h_{i1}，h_{i2}，…，h_{in}，精确到 0.1m
D. 随机选取有代表性的区域，按照《公路土工试验规程》灌水法测试材料干密度

二、判断题（共 30 题，每题 1 分，共 30 分）

1. 对某一级公路施工现场沥青混凝土矿料级配进行检测时实测结果应满足目标配合比要求。（　　）
2. 工程质量评定中采用数理统计方法评定的项目，只要代表值满足要求，则相应的评定项目合格。（　　）
3. 沥青混凝土面层压实度规定值应按高速公路、一级公路，二级公路和三四级公路三档确定。（　　）
4. 公路技术状况调查中，车辙是沥青路面特有的病害，路面车辙深度超过 5mm 时即可定义为车辙损坏。（　　）
5. 根据《公路技术状况评定标准》，人工调查的路面损坏类型时，当同一位置存在多类路面损坏时，应估计各类损坏对路面技术状况指数的影响。（　　）
6. 同一个土样品，在相同条件下，重型击实得到的最大干密度较轻型击实得到的最大干密度大。（　　）
7. 根据《公路土工试验规程》(JTG 3430—2020)，取原状土样时，应保持土样的原状结构及天然含水率，并使土样不受扰动，在进行试验时，可采用击实法制备试样。（　　）
8. 承载比（CBR）试验适用于粒径大于 40mm 的土。（　　）
9. 固结试验适用于饱和的细粒土，当只进行压缩试验时，可用于非饱和土。（　　）
10. 卷装材料的头两层可取作样品，但取样时应尽量避免污渍、折痕、孔洞或其他损伤部分，否则要加放足够数量。（　　）
11. 直剪摩擦特性试验中若选用接触面积递减直剪仪，试样接触面积为变值，每次计算均使用最大剪切力除以最大剪切力出现时相对应的实际接触面积值的 80%。（　　）
12. 土工合成材料拉拔摩擦特性试验时，如果不出现峰值或试样被拉断，表明试样埋在土内的长度超过拔出长度，应缩短埋在土内的长度，并重新试验。（　　）
13. 土工织物有效孔径试验，终止试验的标准是取得不少于三组连续分级标准颗粒材料的过筛率，并有一组的过筛率达到或低于 5%。（　　）
14. 土工织物有效孔径试验，以每组标准颗粒材料粒径的下限值作为横坐标（对数坐

标),相应的平均过筛率作为纵坐标,描点绘制过筛率与粒径的分布曲线。找出曲线上纵坐标10%所对应的横坐标值,即为 O_{10}。（   ）

15. 砂的细度模数在一定程度上能反映砂的粗细概念,同时能全面反映砂的粒径分布情况。（   ）

16. 通过计算得到某天然砂的细度模数为3.5,则该砂属于中砂。（   ）

17. 集料磨耗值是判断一种集料能否用于沥青路面抗滑磨耗层的决定性指标。（   ）

18. 坚固性试验是采用在饱和硫酸钠溶液中多次浸泡与烘干的循环试验,考察粗集料承受硫酸钠在烘干结晶过程中产生的晶胀压力,集料颗粒不会产生明显破坏或降低强度的性能,作为表征粗集料力学性质的一项指标。（   ）

19. 沥青混合料通常由数种集料配合而成,不同采石场生产的集料可以在一起组成进行洛杉矶磨耗试验,当规格较多时,也可分开试验。（   ）

20. 对于粗集料洛杉矶磨耗试验,转动结束后,取出钢球,倒出试样,用2.36mm方孔筛过筛,并用水冲洗筛上的试样,筛去小于2.36mm后试样,将大于2.36mm的颗粒集中起来,烘干称重。（   ）

21. 某水泥稳定碎石基层,水泥剂量为5%,指的是水泥的质量与水泥稳定碎石总质量的比值为5%。（   ）

22. 某新建二级公路为确定基层无机结合料稳定材料的最大干密度,可采用重型击实或振动压实方法。（   ）

23. 石灰等级是根据石灰中CaO的含量进行划分的,石灰中有效氧化镁含量越高,石灰的品质越低。（   ）

24. 粉煤灰烧失量测定适用于测定粉煤灰的含碳量及易氧化的硫化物含量。（   ）

25. 粉煤灰烧失量试验时,按照要求由硫化物的氧化引起的烧失量应进行修正,若不进行修正,将导致烧失量试验结果偏大。（   ）

26. 路面基层施工过程中,现场基层材料试验取样需要考虑取样温度的影响。（   ）

27. EDTA滴定法测定水泥剂量时会有龄期效应,随着龄期增加测得的水泥剂量值会上升。（   ）

28. 提高粗集料最大粒径,可以提高水泥混凝土强度。（   ）

29. 在高温条件下宜采用黏度较小的乳化沥青,寒冷条件下宜使用黏度较大的乳化沥青。（   ）

30. 车载式激光构造深度仪适用于各类新建、改建路面工程质量验收。（   ）

三、多选题（共20题,每题2分,共40分。下列各题备选项中,至少有2个是符合题意的,选项全部正确得满分,选项部分正确按比例得分,出现错误选项该题不得分）

1. 以下不属于路面工程分项工程的是（   ）。
   A. 盲沟   B. 路缘石   C. 桥面防水层   D. 墙背填土

2. 土的击实试验中,对土的干密度有影响的因素有（   ）。
   A. 含水率   B. 击实功   C. 压实机械   D. 土粒级配

3. 土工织物厚度测定时，当需要测定不同压力下的厚度时，所选择的压力包括（　　）。
   A. 2kPa±0.01kPa   B. 20kPa±0.1kPa
   C. 200kPa±1kPa   D. 2000kPa±0.1kPa

4. 下列关于土工合成材料接头/接缝宽条拉伸，表述不正确的是（　　）。
   A. 至少沿纵向和横向各剪取5块试样
   B. 从接合或缝合的样品中剪取试样，每块试样的长度不少于200mm，接头/接缝应在试样的中间部位并垂直于受力方向，每块试样最终宽度为200mm
   C. 选择试验机的负荷量程，使断裂强力在满量程负荷的20%~80%
   D. 试验机的拉伸速度，使试样的拉伸速率为名义夹持长度的（20%±1%）/min

5. 以下关于集料的分类，表述正确的是（　　）。
   A. 按形成过程，可以分为天然的和人工的
   B. 按粒径大小，可以分为粗集料和细集料
   C. 按化学成分，根据氧化钙的含量，可以分为酸性、中性和碱性
   D. 按级配组成，可以分为连续级配、间断级配和开级配

6. 当采用网篮法测定水泥混凝土粗集料密度时，以下关于试验步骤说法不正确的是（　　）。
   A. 将待测试样用2.36mm的标准筛过筛，除去偏小的颗粒，然后用四分法缩分成所需的质量
   B. 将待测试样浸泡在水中一段时间后，小心漂洗干净，操作时要防止试样颗粒损失
   C. 取所需试样放入盛水器皿中，注入清水，高出试样至少25mm，搅动集料，尽可能排出集料颗粒上附着的气体，在室温下保持浸水24h
   D. 将吊篮浸入溢流水槽中，控制水温在15~25℃的范围，水槽的水面高度由溢流口调节，试验过程始终保持在同一位置，天平调零

7. 以下用于评价沥青混合料用细集料洁净程度的技术指标有（　　）
   A. 机制砂含泥量   B. 天然砂含泥量   C. 砂当量   D. 亚甲蓝值

8. 关于细集料的亚甲蓝值试验和砂当量的表述正确的有（　　）。
   A. 亚甲蓝值适用于确定细集料中是否存在膨胀性黏土矿物
   B. 亚甲蓝试验适用于粒径小于2.36mm或0.15mm的细集料，不适用于矿粉
   C. 亚甲蓝值和砂当量均用以评定细集料的洁净程度
   D. 砂当量适用于测定细集料中所含的黏性土或杂质的含量

9. 无机结合料稳定材料的抗冻性以龄期（　　）的试件经过若干个冻融循环后的饱水无侧限抗压强度与冻前饱水无侧限抗压强度之比来表征。
   A. 7d   B. 28d   C. 90d   D. 180d

10. 关于生石灰的有效氧化钙和氧化镁含量简易法试验，试验步骤表述正确的有（　　）。
    A. 称取0.8g~1.0g石灰试样放入300mL三角瓶中并记录试样质量，向三角瓶中加入150mL新煮沸并已冷却的蒸馏水和10颗玻璃珠
    B. 三角瓶口上插一短颈漏斗，使用带电阻电炉加热5min（调到最高挡），但勿使液体沸腾，放入冷水中迅速冷却

C. 向三角瓶中滴入酚酞指示剂2滴，记录滴定管中盐酸标准溶液体积

D. 在不断摇动下以盐酸标准溶液滴定，控制速度为2～3滴/s，至粉红色完全消失，稍停，又出现红色，继续滴入盐酸，如此重复几次，直至5min内不出现红色为止，记录滴定管中盐酸标准溶液体积

11. 关于粉煤灰烧失量测定，试验步骤表述正确的有（　　）。

A. 将粉煤灰四分法缩减至10余克，如有大颗粒，研钵中磨细至无不均匀颗粒为止，置于小烧杯在105～110℃烘干至恒量，储于干燥器中，备用

B. 将瓷坩埚灼烧至恒重，备用

C. 称取1g试样，精确至0.0001g，置于已灼烧至恒重的瓷坩埚中，放在马弗炉从低温开始逐渐升高温度，在950～1000℃下灼烧15～20min，取出瓷坩埚在干燥器中冷却至室温，称量

D. 反复灼烧，直至连续两次称量之差小于0.0005g，即达到恒重

12. 以下关于水泥稳定碎石击实试验中，试验准备工作的描述不正确的有（　　）。

A. 将具有代表性的风干试料用木锤捣碎或用木碾碾碎，土团应破碎到能通过2.36mm的筛孔，但应注意不使粒料的单个颗粒破碎或不使其破碎程度超过施工中拌和机械的破碎率

B. 必要时可将试料在105℃±5℃烘箱中烘干至恒量

C. 在预定做击实试验的前一天，取有代表性的试料测定其风干含水率，对于细粒土，取样不少于100g；中粒土，取样不少于1000g；粗粒土，取样不少于2000g

D. 在试验前用游标卡尺准确测量试模的内径、高和垫块的厚度，以便计算试筒的容积

13. 关于雷氏夹法测定水泥安定性试验，表述正确的是（　　）。

A. 雷氏夹膨胀仪标定：当一根指针的根部先悬挂在一根金属丝或尼龙丝上，另一根指针的根部挂上300g质量的砝码时，两根指针的针尖距离应在（15.5±2.5）mm范围以内，去掉砝码后针尖的距离能恢复至挂砝码前的状态，雷氏夹即为合格

B. 将装有标准稠度净浆的雷氏夹放入湿汽养护箱内养护（24±2）h

C. 将雷氏夹放入沸煮箱中，在（30±5）min内加热至沸腾并恒沸（180±5）min

D. 当两个试件煮后指针尖端增加距离的平均值不大于5.0mm时，即认为该水泥安定性合格，当两个试件煮后增加距离的平均值大于5.0mm时，应用同一样品重做一次试验，以复检结果为准

14. 以下关于影响水泥混凝土工作性的砂率，表述正确的是（　　）。

A. 砂率指混凝土中砂的质量占水泥混凝土拌和物总质量的百分率

B. 在一定的范围内，混凝土拌和物的流动性会随着砂率提高而增加

C. 在水泥浆数量固定的情况下，随着砂率的提高，当超过某一限度后，混凝土拌和物的流动性开始下降

D. 水泥混凝土配合比设计时，选择最佳砂率是指在水泥浆用量一定的条件下，能够使新拌水泥混凝土的流动性最大的砂率

15. 以下谢伦堡沥青析漏试验步骤，说法正确的有（　　）。

A. 拌和时纤维稳定剂应在加入粗细集料前加入，并适当干拌分散，再加入沥青拌和至均匀

B. 一组试件分别拌和 4 份，每份 1kg，每次拌和 1 个试件，第 1 锅拌和后即予废弃不用，防止影响后面 3 锅的油石比

C. 称取干燥的烧杯质量 m_0，然后将拌和好的 1kg 混合料倒入烧杯中，称总质量 m_1

D. 烧杯盖上玻璃盖，放入 170℃ 烘箱中，改性沥青 SMA 时为 185℃，持续 60±1min，取出烧杯，倒扣在玻璃板上，称烧杯及黏附在烧杯上的沥青结合料、细集料、玛琋脂等总质量 m_2

16. 对沥青混合料取样后的保存与处理，做法正确的是（　　）。

A. 现场所取的热拌热铺的沥青混合料，如要进行车辙试验，必须在取样后趁高温立即装入保温桶内，送试验室立即成型试件，试件成型温度不得低于规定要求

B. 热混合料需要存放时，可取样后立即趁热装入塑料编织袋内，扎紧袋口，并宜常温保存，应防止潮湿、淋雨等，且时间不应太长

C. 在进行沥青混合料试验时，由于采集的热拌混合料试样温度下降或稀释沥青溶剂挥发结成硬块时，宜用微波炉或烘箱适当加热重塑，且最多加热两次

D. 沥青混合料的加热温度以达到符合压实温度要求为度，控制最短的加热时间，通常用烘箱加热时不宜超过 4h，用工业微波炉加热 5~10min

17. 关于沥青混合料冻融劈裂试验适用范围，以下说法正确的是（　　）。

A. 沥青混合料冻融劈裂试验，用于评价沥青混合料的低温稳定性

B. 试验用试件为圆柱形马歇尔试件，击实次数为双面各 75 次

C. 适用于集料公称最大粒径≤26.5mm，所以采用标准马歇尔试件

D. 非经注明，试验温度为 25℃，加载速率为 50mm/min

18. 某市建设完成一条技术等级为一级的公路，路面宽度的设计值为 9.0m，水泥混凝土路面面层的设计总厚度为 28cm，路面厚度检测完成后，检测人员计算评定路段单点合格率，（　　）路面厚度是合格的。

A. 260mm　　　　B. 265mm　　　　C. 270mm　　　　D. 275mm

19. 关于承载板法测定土基回弹模量试验步骤，说法正确的有（　　）。

A. 用千斤顶开始加载，注视测力环或压力表，至预压 0.05MPa，稳压 1min，然后放松千斤顶油门卸载，稳压 1min 后，将百分表调零或其他合适的初始位置上，记录初始读数

B. 用千斤顶加载，采用逐级加载卸载法，用压力表或测力环控制加载量，荷载小于 0.1MPa 时，每级增加 0.02MPa，以后每级增加 0.05MPa 左右

C. 每次加载至预定荷载后，稳定 1min，立即读记两个百分表数值，然后轻轻放开千斤顶油门卸载至 0，待卸载稳定 1min 后，再次读数，每次卸载后百分表不再调零

D. 当两个百分表读数之差小于平均值的 30% 时，取平均值。如超过 30%，则应重测。当回弹变形值超过 1mm 时，即可停止加载

20. 关于摆式仪测定路面摩擦系数的描述，不正确的有（　　）。

A. 摆式仪测定路面摩擦系数时，摆在路面滑动长度 76mm±1mm

B. 摆式仪测量路面摩擦系数时，测值需要换算成标准温度 25℃ 的摆值

C. 摆值是摆式摩擦系数测定仪测试路面在潮湿条件下的路面摩擦系数表征值，简称 BPN

D. 每个测点测定 3 个值，每个测点由 5 个单点组成，以 5 次测定结果的平均值作为该测点的代表值

四、综合题（5 道大题，每道大题 10 分，共 50 分。下列各题备选项中，至少有 1 个或 1 个以上是符合题意的，选项全部正确得满分，选项部分正确按比例得分，出现错误选项该题不得分）

1. 某公路项目的基层采用水泥稳定碎石材料，为保证基层所用材料能够满足相关规定，检测人员开展水稳碎石基层材料的弯拉强度试验。请根据实际情况完成下列题目。

1）关于试件成型的表述正确的是（　　）。
A. 采用振动法成型试件
B. 采用压力机制备试件
C. 采用旋转压实法成型试件
D. 成型前需要确定基层材料的最佳含水率和最大干密度

2）材料粒径不同，试模尺寸也不同。表述正确的是（　　）。
A. 细粒式材料使用小梁，试模尺寸 50mm×50mm×100mm
B. 细粒式材料使用小梁，试模尺寸 50mm×50mm×200mm
C. 中粒式材料使用中梁，试模尺寸 100mm×100mm×400mm
D. 中粒式材料使用中梁，试模尺寸 150mm×150mm×400mm

3）在制备试件过程中，操作方法正确的是（　　）。
A. 拌和均匀的加有水泥的混合料应在 1h 内制成试件
B. 拌和均匀的加有水泥的混合料应在 2h 内制成试件
C. 拌和后超过 1h 未制拌的混合料应该废弃
D. 拌和后超过 2h 未制拌的混合料可重新拌和成型

4）制备试件时，压力机需在一定时间内维持压力，操作方法正确的是（　　）。
A. 小梁维持压力 2min　　　　　　　B. 小梁维持压力 3min
C. 中梁维持压力 5min　　　　　　　D. 中梁维持压力 6min

5）试件准备完毕，进行弯拉强度试验时，需要用到的仪器设备有（　　）。
A. 万能材料试验机　　B. 承载板　　C. 真空泵　　D. 球形支座

2. 某试验检测人员根据《公路土工试验规程》(JTG 3430—2020) 开展土的击实试验。请根据击实试验相关要求完成下列题目。

1）按照单位体积击实功差异，击实试验方法可分为（　　）。
A. 轻型击实　　　　　　　　　　　B. 重型击实
C. 旋转压实　　　　　　　　　　　D. 表面振动压实

2）击实试验的试样准备，可以采用的方法有（　　）。
A. 干土法，土样可重复使用　　　　B. 干土法，土样不宜重复使用
C. 湿土法，土样可重复使用　　　　D. 湿土法，土样不宜重复使用

3）关于击实曲线绘制的一般做法描述正确的有（　　）。
A. 以干密度为纵坐标，含水率为横坐标

B. 以干密度为横坐标，含水率为纵坐标

C. 曲线不能绘出明显的峰值点时，可进行补点

D. 曲线不能绘出明显的峰值点时，可进行重做

4）同一个土样品，在相同条件下，关于轻型和重型击实的干密度试验结果表述正确的是（　　）。

A. 重型击实结果偏大　　　　　　　　B. 轻型击实结果偏大

C. 结果相同　　　　　　　　　　　　D. 无规律

5）关于击实试验结果的确定表述正确的有（　　）。

A. 根据击实曲线上峰值点位置可确定最大干密度、最佳含水率

B. 试样中含有大于 40mm 的颗粒时，无需对试验所得的最佳含水率进行校正

C. 试样中含有大于 40mm 的颗粒时，应对试验所得的最大干密度进行校正

D. 最大干密度计算结果应精确至 $0.01g/cm^3$

3. 某一级公路沥青公路工程开展交工质量验收工作，试验人员用摆式仪测定路面摩擦系数，摩擦系数的温度修正值如下表，请完成下列题目。

温度修正值表

温度/℃	0	5	10	15	20	25	30	35	40
温度修正值 ΔBPN	−6	−4	−3	−1	0	+2	+3	+5	+7

1）根据《公路工程质量检验评定标准》(JTG F80/1—2017)，摆式仪测定摩擦系数的最小检测频率为（　　）。

A. 100m 一处　　　B. 200m 一处　　　C. 500m 一处　　　D. 1000m 一处

2）根据《公路路基路面现场测试规程》(JTG 3450—2019)，每一处测试位置应布设（　　）个测点。

A. 1　　　　　　　B. 2　　　　　　　C. 3　　　　　　　D. 5

3）关于校核滑动长度的描述正确的有（　　）。

A. 提起举升柄使摆向左侧移动，然后放下举升柄使橡胶片长边下缘轻轻触地，紧靠橡胶片摆放滑动长度量尺，使量尺左端对准橡胶片触地下缘

B. 提起举升柄使摆向右侧移动，然后放下举升柄使橡胶片下缘轻轻触地，检查橡胶片下缘是否与滑动长度量尺的右端齐平

C. 左右两次橡胶片长边边缘应以刚刚接触路面为准，不可借摆的力量向前滑动

D. 校核滑动长度应符合 124mm±1mm 的要求

4）关于摆式仪测定沥青路面摩擦系数试验步骤的描述正确的有（　　）。

A. 将摆式仪置于路面测点上，并使摆的摆动方向与行车方向一致

B. 在测点处用温度计测试干燥路表温度并记录，准确至 1℃

C. 若指针不指零，通过转动松紧调节螺母进行调整，重复测试直至指针指零，调零允许误差为+1

D. 用喷水壶浇洒测点处路面，使之处于湿润状态，按下右侧悬臂上的释放开关使摆在路面滑过，当摆杆回落时，用手接住摆杆并读数

5）某处所有测点的摆值均值为 45，记录的路面温度为 25℃，当地天气预报温度 30℃，该点修正到 20℃ 的摆值结果为（　　）。

A. 45　　　　　　B. 46　　　　　　C. 47　　　　　　D. 48

4. 某工地试验室取 50 号道路石油沥青样品，进行针入度（25℃）、软化点、延度（15℃）和黏附性试验。预估沥青软化点为 52℃，软化点实测值为 51.1℃、50.3℃。对于针入度试验，现场只有一根标准针，且受试验条件限制，盛样皿无法与恒温水槽水连接形成水路循环，依序测定的针入度值为 48.1（0.1mm）、46.8（0.1mm）和 45.2（0.1mm）。延度试验时发现沥青细丝浮于水面，相应的测定值分别为 61cm、65cm 和 67cm。取 5 颗粒径为 13.2~19mm 实际工程集料，水煮法测定黏附性试验，两个试验人员评定的黏附性等级依次为 4、4、3、4、5 和 4、3、4、4、5。请完成下列题目。

1）以下关于热沥青试样制备、灌模工作的表述正确的有（　　）。

A. 将装有试样的盛样器带盖加热融化，融化温度可采用 135℃

B. 融化试样时宜采用烘箱加热，不得直接采用电炉或燃气炉明火加热

C. 为了降低沥青老化影响，宜一次加热后一次性将各试验所需的试样灌模，不得超过 2 次以上反复加热

D. 为了保证试样的均匀性，在灌模时应反复搅动沥青试样

2）以下关于针入度试验结果表述正确的有（　　）。

A. 试验结果有效，针入度结果为 47（0.1mm）

B. 试验结果异常，可能是每次试验后没有将标准针取下用蘸有三氯乙烯溶剂的棉花或布揩净，导致后续测定值偏小

C. 试验结果异常，可能是每测定一次针入度后没有将盛有盛样皿的玻璃皿放入恒温水槽，导致试样温度升高了

D. 每次试验后应将盛有盛样皿的平底玻璃皿放入恒温水槽，使平底玻璃皿中水温保持试验温度

3）以下关于软化试验结果描述正确的是（　　）。

A. 试验结果无效

B. 试验结果有效：为 50.5℃

C. 试验结果有效：为 51℃

D. 试验结果有效：为 51.0℃

4）以下关于延度试验结果的描述不正确的有（　　）。

A. 试验结果无效，应重新制作，在水中加入食盐重新试验

B. 试验结果无效，应重新制作，在水中加入酒精重新试验

C. 试验结果无效，应重新制作，在水中加入煤油重新试验

D. 试验结果有效，为 64cm

5）以下关于黏附性试验结果表述不正确的有（　　）。

A. 试验结果无效

B. 试验结果有效，为 3 级

C. 试验结果有效，为 4 级

D. 试验结果有效，为 5 级

5. 某公路通车五年后，水泥湿凝土路面出现断板等病害。为治理水泥混凝土路面断板病害检测机构采用弯沉法测试水泥混凝土路面脱空情况。请结合试验要求完成下列题目。

1）弯沉法测试水泥混凝土路面脱空，可能用到的设备包括（　　）。
   A. 全站仪　　　　　B. 弯沉仪　　　　　C. 加载车　　　　　D. 落球仪

2）当采用落锤式弯沉仪测试板中弯沉时，承载板中心与板中的距离偏差应不大于（　　）。
   A. 100mm　　　　　B. 150mm　　　　　C. 200mm　　　　　D. 250mm

3）落锤式弯沉仪测试板角弯沉时，对同一点需要分（　　）级施加荷载测试。
   A. 2　　　　　　　B. 3　　　　　　　C. 4　　　　　　　D. 5

4）为避免测试结果异常，脱空测试的时间段宜为（　　）。
   A. 温度较高的晴天正午　　　　　　　B. 温度平稳的早晨时段
   C. 温度变化不大的阴天　　　　　　　D. 显著负温度梯度的夜晚

5）如果采用落锤式弯沉仪法测试脱空，可以采用（　　）进行评价。
   A. 截距值法　　　　B. 传荷能力比值法　　C. 弯沉比值法　　　D. 斜率法

答案解析

一、单选题（共30题，每题1分，共30分）

1.【答案】B

土方路基分项工程检查时，压实度、弯沉属于关键项目，其他属于一般项目，而一般项目的合格率要求不低于80%，所以该题选择B选项。

2.【答案】A

袋装砂井、塑料排水板实测项目中，井长、板长属于关键项目，其他属于一般项目。

3.【答案】D

水泥混凝土路面的设计强度采用28d龄期弯拉强度。

4.【答案】C

锚杆抗拔力应当满足设计要求，设计未要求时，抗拔力平均值≥设计值，80%锚杆的抗拔力≥设计值，且最小抗拔力≥0.9设计值。

防护支挡工程中的关键项目

		关键项目	备 注
浆砌挡土墙		砂浆强度、断面尺寸	
干砌挡土墙		断面尺寸	
片石混凝土挡土墙		混凝土强度、断面尺寸	
悬臂式和扶壁式挡土墙		混凝土强度、断面尺寸	
锚杆、锚定板、加筋土挡土墙	拉杆	长度	
	锚杆	注浆强度、锚杆抗拔力	抗拔力平均值≥设计值；80%锚杆的抗拔力≥设计值；最小抗拔力≥0.9设计值
	面板	混凝土强度、厚度	

5.【答案】A

沥青混凝土面层和沥青碎（砾）石面层实测项目中，厚度、压实度、矿料级配、沥青含量属于关键项目，其他属于一般项目。

路面工程中的关键项目

	结构形式	关键项目			
面层	水泥混凝土路面	板厚		弯拉强度	
	沥青混合料路面	厚度	压实度	矿料级配	沥青含量

续表

	结构形式	关键项目		
基层	级配碎石基层	厚度	压实度	
	填隙碎石基层	厚度	固体体积率	
	稳定土（底）基层	厚度	压实度	强度
	稳定粒料（底）基层	厚度	压实度	强度

6.【答案】A

水泥混凝土路面属于刚性路面，很难产生变形，而弯沉是一种变形，因此水泥混凝土路面铺筑完成后，无需测弯沉。但公路技术状况评定中，可以通过检测弯沉评价水泥混凝土路面接缝传荷能力和板底脱空状况。

7.【答案】C

公路技术状况各指标分为优、良、中、次、差五个等级。

8.【答案】D

路面结构强度系数SSR为路面弯沉标准值与实测代表弯沉之比。

9.【答案】A

水泥混凝土路面行驶质量指数RQI等级划分标准应为"优"大于或等于88，"良"在80~88之间，其他保持不变。

10.【答案】C

①对于水泥混凝土路面，除条状修补的影响宽度为0.2m以外，其余的影响宽度均为1m；②对于沥青路面，除车辙的影响宽度为0.4m以外，其余的影响宽度均为0.2m。

11.【答案】B

击实试验方法种类

| 试验方法 | 类别 | 锤底直径/cm | 锤的质量/kg | 落高/cm | 试样尺寸 | | | 层数 | 每层击数 | 击实功/(kJ/nn³) | 容许最大公称粒径/mm | 每个试样试料用量/kg |
					内径/cm	高度/cm	体积/cm³					
轻型	Ⅰ-1	5	2.5	30	10	12.7	997	3	27	598.2	20	3
	Ⅰ-2	5	2.5	30	15.2	12	2177	3	59	598.2	40	6
重型	Ⅱ-1	5	4.5	45	10	12.7	997	5	27	2687	20	3
	Ⅱ-2	5	4.5	45	15.2	12	2177	3	98	2677	40	6

12.【答案】C

C选项：将裁剪好的试样按编号顺序逐一在天平上称量，读数精确到0.01g，因此天平感量为0.01g，所以C选项错误。

13.【答案】B

细集料筛分试验应进行两次平行试验，以试验结果的平均值作为测定值。如两次试验所得的细度模数之差>0.2，应重新进行试验。

因为3.8-3.6=0.2，所以取平均值3.7，所以选择B选项。

14. 【答案】B

① 冲洗液由氯化钙、甘油、甲醛按一定的比例配置；

② 冲洗液通常一次配置5L，不宜少于2L，以减小试验误差；

③ 冲洗液的使用期限≤2周，超过2周后废弃，工作温度（22±3）℃。

15. 【答案】B

干密度=湿密度/（1+含水率）

（11650-6580）/2177/（1+0.052）= 2.21g/cm³。

16. 【答案】D

根据《公路工程无机结合料稳定材料试验规程》，无机结合料稳定材料试件成型方法（圆柱形）：

（1）试件的径高比一般为1：1，根据需要也可成型1：1.5或1：2的试件。试件需根据压实度水平成型，按照体积标准，采用静力压实法制备。

（2）试模粗粒材料，试模内径150mm，高应满足放入上下垫块后余150mm；中粒材料，试模内径100mm，高应满足放入上下垫块后余100mm；细粒材料，试模内径50mm，高应满足放入上下垫块后余50mm。

（3）试件数量：根据试验目的和被稳定材料粒径成型相应数量的试件。

（4）根据《公路工程无机结合料稳定材料试验规程》，无机结合料稳定材料无侧限抗压强度试验方法即为保证试验结果的可靠性和准确性，每组试件的数量要求为：小试件数量不少于6个；中试件数量不少于9个；大试件数量不少于13个。

（5）根据《公路工程无机结合料稳定材料试验规程》，无机结合料稳定材料室内抗压回弹模量试验方法（顶面法）：无机结合料稳定细粒材料，应制备不少于6个试件；无机结合料稳定中粒材料，应制备不少于9个试件；无机结合料稳定粗粒材料，应制备不少于15个试件。

17. 【答案】B

根据《通用硅酸盐水泥》(GB175—2023) 7.4.4：

（1）硅酸盐水泥细度以比表面积表示，应不低于300m²/kg且不高于400m²/kg。

（2）普通硅酸盐水泥、矿渣硅酸盐水泥、粉煤灰硅酸盐水泥、火山灰质硅酸盐水泥、复合硅酸盐水泥的细度以45μm方孔筛筛余表示，应不低于5%。

18. 【答案】A

现行水泥安定性试验可检测出游离氧化钙引起的水泥体积变化，以判断水泥安定性是否合格。

19. 【答案】A

根据《公路工程无机结合料稳定材料试验规程》，可知：

（1）石灰稳定材料中石灰剂量测定方法（直读式测钙仪法）：适用于测定新拌石灰稳定材料中石灰的剂量。

（2）石灰有效氧化钙测定方法：适用于测定各种石灰的有效氧化钙含量。

（3）石灰氧化镁测定方法：适用于测定各种石灰的总氧化镁含量。

（4）石灰有效氧化钙和氧化镁简易测定方法：适用于氧化镁含量在5%以下的低镁石灰。

20.【答案】A

水泥混凝土拌和物凝结时间试验中，用到的仪器设备有贯入阻力仪、测针、试样筒、试验筛、振动台、捣棒等。

21.【答案】B

A 选项：水泥混凝土抗弯拉强度试验试件标准尺寸 150mm×150mm×550mm，立方体抗压强度试验试件标准尺寸为 150mm×150mm×150mm。

B 选项：①坍落度<25mm，插入式振捣棒成型；②坍落度=25~90mm，振动台成型，表面出浆为止；③坍度度>90mm，人工成成，分两层装料，每层 10000mm² 不少于 12 次。

C 选项：圆柱体试件，当坍落度>90mm 时用人工成型：对于直径 200mm 的试件，拌和物需分厚度大致相等的三层装入试模，每层插捣 25 下；对于直径 150mm 的试件，拌和物需分厚度大致相等的两层装入试模，每层插捣 15 下；对于直径 100mm 的试件，拌和物需分厚度大致相等的两层装入试模，每层插捣 8 下。

D 选项：非圆柱体试件，试件抹面与试模边缘的高度差不超过 0.5mm。

22.【答案】D

贯入阻力为 3.5MPa 所对应的时间为初凝时间；贯入阻力为 28MPa 所对应的时间为终凝时间。

23.【答案】D

无论是水泥混凝土抗压强度还是弯拉强度，都是以成型时的侧面作为受压面，所以 D 选项错误。

24.【答案】C

（1）水泥混凝土路面基层粗细集料界限粒径均为 4.75mm；粗细集料界限粒径均为 2.36mm；（2）沥青混合料（除 SMA）；（3）SMA-10 沥青混合料，粗细集料界限粒径均为 2.36mm；（4）SMA-13、SMA-16、SMA-20 沥青混合料，粗细集料界限粒径均为 4.75mm。

25.【答案】B

水泥混凝土无论是抗压强度还是抗折强度都是和中值的 15% 做比较：

（1）若另外两个值均不超过中值的 15%，取 3 个结果的平均值；

（2）若其中 1 个值超出中值 15%，则取中值；

（3）若 2 个值均超出中值 15%，则该组试验结果作废；因为有一个值超过中值的 15%，所以取中值。

26.【答案】B

标准试验条件温度 25℃，荷重 100g，贯入时间 5s。

27.【答案】C

纵断面高程测试时，连续测试全部测点，并与水准点闭合，闭合差应达到三等水准测量要求。

28.【答案】C

颠簸累积仪属于反应类设备，其余均为断面类设备。

29.【答案】B

试验步骤为清表→装砂→摊铺砂→测摊铺直径，算摊铺面积，同一处平行测定，所以选择 B 选项正确。

30.【答案】C

碾压结束后用水准仪逐点测量固定物顶面高程 h_{i1}, h_{i2}, ⋯, h_{in}, 精确到 0.1mm。

二、判断题（共30题，每题1分，共30分）

1.【答案】错误

《公路工程质量检验评定标准　第一册　土建工程》(JTG F80/1—2017) 第 7.3.2 条规定：沥青混凝土面层或沥青碎（砾）石面层矿料级配应满足生产配合比的要求。

2.【答案】错误

采用数理统计的项目，合格评定有以下要求：①代表值应能满足规定值要求，否则不合格；②各个测值应当满足极值要求，否则不合格；③检查项目的合格率应能满足要求，否则不合格。

3.【答案】错误

路面工程的实测项目规定值或允许偏差是按照高速公路、一级公路和其他公路两档确定。（注意：土方路基压实度按照三档确定）。

4.【答案】错误

车辙应按长度（m）计算，检测结果应用影响宽度（0.4m）换算成损坏面积。损坏程度应按下列标准判断：①轻度应为车辙深度在 10~15mm 之间；②重度应为车辙深度大于或等于 15mm。

5.【答案】错误

人工调查的路面损坏类型应满足《公路技术状况评定标准》(JTG 5210—2018) 的规定，同一位置存在多类路面损坏时，应计权重最大的损坏。

6.【答案】正确

根据重型击实试验方法的单位击实功为轻型击实法的 4.5 倍，根据击实功对最大干密度的影响可知，同一个土样品，在相同条件下，重型击实得到的最大干密度较轻型击实得到的最大干密度大。

7.【答案】错误

（1）《公路土工试验规程》(JTG 3430—2020) 第 19 页第 1.2 条规定：取原状土样时，应保持土样的原状结构及天然含水率，并使土样不受扰动；

（2）《公路土工试验规程》(JTG 3430—2020) 第 12 页第 4 条规定：扰动土试样制备可根据工程需要采用击实法或压样法。

8.【答案】错误

试样的最大粒径宜控制在 20mm 以内，最大粒径不得超过 40mm，且粒径在 20~40mm 的颗粒含量不宜超过 5%。

9.【答案】正确

《公路土工试验规程》(JTG 3430—2020) 第 169 页第 1.2 条规定：本试验适用于饱和的细粒土，当只进行压缩试验时，可用于非饱和土。

10.【答案】错误

卷装材料的头两层不应取作样品，但取样时应尽量避免污渍、折痕、孔洞或其他损伤部分，否则要加放足够数量。

11. 【答案】错误

直剪摩擦特性试验中若选用接触面积递减直剪仪，试样接触面积为变值，每次计算均使用最大剪切力除以最大剪切力出现时相对应的实际接触面积值。

12. 【答案】正确

试验进行到下列情况时方可结束：
① 如果水平荷载出现峰值，或试验进行至获得稳定值；
② 如果不出现峰值或试样被拉断，表明试样埋在土内的长度超过拔出长度，应缩短埋在土内的长度，并重新试验。

13. 【答案】正确

有效孔径试验步骤：
① 试验前，将标准颗粒材料与试样同时放在标准大气条件下进行调湿平衡；
② 将同组5块试样平整、无褶皱地放于能支撑试样而不致下凹的支撑筛网上。从较细粒径规格的标准颗粒中称50g，均匀地撒在土工织物表面上。
③ 将筛框、试样和接收盘夹紧在振筛机上，开动振筛机，摇筛试样10min。
④ 关机后，称量通过试样进入接收盘的标准颗粒材料质量，精确至0.01g。
⑤ 更换新的一组试样用下一较粗规格粒径的标准颗粒材料重复步骤②~④，直至取得不少于三组连续分级标准颗粒材料的过筛率，并有一组的过筛率达到或低5%。

14. 【答案】错误

找出曲线上纵坐标10%所对应的横坐标值，即为O_{90}；找出曲线上纵坐标5%所对应的横坐标值，即为O_{95}。

15. 【答案】错误

即使具有相同的细度模数，砂的粒径分布情况也可能不同，所以并不能全面反映砂的粒径分布情况。

16. 【答案】错误

砂的分类	细度模数
粗砂	3.7~3.1
中砂	3.0~2.3
细砂	2.2~1.6
特细砂	1.5~0.7

注意：细度模数越大，表示砂的颗粒越粗

17. 【答案】错误

序号	粗集料力学指标	定义或评价特性	评价方式
1	压碎值	在一定荷载下抵抗被压碎的能力，用以评价集料的承载能力和间接抗压强度	用被压碎到小于一定粒径质量占整个试样质量的百分率表示

续表

序号	粗集料力学指标	定义或评价特性	评价方式
2	磨耗性	抵抗撞击、摩擦作用的能力	洛杉矶磨耗试验，小于一定粒径质量占原材料质量的百分率表示
3	磨耗值	评定表层路面中的粗集料抵抗车轮磨耗的能力	磨耗值（AAV），磨耗值越小越好
4	磨光值	表层路用集料，要有持久的耐磨光性，以满足长期使用时高速行驶车辆对路面抗滑性的要求	磨光值（PSV），磨光值越高越好

注：用于高速公路、一级公路、城市快速路沥青路面表面层及各类抗滑层的粗集料，力学指标除压碎值之外，还有磨光值、磨耗值。

18.【答案】错误

坚固性是表征粗集料耐候性的一项指标。

19.【答案】错误

沥青混合料通常由数种集料配合而成，同一个采石场生产的同一种集料可以在一起组成进行洛杉矶磨耗试验，当规格较多时，也可分开试验。不同采石场生产的集料必须分开进行试验。

20.【答案】错误

应当用1.7mm方孔筛过筛。洛杉矶磨耗损失＝（原试样质量-1.7mm筛上质量）/原试样质量，要求2次平行试验取平均值，A～D粒度的试验允许误差≤2%，E～G粒度的试验允许误差≤4%。

21.【答案】错误

水泥稳定材料的水泥剂量是指水泥质量占全部干燥被稳定材料质量的百分率；

石灰稳定材料的石灰剂量是指石灰质量占全部干燥被稳定材料质量的百分率；

石灰工业废渣混合料采用质量配合比计算，以石灰：工业废渣：被稳定材料的质量表示；

水泥粉煤灰稳定材料应采用质量配合比计算，以水泥：粉煤灰：被稳定材料的质量比表示。

22.【答案】正确

（1）无机结合料稳定材料配合比设计中宜采用重型击实方法，也可采用振动压实方法。

（2）级配碎石混合料配合比应采用重型击实或振动成型试验方法，确定最佳含水率和最大干密度。

23.【答案】错误

石灰等级的划分是按照CaO和MgO的总含量来确定的，都属于石灰的有效成分，所以不可以说MgO含量高，石灰质量差。

24.【答案】错误

将试样在950~1000℃的马弗炉中灼烧，去除水分和二氧化碳，同时将存在的易氧化元素氧化。由硫化物的氧化引起的烧失量误差必须进行校正，其他元素存在引起的误差一般可忽略不计。

25.【答案】错误

校正后的烧失量（%）＝测得的烧失量（%）+吸收空气中氧的含量；吸收空气中氧的

含量=0.8×（由于硫化物的氧化产生的 SO_3 的含量）= 0.8×（粉煤灰灼烧测得的 SO_3 含量-粉煤灰未经灼烧时的 SO_3 含量）

26.【答案】错误

路面基层施工过程中，现场基层材料试验取样需要考虑取样数量、取样部位、取样方法等影响，无需考虑取样温度的影响，但沥青、沥青混合料等取样需要注意温度的影响。

27.【答案】错误

EDTA 滴定法适用于在水泥终凝之前的水泥剂量测定，现场土样的石灰剂量应在路拌后尽快测试，否则需要用相应龄期的 EDTA 二钠标准溶液消耗量的标准曲线确定；

随着时间的增长，水泥或石灰稳定材料中一部分 Ca^{2+} 已与土中矿物发生反应，形成新的化合物，减少了游离 Ca^{2+} 含量，因此用 EDTA 二钠标准溶液滴定时溶液的消耗量减小，所以随着龄期的增加，测得的水泥或石灰剂量会下降。

28.【答案】错误

粗集料的最大粒径对混凝土抗压强度和抗折强度均有影响，一方面随着粗集料粒径增大，单位用水量相应减少，在固定的用水量和水灰比条件下，加大最大粒径，可获得较好的工作性，或因减小水灰比而提高混凝土的强度和耐久性；另一方面随着粗集料最大粒径的增加，将会减少集料与水泥浆接触的总面积，使界面强度降低，同时还会因振捣密实程度的降低影响到混凝土强度的形成。所以粗集料最大粒径的增加，对混凝土强度带来双重影响，但这种不利的影响程度对混凝土抗折强度要比抗压强度更大一些。

29.【答案】错误

在高温条件下宜采用黏度较大的乳化沥青，寒冷条件下宜使用黏度较小的乳化沥青。乳化沥青宜存放在立式罐中，并保持适当搅拌。储存期以不离析、不冻结、不破乳为度。

30.【答案】正确

车载式激光构造深度仪适用于各类新建、改建路面工程质量验收和无严重破损病害及无积水、积雪、泥浆等路面，不适用于有沟槽构造的水泥路面构造深度测定。

三、多选题（共 20 题，每题 2 分，共 40 分。下列各题备选项中，至少有 2 个是符合题意的，选项全部正确得满分，选项部分正确按比例得分，出现错误选项该题不得分）

1.【答案】A、C、D

路面的分项工程包括：垫层、底基层、基层、面层、路缘石、路肩。但是对于《公路技术状况评定》中，路肩损坏属于路基损坏的类型。

A 选项：盲沟属于路基的排水工程，所以 A 选项不正确。

C 选项：桥面防水层属于桥梁工程，所以 C 选项不正确。

D 选项：墙背填土属于路基的防护支挡工程，所以 D 选项不正确。

2.【答案】A、B、C、D

(1) 含水率：①当土的含水率低于最佳含水率时，土的干密度随着含水率的增加而增加；当土的含水率高于最佳含水率时，土的干密度随着含水率的增加而减小。②土的黏粒、粉粒含量多，塑性指数大，最佳含水率大，最大干密度小。因此，一般砂性土的最佳含水率小于黏性土，最大干密度大于黏性土。

(2) 击实功：击实功越大，干密度越大，最佳含水率越小，但超过一定限度，击实功增加，干密度增加不明显。

(3) 压实机械。

(4) 土粒级配：均匀颗粒的砂，单一尺寸的砾石或碎石，难碾压；只有级配良好的材料才能达到相关的密实度要求，满足强度和稳定性要求。

3. 【答案】A、B、C

压块：圆形表面光滑面积为 $25cm^2$，重为 5N、50N、500N，对应的压力分别为 2kPa、20kPa、200kPa；其中常规厚度的压块为 5N，对试样施 2kPa±0.01kPa 的压力。

4. 【答案】A、C

剪取含接头/接缝试样至少 5 块，每块试样应含有一个接缝或接头，如需要湿态试验，另加 5 块试样，所以 A 选项错误。

选择试验机的负荷量程，使断裂强力在满量程负荷的 30%~90%，所以 C 选项错误。

注意：只有土工合成材料中，断裂强力在满量程负荷的 30%~90%，其他情况下，都是 20%~80%。

5. 【答案】A、B、D

C 选项：按化学成分，根据氧化硅的含量，可以分为酸性、中性和碱性，所以 C 选项错误。

6. 【答案】A、C、D

一、试验准备

(1) 将样品过 4.75mm 筛（对于 3~5mm、3~10mm 集料，采用 2.36mm 试验筛），取筛上颗粒缩分至要求质量的试样两份。

粗集料密度及吸水率（网篮法）试验的试样质量

集料公称最大粒径/mm	4.75	9.5	13.2	16	19	26.5	31.5	37.5	53	63	75
一份试样的最小质量/kg	0.5	1.0	1.0	1.1	1.3	1.8	2.0	2.5	4.0	5.5	8.0

(2) 试样浸泡水中，丝刷清洗多次漂洗，清洗过程中不得散失颗粒。

(3) 样品不得采用烘干处理。经过拌和楼等加热后的样品，试验之前，应室温条件下放置不少于 12h。

二、试验步骤

(1) 将试样装入盛水容器中，注入洁净的水，水面应高出试样 20mm；搅动试样，排出附着试样上的气泡。浸水 24h±0.5h（可在室温下浸水后，再移入 23℃±2℃ 恒温水槽继续浸水。其中恒温水槽浸水不少于 2h）。(2) 将吊篮用细线挂在天平上，浸入溢流水槽中，向水槽中加水至吊篮完全浸没，吊篮顶部至水面距离不小于 50mm。用上、下升降吊篮的方法排出气泡，吊篮每秒升降约一次，升降 25 次，升降高度约 25mm，且吊篮不得露出水面。也可采用其他方法去除气泡。向水槽中加水至水位达到溢流孔位置；待天平读数稳定后，将天平调零。试验过程中水槽水温稳定在 23℃±2℃。(3) 将试样移入吊篮中，排除气泡。待水槽中水位达到溢流孔位置、天平读数稳定后，称取试样水中质量（m_w）。(4) 提起吊篮、稍沥干水后，将试样完全移至拧干的软布上，用另外一条软布在试样表面搓滚、吸走颗粒表面及颗粒之间的自由水，至颗粒表面自由水膜消失、看不到发亮的水迹，即为饱和面干状态。对较大粒径的粗集料，宜逐颗擦干颗粒表面自由水，此时拧湿毛巾时不要太用劲，防止拧得太干。（5）擦拭时，既要将颗粒表面自由水擦掉，又不能致颗粒内部水（开口孔隙中吸收的水）散失，因此对擦拭完成的试样，立即称量饱和面干质量 m_f。如果擦拭过干，则放入水中浸泡约 30min，再次擦拭。（6）将试样置于金属盘中，105℃±5℃ 烘干至恒重，冷却至室温后称取试样烘干质量。（7）当仅测定吸水率时，可直接将试样连同网篮浸入水中 24h±0.5h，无须排气。

三、试验结果

（1）每个试样平行试验 2 次，取平均值；
（2）相对密度重复性试验的允许误差为 0.020，精确到 0.001；
（3）密度精确至 $0.001g/cm^3$；
（4）吸水率重复性试验的允许误差为 0.20%，精确到 0.01%。

7. 【答案】A、D

试验名称	适用范围
含泥量 （筛洗法）	仅用于测定天然砂中粒径小于 0.075mm 的尘屑、淤泥和黏土的含量，不适用于人工砂、石屑等矿粉成分较多的细集料。
亚甲蓝试验	测定细集料中膨胀性黏土矿物含量。 适用于 0~2.36mm 的细集料，也可用于小于 0.075mm 矿粉的质量检验；不适用于粒径>4.75mm 的集料；当细集料中的 0.075mm 通过率小于 3% 时，可不进行此项试验。
砂当量试验	适用于测定天然砂、人工砂、石屑等各种细集料中所含黏性土或杂质的含量，本方法适用于公称最大粒径不超过 4.75mm 的集料。
准确程度	亚甲蓝>砂当量>含泥量（筛析法）

8. 【答案】A、C

根据《公路工程集料试验规程》(JTG 3432—2024) 细集料亚甲蓝试验：（1）本方法适用于测定细集料亚甲蓝值，评价黏土类有害物质含量，以评价细集料洁净程度。（2）本方法适用于测定细集料中 0~2.36mm 部分的亚甲蓝值 MB 或细集料中 0~0.15mm 部分的亚甲蓝值 MB_f。（3）本方法也适用于填料中 0~0.15mm 部分的亚甲蓝值 MB_f，用于评价矿粉质量。

细集料砂当量试验：（1）适用于测定细集料砂当量，评价黏土类物质相对含量，以评定细集料洁净程度；（2）根据条文说明：砂当量无法直接测定黏土类有害物质的绝对含量，因此只能评价相对含量。

9. 【答案】B、D

无机结合料稳定材料的抗冻性以龄期 28d 或 180d 的试件经过若个冻融循环后的饱水无侧限抗压强度与冻前饱水无侧限抗压强度之比来表征，在抗冻性试验过程中，试件的平均质量损失率应不超过 5%，否则可停止试验。

10. 【答案】A、B、C、D

根据《公路工程无机结合料稳定材料试验规程》(JTG 3441—2024) 可知，各选项均为正确选项。另外因为试验过程中，需要称取 0.8~1g 石灰，且精确到 0.0001g，所以需要使用感量为 0.0001g 的天平。

11. 【答案】B、C、D

（1）将粉煤灰样品用四分法缩减至10余克，如有大颗粒存在，须在研钵中磨细至无不均匀颗粒存在为止，置于小烧杯中在（105±1）℃烘干至恒重，储于干燥器中，供试验用。(2) 将瓷坩埚灼烧至恒重，供试验用。(3) 称取约1g试样（m_0），精确至0.0001g，置于已灼烧至恒重的瓷坩埚中，放在马弗炉内从低温开始逐渐升高温度，在950~1000℃下灼烧15~20min，取出坩埚置于干燥器中冷却至室温，称量。反复灼烧，直至连续两次称量之差小于0.0005g时，即达到恒重，记录每次称量的质量（m_i）。

12. 【答案】A、B

（1）将具有代表性的风干试料（必要时，也可在50℃烘箱内烘干）用木槌或木碾碾碎，土团应破碎到能通过4.75mm的筛孔，但应注意不使粒料的单个颗粒破碎或不使其破碎程度超过施工中拌和机械的破碎率。（2）将已搗碎的具有代表性的土过4.75mm筛备用（用甲法或乙法做试验）。(3) 如试料中含有粒径大于4.75mm的颗粒，则先将试料过19mm筛；如存留在19mm筛上的颗粒的含量不超过10%，则过26.5mm筛留作备用（用甲法或乙法做试验）。(4) 如试料中粒径大于19mm的颗粒含量超过10%，则将试料过37.5mm筛；如果存留在37.5mm筛上的颗粒的含量不超过10%，则过53mm的筛备用（用丙法试验）。(5) 在预定做击实试验的前1d，取有代表性的试料测定其风干含水率，对于细粒土，取样不少于100g；中粒土，取样不少于1000g；粗粒土，取样不少于2000g。(6) 在试验前用游标卡尺准确测量试模的内径、高和垫块的厚度，以便计算试筒的容积。

13. 【答案】B、C、D

雷氏夹膨胀仪标定：当一根指针的根部先悬挂在一根金属丝或尼龙丝上，另一根指针的根部挂上300g质量的砝码时，两根指针的针尖距离应在（17.5±2.5）mm范围以内，去掉砝码后针尖的距离能恢复至挂砝码前的状态，雷氏夹即为合格，所以A选项错误。

无论是雷氏夹法还是试饼法，都是将试件放入汽养护箱内养护（24±2）h，所以B选项正确。

无论是雷氏夹法还是试饼法，都是在（30±5）min内加热至沸腾并恒沸（180±5）min，所以C选项正确。

雷氏夹法以及试饼法均需准备2个试样，当两个试件煮后指针尖端增加距离的平均值不大于5.0mm时，即认为该水泥安定性合格，若平均值大于5mm，应用同一样品重做一次试验，以复检结果为准，所以D选项正确。

14. 【答案】B、C

砂率指混凝土中砂的质量占砂、石总质量的百分率，所以A选项错误。

当砂率不足时，过小砂率组成的水泥砂浆数量不足以包裹所有的粗集料，无法发挥出所需的润滑作用，使混凝土拌和物的流动性受到影响，所以在一定的范围内，混凝土拌和物的流动性会随着砂率提高而增加，所以B选项正确。

在水泥浆数量固定的情况下，随着砂率的增大，集料的总表面积也随之增大，使水泥浆的数量相对减少，当砂率超过一定的限度后，就会削弱由水泥浆所产生的润滑作用，反而又会导致混凝土拌和物流动性的降低，所以C选项正确。

最佳砂率指在水泥浆数量一定的情况下，能使混凝土拌和物获得最大流动性而且保持良好黏聚性和保水性的砂率,所以 D 选项错误。

15.【答案】B、C、D

A 选项:拌和时纤维稳定剂应在加入粗细集料后加入,并适当干拌分散,再加入沥青拌和至均匀,所以 A 选项错误。

(1) 试样制备。

① 混合料添加顺序:粗细集料→纤维稳定剂→干拌→沥青。

② 每次拌和 1 个试件。

③ 一组试件拌和 4 份,1 份 1kg。第 1 锅拌和后即予废弃不用,防止影响后面 3 锅的油石比。

④ 当为施工质量检验时,直接从拌和机取样使用。

(2) 称取干燥的烧杯质量 m_0。

(3) 将拌和好的 1kg 混合料倒入烧杯中,称总质量 m_1。

(4) 烧杯盖上玻璃盖,放入 170℃ 烘箱中,改性沥青 SMA 时为 185℃,持续(60±1)min。

(5) 取出烧杯,倒扣在玻璃板上,称烧杯及黏附在烧杯上的沥青结合料、细集料、玛琋脂等总质量 m_2;

(6) 计算析漏损失=$(m_2-m_0)/(m_1-m_0)$,取 3 个试样的平均值。

16.【答案】A、D

热拌热铺的沥青混合料试样需送至中心试验室或质量检测机构做质量评定且二次加热会影响试验结果(如车辙试验)时,必须在取样后趁高温立即装入保温桶内,送试验室立即成型试件,试件成型温度不得低于规定要求,所以 A 选项正确。

在进行沥青混合料质量检验或进行物理力学性质试验时,由于采集的热拌混合料试样温度下降或稀释沥青溶剂挥发结成硬块已不符合试验要求时,宜用微波炉或烘箱适当加热重塑,且只允许加热一次,不得重复加热,所以 C 选项错误。

17.【答案】C、D

通过冻融循环,测定沥青混合料在受到水损害前后劈裂破坏的强度比,以评价沥青混合料水稳定性,并非低温稳定性,所以 A 选项错误。

试验用试件为圆柱形马歇尔试件,击实次数为双面各 50 次,所以 B 选项错误。

18.【答案】C、D

水泥混凝土路面,厚度合格值允许偏差为 10mm,即合格值为 280-10=270mm。

水泥混凝土路面实测项目要求

检查项目		规定值或允许偏差		检查方法和频率
		高速公路一级公路	其他公路	
板厚度(mm)	代表值	-5		按附录 H 检查,每 200m 测 2 点
	合格值	-10		
	极值	-15		

19. 【答案】A、C、D

用千斤顶加载，采用逐级加载卸载法，用压力表或测力环控制加载量，荷载小于 0.1MPa 时，每级增加 0.02MPa，以后每级增加 0.04MPa 左右，所以 B 选项错误。

20. 【答案】A、B、D

A 选项：摆式仪测定路面摩擦系数时，摆在路面滑动长度为 126mm±1mm。

B 选项：摆式仪测试路面摩擦系数，当路面温度为 20℃ 时，测值可以不进行温度修正。

D 选项：每个位置有 3 个测点，由中间点位置表示，测点间距 3~5m。

每个测点重复操作 5 次，读记每次测试的摆值。

5 个摆值中最大值与最小值的差值不得大于 3。

如差值大于 3，应重复上述各项操作，至符合规定为止。

计算每个测试位置 3 个测点摆值的平均值作为该测试位置的摆值，取整数。

四、综合题（5 道大题，每道大题 10 分，共 50 分。下列各题备选项中，至少有 1 个或 1 个以上是符合题意的，选项全部正确得满分，选项部分正确按比例得分，出现错误选项该题不得分）

1.

1) 【答案】B、D

水稳碎石基层材料的弯拉强度试验用试件，成型方法为静力压实法，使用压力试验机量程不小于 2000kN，行程速度可调。B 正确，A、C 错误。成型试件试验准备工作包含采用击实法确定无机结合料稳定材料的最佳含水率和最大干密度，D 正确。

2) 【答案】B、C

根据混合料粒径的大小，选择不同尺寸的试件尺寸：小梁，50mm×50mm×200mm，适用于细粒材料；中梁，100mm×100mm×400mm，适用于中粒材料；大梁 150mm×150mm×550mm；适用于粗粒材料。

注①：由于大梁试件的成型难度较大，在试验室不具备成型条件时，中梁试件的最大公称粒径可放宽到 26.5mm。

3) 【答案】A、C

在试件成型前 1h 内，加入预定数量的水泥并拌和均匀。在拌和过程中，应将预留的水（对于细粒材料为 3%，对于水泥稳定类为 1%~2%）加入试料中，使混合料含量达到最佳含水率。拌和均匀的加有水泥的混合料应在 1h 内制成试件，超过 1h 的混合料应作废。其他结合料稳定材料，混合料虽不受此限，但也应尽快制成试件。

4) 【答案】A、C

将整个试模（连同上下压块）放到压力机上，加压直到上部压块都压入试模为止。小梁维持压力 2min，中梁维持 5min，大梁维持压力至少 10min。

5) 【答案】A、D

弯拉强度试验仪器设备：压力机或万能试验机、加载模具、标准养护室或可控温控湿的养护设备、球形支座、电子天平、台秤。

2.

1) 【答案】A、B

根据击实功不同分为重型击实和轻型击实,重型击实试验方法的单位击实功为轻型击实法的4.5倍。

2)【答案】B、D

本试验可采用干土法或湿土法准备试样。

干土法(土不重复使用):按四分法至少准备5个试样,分别加入不同水分(按1%~3%含水率递增),拌匀后闷料一夜备用。

湿土法(土不重复使用):对于高含水率土,可省略过筛步骤,用手拣除大于40mm的粗石子即可。至少准备5个试样。

3)【答案】A、C、D

以干密度为纵坐标,含水率为横坐标,绘制关系曲线,曲线上峰值点的纵横坐标分别为最大干密度和最佳含水率。如曲线不能绘出明显的峰值点,应进行补点或重做。

4)【答案】A

对同一种土用不同的击实功进行击实试验的结果表明:击实功越大,土的最大干密度也越大,而土的最佳含水率则越小,但是这种增大是有一定限度的,超过这一限度,即使增加击实功,土的干密度的增加也很不明显。

5)【答案】A、C、D

当试样中有大于40mm的颗粒时,应先取出大于40mm的颗粒,并求得其百分率P,把小于40mm部分作击实试验,按下面公式分别对试验所得的最大干密度和最佳含水率进行校正(适用于大于40mm颗粒的含量小于30%时)。

3.

1)【答案】B

2)【答案】C

每个测点由3个单点组成,即需按以上方法在同一测点处平行测定3次,以3次测定结果的平均值分为该测点的代表值(精确到1)。

3)【答案】A、B、C

滑动长度符合126mm±1mm的规定。

4)【答案】A、D

在测点位置用温度计测记潮湿路表温度,准确至1℃。若不指零,可稍旋紧或旋松摆的调节螺母。重复上述步骤,直至指针指零。调零允许误差为±1。

5)【答案】C

路面温度为25℃时,温度修正为+2,修正到20℃的摆值结果为45+2=47。

4.

1)【答案】B、C

沥青试样准备的步骤:(1)将装有试样的盛样器带盖放入恒温烘箱中,当石油沥青试样中含有水分时,烘箱温度80℃左右,加热至沥青全部熔化后供脱水用。当石油沥青中无水分时,烘箱温度宜为软化点温度以上90℃,通常为135℃左右。对取来的沥青试样不得直接采用电炉或燃气炉明火加热。所以A错误,B正确,该沥青的融化温度应为52+90=142℃。

(2)当石油沥青试样中含有水分时,将盛样器皿放在可控温的砂浴、油浴、电热套上加热脱水，不得已采用电炉、燃气炉加热脱水时必须加放石棉垫。加热时间不超过30min，并用玻璃棒轻轻搅拌，防止局部过热。在沥青温度不超过100℃的条件下，仔细脱水至无泡沫为止，最后的加热温度不宜超过软化点以上100℃（石油沥青）或50℃（煤沥青）。

（3）将盛样器中的沥青通过0.6mm的滤筛过滤，不等冷却立即一次灌入各项试验的模具中。当温度下降太多时，宜适当加热再灌模。根据需要也可将试样分装入擦拭干净并干燥的一个或数个沥青盛样器皿中数量应满足一批试验项目所需的沥青样品。

（4）在沥青灌模过程中，如温度下降可放入烘箱中适当加热，试样冷却后反复加热的次数不得超过两次，以防沥青老化影响试验结果。为避免混进气泡，在沥青灌模时不得反复搅动沥青。C正确，D错误。

（5）灌模剩余的沥青应立即清洗干净，不得重复使用。

2）【答案】B、D

针入度试验同一试样3次平行试验结果的最大值和最小值之差对于0~49范围的不能大于2，48.1-45.2=2.9>2，所以试验结果无效，A错误。C错误，如果温度升高了，检测针入度结果会变大。

3）【答案】B

当试样软化点小于80℃时，重复性试验的允许误差为1℃，再现性试验的允许误差为4℃。同一试样平行试验两次，当两次测定值的差值符合重复性试验允许误差要求时，取其平均值作为软化点试验结果，准确至0.5℃。计算重复性误差为51.1-50.3=0.8℃<1℃，结果有效，取平均值为50.7，准确到0.5则是50.5℃。

4）【答案】A、C、D

在试验中，如发现沥青细丝浮于水面或沉入槽底时，则应在水中加入酒精或食盐，调整水的密度与沥青试样的密度相近后，重新试验。所以根据题意，延度试验时发现沥青细丝浮于水面，应在水中加入酒精，重新试验。注意题目要求选择不正确的选项，所以答案是ACD。

5）【答案】A、B、D

颗粒径为13.2~19mm，采用水煮法进行试验，同样试样平行试验5个颗粒，并由两名以上经验丰富的试验人员分别评定后，取平均等级作为试验结果，通过计算平均值为4级，C选项是正确的。注意题目要求选择不正确的选项，所以答案是ABD。

5.

1）【答案】B、C

弯沉法测试水泥混凝土路面脱空方法的仪具与材料技术要求（1）落锤式弯沉仪（2）贝克曼梁和加载车：采用5.4m贝克曼梁（3）其他：钢卷尺等。

2）【答案】C

当测试板角或板边位置时，承载板边缘应距纵、横缝不大于200mm，当测试板中位置时，承载板中心与板中距离偏差应不大于200mm。

3）【答案】B

采用截距值判定板底脱空，当测试板角弯沉时，并对同一测点施加3级荷载进行测试。采用弯沉比值判定板底脱空时，应采用同一恒定荷载对板角、板中和板边进行弯沉测试。

4)【答案】B、C

脱空测试应避开晴天正午前后温度较高及显著负温度梯度（夜晚或清晨）时段，宜选择在早晚板块上下表面温差较小时段，或者凉爽多云、阴天温差变化不大的天气进行测试。

5)【答案】A、C

当采用落锤式弯沉仪进行脱空测试时，可采用截距值法和弯沉比值两种测试方法之一进行脱空判定。